Lobsang Rampa

EL TERCER OJO

Lobsang Rampa

EL TERCER OJO

Autobiografía de un lama tibetano

EDICIONES TROQUEL / BUENOS AIRES

Título del original en inglés:
THE THIRD EYE

Traducción de:
ADA EMMA FRANCO

Ilustró la tapa:
SILVIO BALDESSARI

PRIMERA EDICIÓN Noviembre 1958	DECIMOCUARTA EDICIÓN Abril 1962
SEGUNDA EDICIÓN Julio 1959	DECIMOQUINTA EDICIÓN Agosto 1962
TERCERA EDICIÓN Setiembre 1959	DECIMOSEXTA EDICIÓN Noviembre 1962
CUARTA EDICIÓN Enero 1960	DECIMOSÉPTIMA EDICIÓN Abril 1963
QUINTA EDICIÓN Febrero 1960	DECIMOCTAVA EDICIÓN Agosto 1963
SEXTA EDICIÓN Junio 1960	DECIMONOVENA EDICIÓN Setiembre 1963
SÉPTIMA EDICIÓN Julio 1960	VIGÉSIMA EDICIÓN Enero 1964
OCTAVA EDICIÓN Octubre 1960	VIGÉSIMOPRIMERA EDICIÓN Mayo 1964
NOVENA EDICIÓN Diciembre 1960	VIGÉSIMOSEGUNDA EDICIÓN Agosto 1964
DÉCIMA EDICIÓN Mayo 1961	VIGÉSIMOTERCERA EDICIÓN Febrero 1965
UNDÉCIMA EDICIÓN Junio 1961	VIGÉSIMOCUARTA EDICIÓN Mayo 1965
DUODÉCIMA EDICIÓN Octubre 1961	VIGÉSIMOQUINTA EDICIÓN Agosto 1965
DECIMOTERCERA EDICIÓN Noviembre 1961	VIGÉSIMOSEXTA EDICIÓN Noviembre 1965

Impreso en la Argentina
Printed in Argentina

Queda hecho el depósito que previene la ley 11.723
© by EDITORIAL TROQUEL S. A., Buenos Aires, 1958

*Dedicado a E. E. G.,
amigo en los tiempos de
desgracia, cuando pocos lo son.*

PRÓLOGO DE LOS EDITORES

La autobiografía de un lama tibetano es la crónica única de una experiencia, y como tal, inevitablemente difícil de corroborar. En un intento por confirmar las afirmaciones del autor, los editores sometieron el manuscrito al examen de casi veinte lectores, todas personas de inteligencia y experiencia, algunas con conocimientos especiales sobre el tema. Sus opiniones resultaron tan contradictorias que no se obtuvo ningún resultado positivo. Algunos cuestionaron la veracidad de una sección; otros, la de otra; lo que un perito no admitía, era aceptado incuestionablemente por otro. Los editores se preguntaron: ¿existe algún perito que haya recibido la educación de un lama tibetano en sus formas más evolucionadas? ¿Habrá alguno que haya sido criado en el seno de una familia tibetana?

Lobsang Rampa ha mostrado documentos que prueban que posee títulos de médico de la Universidad de Chungking, y en esos documentos se lo llama Lama del Monasterio de Potala en Lhasa. En las muchas conversaciones personales que hemos sostenido con él, ha demostrado ser un hombre de poderes y logros poco comunes. En lo que respecta a muchos aspectos de su vida personal ha mostrado una reticencia que a veces resultó desconcertante; pero todos tienen derecho a guardar ciertos secretos, y Lobsang Rampa sostiene que está obligado a cierta ocultación por la seguridad de su familia en Tibet ocupado por los comunistas. En realidad, con ese propósito ha falseado ciertos detalles, tales como la verdadera posición de su padre en la jerarquía tibetana.

Por estos motivos, el autor debe aceptar —y lo acepta de buen grado— la total responsabilidad de las declaraciones que hace en este libro. Podemos creer que aquí y allá ex-

cede los límites de la credulidad occidental, aunque los puntos de vista occidentales no pueden ser decisivos en los asuntos que aquí se tratan. A pesar de todo, los editores creen que EL TERCER OJO es en su esencia, un relato auténtico de la crianza y educación de un muchacho tibetano, en su hogar y en un lamasterio. Con ese espíritu publicamos este libro. Cualquiera que difiera con nosotros, creemos que por lo menos estará de acuerdo en que el autor está dotado de gran habilidad narrativa y del poder de evocar escenas y personajes de interés absorbente y único.

PREFACIO DEL AUTOR

Soy tibetano. Uno de los pocos que han llegado a este extraño mundo occidental. La sintaxis y la gramática de este libro dejan mucho que desear, pues jamás recibí una sola lección formal de inglés. Mi "Escuela de inglés" fue un campo japonés de prisioneros, donde aprendí el idioma lo mejor que pude, de las mujeres inglesas y americanas, a las que atendí como médico. Aprendí con muchos trabajos y grandes errores a escribirlo.

Ahora mi amado país está invadido —como se predijo— por las hordas comunistas. Sólo por este motivo he falseado mi nombre y el de mis amigos. Habiendo hecho tanto contra el comunismo, sé que mis amigos en los países comunistas sufrirán si se descubre mi identidad. Como he estado en manos comunistas y japonesas, sé por experiencia personal lo que puede hacer la tortura, pero este libro no trata de torturas, sino que se refiere a un país que ama la paz y que ha sido tan mal comprendido y tan mal representado durante tanto tiempo.

Me dicen que algunas de mis declaraciones pueden no ser creídas. Ese es vuestro privilegio, pero Tibet es un país desconocido para el resto del mundo. El hombre que escribió, refiriéndose a otro país, que "la gente cabalgaba en tortugas sobre el mar", provocó risas de escarnio. Lo mismo ocurrió con quienes habían visto peces que eran "fósiles vivos". Sin embargo, estos últimos fueron recientemente descubiertos y un espécimen fue llevado en avión hasta los Estados Unidos, para su estudio. Nadie creyó en esos hombres. Eventualmente se probó que eran veraces. Lo mismo ocurrirá conmigo.

T. Lobsang Rampa.

Escrito en el Año de la Oveja de Madera,
BM/TLR, Monomark House, London, W.C. 1.

CAPÍTULO UNO

MI NIÑEZ EN EL HOGAR

—Oé. Oé. ¡Tienes cuatro años y no puedes sentarte en un caballo! ¡Nunca serás un hombre! ¿Qué dirá tu noble padre?

Con esto, el Viejo Tzu le dio al pony —y al infortunado jinete— un vigoroso golpe en el cuarto trasero y escupió en el suelo.

Los techos y las cúpulas doradas del Potala resplandecían bajo el brillante sol. Más cerca, las aguas azules del Templo de la Serpiente ondeaban para señalar el paso de las aves acuáticas. Desde más allá de la senda de piedra llegaban los gritos de los hombres que animaban a los yacs lentos que salían de Lhasa. De más cerca llegaba el "bmmn, bmmn, bmmn", que conmovía el pecho, de las trompetas de bronce de los monjes músicos que ensayaban en los campos, lejos de la gente.

Pero yo no tenía tiempo para atender a esas cosas comunes y vanas. Estaba abocado a la muy seria tarea de mantenerme sentado en mi muy mal dispuesto pony. Nakkin tenía otras cosas en la cabeza. Quería verse libre de su jinete, libre para comer el pasto y rodar y patear el aire.

El Viejo Tzu era un maestro inflexible y aborrecible. Toda su vida había sido severo y duro, y ahora como guardián y maestro de equitación de un niño de cuatro años, a menudo perdía la paciencia. Era de Kham, y con otros había sido elegido por su tamaño y su fuerza. Medía más de dos metros y era muy robusto. Hombreras muy rellenas aumentaban su anchura *aparente*. En la parte oriental del Tibet hay un distrito donde los hombres son generalmente altos y fuertes. Muchos miden más de dos metros y esos hombres eran elegidos para actuar como monjes policías en los lamasterios. Usaban hombreras rellenas para aumentar su tamaño *aparente,* se ennegrecían la cara para parecer más feroces y llevaban largos garrotes que usaban con prontitud contra cualquier malhechor infortunado.

Tzu había sido monje policía, pero ahora ¡era ama seca de un principito! Estaba malamente baldado para caminar mucho, y todo los viajes los hacía a caballo. En 1904, a las órdenes del Coronel Younghusband, los ingleses invadieron Tibet y causaron muchos daños. Aparentemente pensaron que el método más fácil para asegurarse nuestra amistad era bombardear nuestros edificios y matar nuestra gente. Tzu fue uno de los defensores y en acción perdió parte de la cadera izquierda.

Mi padre era uno de los dirigentes del gobierno tibetano. Su familia, como la de mi madre, se contaba entre las diez más importantes, de modo que entre los dos, mis padres tenían considerable influencia en los asuntos del país. Más tarde daré más detalles de nuestra forma de gobierno.

Mi padre era un hombre grande, corpulento, y medía casi un metro con ochenta. Su fortaleza era algo de lo que se podía estar orgulloso. En su juventud podía levantar un pony del suelo, y era uno de los pocos que podía luchar con los Hombres de Kham y salir airoso.

La mayoría de los tibetanos tiene pelo negro y ojos castaños. Mi padre era una de las excepciones, pues tenía el pelo castaño y los ojos grises. A menudo estallaba súbitamente en ira, sin razón aparente.

No veíamos mucho a mi padre. El Tibet había pasado por momentos muy críticos. Los ingleses nos habían invadido en 1904, y el Dalai Lama se había refugiado en Mongolia, dejando a mi padre y a otros del Gabinete para gobernar en su ausencia. En 1909, el Dalai Lama regresó a Lhasa después de haber estado en Pekín. En 1910, los chinos, animados por el éxito de la invasión británica, asaltaron Lhasa. El Dalai Lama volvió a retirarse, esta vez a India. Los chinos fueron arrojados de Lhasa en 1911, durante la época de la Revolución China, pero no antes de haber cometido crímenes horrendos contra nuestro pueblo.

En 1912, el Dalai Lama regresó una vez más a Lhasa.

Durante su ausencia, en aquellos días tan difíciles, mi padre y otros del Gabinete tuvieron toda la responsabilidad de gobernar el Tibet. Mi madre decía que desde entonces el carácter de nuestro padre no era el mismo. Realmente no tenía tiempo para dedicarse a nosotros, los niños, y en ningún momento sentimos su afecto paternal. Yo, en particular, parecía provocar sus iras, y fui abandonado a la escasa misericordia de Tzu, "para hacer o romper", como decía mi padre.

Mi desdichada actuación sobre un pony era una ofensa personal para Tzu. En el Tibet, a los chiquillos de la clase alta se les enseña a montar a caballo casi antes de que caminen. La habilidad a caballo es esencial en un país donde no hay tránsito sobre ruedas, donde todos los viajes tienen que hacerse a pie o a caballo. Los nobles tibetanos practican equitación hora tras hora, día tras día. Pueden mantenerse de pie en la estrecha montura de madera de un caballo a galope, y disparar primero con un rifle a un blanco en movimiento, y después cambiarlo por arco y flecha. A veces jinetes muy adiestrados galopan en formación por un llano, y cambian de caballo saltando de una montura a otra. ¡A mí, a los cuatro años, me resultaba difícil mantenerme sentado en una montura!

Mi pony, Nakkin, era peludo y de larga cola. Había inteligencia en su cabeza pequeña. Conocía un número asombroso de maneras de arrojar a un jinete inseguro. Una de sus bromas favoritas era correr un trecho, detenerse de golpe y bajar la cabeza. Cuando yo me deslizaba, sin poder evitarlo, por su cuello, hasta la cabeza, él la levantaba con un rápido movimiento de modo que yo daba un salto mortal completo antes de caer al suelo. Después se quedaba quieto y me contemplaba con burlona complacencia.

Los tibetanos jamás van al trote; los ponies son pequeños y el jinete queda ridículo en un pony trotador. La mayoría de las veces el paso de andadura es bastante rápido y el galope se reserva para los ejercicios.

El Tibet era un país teocrático. No teníamos ningún interés en el "progreso" del mundo exterior. Queríamos sólo que se nos permitiera meditar y dominar las limitaciones de la carne. Nuestros Hombres Sabios sabían de tiempo atrás que Occidente codiciaba las riquezas del Tibet, y sabían que cuando los extranjeros entraban, la paz se iba. La llegada de los comunistas al Tibet ha probado que estaban en lo cierto.

Mi hogar estaba en Lhasa, en el elegante distrito de Lingkhor, junto al camino circular que rodea toda Lhasa, y a la sombra del Pico. Hay tres caminos circulares en Lhasa y el *exterior*, Lingkhor, es muy frecuentado por los *peregrinos*. Como todas las casas de Lhasa, cuando nací, la nuestra tenía dos pisos del lado que daba frente al camino. Nadie debía mirar al Dalai Lama desde lo alto, de modo que el límite es de dos pisos. Como la prohibición de altura en realidad se aplica solamente a una procesión anual, muchas casas tienen una estructura de madera fácilmente desarmable que colocan en los techos chatos durante once meses, más o menos.

Nuestra casa era de piedra y había sido construida para muchos años. Tenía la forma de un cubo hueco, con un gran patio interno. Nuestros animales vivían en la planta baja, y nosotros vivíamos arriba. Eramos afortunados al tener una escalera de piedra que subía desde la planta baja; la mayoría de las casas tibetanas tienen una escalera portátil de madera o, en las chozas de los campesinos, un palo dentado que se usa con tremendo riesgo de las espinillas. Esos palos dentados se ponen resbalosos por el uso, las manos cubiertas de manteca de yac, pasaban de éstas al palo, y el campesino que lo olvidaba, descendía rápidamente al suelo.

En 1910, durante la invasión china, nuestra casa fue parcialmente destruida, y la pared interior del edificio fue demolida. Mi padre la hizo reconstruir de cuatro pisos de altura. No daba al camino circular, y no podíamos mirar sobre la cabeza del Dalai Lama durante las procesiones, de modo que no hubo quejas.

El portal que daba entrada a nuestro patio central era pesado y estaba negro de puro viejo. Los invasores chinos no pudieron forzar sus sólidas vigas de madera, de modo que en cambio echaron abajo una pared. Precisamente encima de esta entrada estaba la oficina del mayordomo. Podía ver a todos los que entraban o salían. Él era quien tomaba —y despedía— al personal de servicio y estaba a su cargo el manejo eficiente de la casa. Aquí, a su ventana, cuando en los monasterios sonaban las trompetas del ocaso, acudían los mendigos de Lhasa para recibir una comida que los sostuviera durante la oscuridad de la noche. Todos los nobles dirigentes mantenían a los pobres de su distrito. A menudo venían convictos encadenados, pues hay pocas cárceles en el Tibet, y los convictos recorrían las calles y mendigaban su comida.

En Tibet no se desprecia a los convictos ni se los considera parias. Comprendemos que la mayoría de nosotros seríamos convictos —si nos descubrieran—, de modo que a los infortunados se los trataba razonablemente.

A la derecha del mayordomo vivían dos monjes; eran los sacerdotes de la casa que rezaban diariamente para conseguir la aprobación divina a nuestras actividades. Los nobles más bajos tenían un sacerdote; pero nuestra situación exigía dos. Antes de cualquier acontecimiento importante se consultaba a estos sacerdotes y se les pedía que ofrecieran oraciones para ganar el favor de los dioses. Cada tres años los sacerdotes regresaban a los lamasterios y eran reemplazados por otros.

En cada ala de nuestra casa había una capilla. Siempre estaban encendidas las lámparas de manteca delante del altar de madera tallada. Varias veces al día se limpiaban y se volvían a llenar los siete cuencos de agua bendita. Tenían que estar limpios, pues los dioses podrían querer beber de ellos. Los sacerdotes estaban muy bien alimentados, y comían lo mismo que la familia, para que pudieran orar mejor y decir a los dioses que nuestra comida era buena.

A la izquierda del mayordomo vivía el perito legal, cuya tarea era vigilar que la casa se manejara de modo correcto y legal. Los tibetanos respetan mucho la ley y mi padre tenía que ser un ejemplo de observancia de la ley.

Los niños, mi hermano Paljör, mi hermana Yasodhara, y yo, vivíamos en la parte nueva, del lado más alejado del camino. A nuestra izquierda teníamos una capilla, a la derecha estaba la sala de estudios a la que asistían también los hijos de los sirvientes. Nuestras lecciones eran largas y variadas. Paljör no habitó mucho tiempo el cuerpo. Era débil e inepto para la dura vida a la que ambos estábamos sujetos. Antes de cumplir los siete años nos abandonó y regresó a la Tierra de Muchos Templos. Yaso tenía seis años cuando él murió y yo cuatro. Todavía recuerdo cómo vinieron a buscarlo cuando yacía, pellejo vacío, y cómo los Hombres de la Muerte se lo llevaron para romperlo y servir de alimento a los pájaros que comen carroña, como era la costumbre.

Cuando me convertí en Heredero de la Familia, mi adiestramiento se intensificó. Tenía cuatro años y era un jinete indiferente. Mi padre era verdaderamente un hombre estricto y como Príncipe de la Iglesia se encargó de que su hijo tuviera una disciplina severa, y fuera un ejemplo de cómo debían ser criados los demás.

En mi país, cuanto más alto es el rango de un niño, más severo es su adiestramiento. Algunos de los nobles estaban comenzando a creer que los niños debían pasarla mejor, pero no mi padre. Su opinión era: un niño pobre no tiene esperanza de comodidades después, de modo que dadle bondad y consideración mientras es joven. El niño de la clase más alta tiene todas las riquezas y las comodidades aguardándolo, de modo que tiene que experimentar las penalidades y mostrar consideración hacia los demás. Ésta era también la opinión oficial del país. Bajo este sistema los débiles no sobrevivían, pero los que lo hacían, podían sobrevivir casi a cualquier cosa.

Tzu ocupaba un cuarto en la planta baja, muy cerca de la entrada principal. En su calidad de monje policía, años enteros había visto toda clase de gente y no podía soportar estar recluido, lejos de todo. Vivía cerca de los establos en los que mi padre guardaba sus veinte caballos y todos los ponies y los animales de labor.

Los caballerizos odiaban la sola presencia de Tzu, pues era entremetido e interfería en sus trabajos. Cuando mi padre salía a caballo, tenía que llevar una escolta de seis hombres armados. Esos hombres usaban uniforme y Tzu siempre andaba entre ellos, asegurándose de que todo el equipo estaba en orden.

Por algún motivo estos seis hombres acostumbraban formar a caballo contra una pared, y en cuanto mi padre aparecía, cargaban a su encuentro. Descubrí que si me inclinaba desde la ventana de una despensa, alcanzaba a tocar a uno de los jinetes. Un día que no tenía nada que hacer, con toda cautela, pasé una soga por el cinturón de cuero de uno de ellos, mientras estaba distraído arreglando el equipo. Até los dos extremos y los aseguré a un gancho en la parte interior de la ventana. Nadie advirtió mis movimientos en el bochinche y la charla. Apareció mi padre, y los jinetes cargaron. Cinco de ellos. El sexto fue tirado hacia atrás, gritando que los demonios lo tenían agarrado. Se le rompió el cinturón y en la confusión pude retirar la soga y desaparecer. Después me produjo mucho placer decir:

—¡De modo que tú tampoco puedes quedarte en la montura, Ne-tuk!

Nuestros días eran muy duros y estábamos despiertos dieciocho de las veinticuatro horas. Los tibetanos creen que no es prudente dormir cuando hay luz, porque los demonios del día pueden llevarnos. Hasta a los niños muy pequeños se los mantiene despiertos para que no los infecten los demonios. También tienen que estar despiertos los enfermos, y un monje es el encargado de no dejarlos dormir. Nadie queda libre de esto, hasta los moribundos tienen que estar conscientes el mayor tiempo posible, para conocer cuál es el camino correcto que deben seguir a través de las tierras fronterizas hasta el otro mundo.

En la escuela, teníamos que estudiar idiomas, tibetano y chino. El tibetano comprende en realidad dos idiomas distintos, el común y el honorífico. Usamos el ordinario al hablar con los sirvientes o con las personas de menor rango, y el honorífico para dirigirnos a las personas de rango igual o superior. ¡Al caballo de una persona de rango más alto había que hablarle en idioma honorífico! Cuando un sirviente se dirigía a nuestra autocrática gata, que majestuosamente paseaba por el patio comprometida en algún asunto misterioso, le decía:

—¿Se dignaría la honorable Michina venir a beber esta leche despreciable?

Pero no importa cómo se dirigieran a la "honorable Michina"; ésta nunca acudía hasta que estuviera dispuesta.

Nuestro salón de clase era muy grande, pues antes se había usado como refectorio para los monjes visitantes, pero desde la terminación del nuevo edificio, se convirtió en escuela del establecimiento. Asistían sesenta chiquillos. Nos sentábamos en el suelo, con las piernas cruzadas, frente a una mesa o banco largo de más o menos cuarenta y cinco centímetros de altura. Nos sentábamos de espaldas al maestro, de modo que no sabíamos cuándo nos miraba. Así trabajábamos empeñosamente todo el tiempo. En Tibet el papel es hecho a mano y caro, demasiado caro para gastarlo en los niños. Usábamos pizarras, largas planchas de treinta centímetros de ancho por treinta y cinco de largo. Nuestros "lápices" eran de una especie de tiza dura que se recogía en las Colinas Tsu La, que tienen tres mil seiscientos metros más de altura que Lhasa, que a su vez está a tres mil seiscientos metros sobre el nivel del mar. Yo siempre trataba de conseguir tizas rojizas, pero a mi hermana Yaso le gustaban las purpúreas. Teníamos tizas de muchos colores: rojo, amarillo, azul, verde, en distintos tonos. Creo que algunos de esos colores se debían a la presencia de minerales metálicos en la base de tiza blanda. Sea cual fuere la causa, nos alegrábamos de tenerlas.

La aritmética me molestaba mucho. Si setecientos ochenta y tres monjes bebían cincuenta y dos tazas de tsampa por día cada uno, y cada taza contenía cinco octavos de pinta, ¿qué tamaño debía tener el recipiente donde se guardara el tsampa para el consumo de una semana? Mi hermana Yaso podía hacer estas cosas sin pensar casi. Yo, bueno, yo no era tan brillante.

Me encontraba en mi elemento cuando se trataba de tallar. Esa era un tarea que me gustaba y que podía realizar razonablemente bien. En Tibet todas las impresiones se hacían por medio de planchas talladas, de modo que el tallado se consideraba algo muy importante. Los chicos no podíamos desperdiciar madera. La madera era cara, dado que había que traerla de la India. La madera tibetana era demasiado dura y no tenía el veteado necesario. Nosotros usábamos un material que era una especie de esteatita, que se podía cortar fácilmente con un cuchillo muy afilado. ¡A veces usábamos queso de yac rancio!

Algo que nunca se olvidaba era un recitado de las Leyes. Teníamos que repetirlas en cuanto entrábamos en el salón de clase, y nuevamente antes de que nos permitieran salir. Las Leyes eran:

Devolver bien por bien.
No pelear con la gente buena.
Leer las Escrituras y comprenderlas.
Ayudar al prójimo.
La Ley es severa con los ricos para enseñarles la comprensión y la equidad.
La Ley es blanda con los pobres para demostrarles compasión.
Paga tus deudas con prontitud.

Para que no pudiéramos olvidarlas, estas Leyes estaban talladas en estandartes que se fijaban en las cuatro paredes del salón.

Sin embargo, la vida no era sólo estudios y tristeza; jugábamos tanto como estudiábamos. Todos nuestros juegos tenían el designio de endurecernos y permitirnos sobrevivir en Tibet, con sus extremas temperaturas. En verano, al mediodía, la temperatura puede subir a treinta grados, pero esa misma noche puede descender a cuarenta grados bajo cero. En invierno, a menudo, la temperatura es mucho más baja que ésta.

Tirar con arco era muy divertido y desarrollaba los músculos. Usábamos flechas de tejo, importado de la India, y a veces hacíamos ballestas con madera tibetana. Siendo budistas, nunca tirábamos contra blancos vivos. Sirvientes escondidos tironeaban de una cuerda larga, con lo cual el blanco subía o bajaba —nunca sabíamos qué esperar—. La mayor parte de los otros podían acertar el blanco mientras galopaban en un pony. ¡Yo nunca pude mantenerme tanto tiempo en la montura! Los saltos en largo eran algo distinto. Allí no había que preocuparse por los caballos. Corríamos lo más rápidamente posible, con un palo de cuatro metros y medio de largo y cuando la velocidad era suficiente saltábamos con ayuda del palo. Siempre decía que los demás estaban tanto tiempo pegados a los caballos que no tenían fuerza en las piernas, pero yo, que tenía que usarlas, podía saltar. Era un sistema muy eficaz para cruzar arroyos, y me producía gran satisfacción ver que los que trataban de seguirme se zambullían uno tras otro.

Otro de nuestros pasatiempos era caminar con zancos. Nos disfrazábamos y nos convertíamos en gigantes, y a menudo luchábamos en zancos, el que caía era el perdedor. Nuestros zancos eran hechos en casa, no podíamos ir a la tienda más cercana y comprar esas cosas. Utilizábamos todo nuestro poder de persuasión para que el despensero, generalmente el mayordomo, nos diera los trozos de madera más adecuados. La veta tenía que ser perfecta, y sin nudos. Además teníamos que conseguir trozos en forma de cuña para los soportes. Como la madera era muy cara, teníamos que esperar nuestra oportunidad y pedirla en el momento más indicado.

Las niñas y las jóvenes jugaban con una especie de volante. Se hacían agujeros en una de las caras de un trozo pequeño de madera y allí se insertaban plumas. El volante se mantenía en el aire usando los pies solamente. La niña se levantaba la falda hasta una altura que le permitiera patear libremente y desde ese momento usaba solamente los pies, pues si lo tocaba con la mano quedaba descalificada. Una muchacha activa podía mantenerlo en el aire hasta diez minutos antes de errar un puntapié.

El mayor interés de los tibetanos, o por lo menos en el distrito de U, que es el condado donde está Lhasa, es remontar cometas. Podríamos llamarlo un deporte nacional. Sólo podíamos practicarlo en ciertos momentos, durante ciertas estaciones. Años antes se había descubierto que si se remontaban cometas en las montañas, la lluvia caía a torrentes, y en esos días se pensaba que estaban irritados los Dioses de la Lluvia, de modo que se permitía remontar cometas únicamente en otoño, que en Tibet es la estación seca. En ciertas épocas del año, nadie grita en las montañas, pues la reverberación de las voces hace que las nubes de lluvia sobresaturadas que llegan de India dejen caer su carga demasiado rápidamente, con lo que se producen lluvias en los lugares no indicados. Por eso el primer día de otoño se remontaba una cometa solitaria desde el techo del Potala. A los pocos minutos aparecían sobre Lhasa cometas de todos los tamaños, formas y colores, que se sacudían y daban volteretas impulsadas por la fuerte brisa.

Me encantaba remontar cometas y siempre cuidaba que la mía fuera una de las primeras en ascender. Todos hacíamos nuestras propias cometas, generalmente con una armazón de bambú, y casi siempre cubierta de fina seda. No teníamos dificultad en obtener este material de buena calidad, pues era un punto de honor para la casa que la cometa fuera de la mejor calidad. Tenían forma de caja y a menudo les poníamos cabeza de dragón feroz, alas y cola.

Sosteníamos batallas en las cuales tratábamos de abatir las cometas de nuestros rivales. Pegábamos trozos de vidrios rotos a la cuerda de la cometa y cubríamos parte de esa cuerda con cola en la que espolvoreábamos vidrios rotos en la esperanza de cortar las sogas de otras y capturar de ese modo la cometa caída.

A veces nos escapábamos de noche para remontar nuestras cometas con pequeñas lámparas de manteca dentro de la cabeza y el cuerpo. A veces los ojos tenían un brillo rojo, y el cuerpo se destacaba de distintos colores contra el cielo oscuro. Nos gustaba hacerlo particularmente cuando se esperaban las enormes caravanas del distrito de Lho-dzong. En nuestra inocencia infantil creíamos que los nativos ignorantes, de lugares distantes, no conocerían invenciones tan "modernas" como nuestras cometas, de modo que las remontábamos para ver si con el susto aprendían algo.

Uno de nuestros artificios era poner tres valvas distintas de una manera especial, para que cuando el viento pasara entre ellas produjeran un lamento horripilante. Las preferíamos a los dragones que exhalaban fuego entre agudos chillidos, y teníamos la esperanza de que su efecto en los traficantes fuera muy saludable. Nos recorrían unos agradables estremecimientos cuando pensábamos en esos hombres que yacían aterrorizados en sus camastros mientras nuestras cometas se meneaban allá arriba.

Aunque lo ignoraba en esa época, mis juegos con las cometas me iban a resultar muy útiles más tarde, cuando volé en ellas. En ese momento no era más que un juego, aunque emocionante. Había un juego que podía ser muy peligroso: construíamos grandes cometas —objetos enormes de cinco o siete metros cuadrados, con alas que se proyectaban de ambos lados. Las dejábamos en el suelo cerca de una hondonada donde había una corriente de aire ascendente particularmente fuerte. Montábamos en nuestros ponies con un extremo de la soga atado a la cintura, y nos largábamos a todo galope. De un salto subía la cometa y seguía ascendiendo cada vez más hasta que encontraba la corriente de aire. Se sentía un tirón y el jinete era levantado del pony, a veces a tres metros de altura, y bajaba meciéndose suavemente. Algunos pobres desdichados corrían el peligro de cortarse en dos si olvidaban sacar los pies de los estribos pero yo, que jamás fui buen jinete, siempre me desprendía con facilidad, y ser levantado era un placer. Siendo tontamente aventurero, descubrí que si tironeaba de una cuerda en el momento de elevarme, subía más alto, y otros tirones en los momentos indicados me permitían prolongar varios segundos el vuelo.

En una oportunidad tironeé con todo entusiasmo, el viento cooperó, y fui llevado hasta el techo chato de la casa de un campesino, donde estaba guardando el combustible para el invierno.

Los campesinos tibetanos viven en casas de techo plano, con un pequeño parapeto, en el cual conservan el estiércol de yac, que se seca y se utiliza como combustible. Esta casa en particular estaba construida de ladrillos de barro en vez de piedra, que es más común, y no tenía chimenea: una abertura en el techo servía para descargar el humo de abajo. Mi súbito arribo al extremo de una soga desparramó el combustible, y mientras me arrastraba por el techo, descargué la mayor parte por el agujero, sobre los desdichados habitantes del piso bajo.

No fui popular. Mi aparición, también, por el agujero, fue recibida con gritos de rabia y después que el furioso dueño de casa me sacudió el polvo, me arrastraron a presencia de mi padre para otra dosis de medicina correctiva. ¡Esa noche dormí boca abajo!

Al día siguiente me correspondió la desagradable tarea de recorrer los establos para recoger estiércol de yac, que tuve que llevar a casa del campesino y colocar en el techo, tarea que resultó muy dura, dado que todavía no tenía seis años. Pero todos quedaron satisfechos, menos yo; los otros chicos rieron mucho, el campesino obtuvo el doble de combustible que antes, y mi padre demostró que era un hombre justo y estricto. ¿Y yo? ¡También esa noche dormí de bruces, y no por culpa de la equitación!

Puede pensarse que este trato era muy duro, pero en Tibet no hay lugar para los débiles. Lhasa está a tres mil seiscientos metros sobre el nivel del mar, con temperaturas extremas. Hay otros distritos a mayor altura, con condiciones aún más arduas, y los débiles pueden poner en peligro a los demás. Por este motivo, y no por crueldad, el adiestramiento es severo.

En las alturas mayores la gente sumerge a las criaturas recién nacidas en arroyos casi helados, para comprobar si son lo bastante fuertes como para que se les permita vivir. A menudo he visto tales procesiones acercarse a un arroyo, tal vez a cinco mil metros de altura. La procesión se detiene en el banco del río, y la abuela toma al bebé. A su alrededor se agrupa la familia: padre, madre y parientes cercanos. Se desnuda al niño, y la abuela se inclina para sumergir el cuerpecito en el agua, de modo que sólo la cabeza y la boca quedan expuestas al aire. En ese frío intensísimo la criatura se pone roja, después azul, y cesan sus gritos de protesta. Parece muerta, pero la abuela tiene mucha experiencia en esas cosas, y saca a la criatura del agua, la seca y la viste. Si el bebé sobrevive, entonces es que los dioses han decretado que viva. Si muere, se le evitan muchos sufrimientos en la tierra. En realidad, esa actitud es la más bondadosa en un país tan frío. Es mucho mejor que mueran unas pocas criaturas y no que sean inválidos incurables en un país donde la atención médica es muy escasa.

Al morir mi hermano fue necesario intensificar mis estudios, porque cuando cumpliera siete años tendría que comenzar a adiestrarme para cualquier carrera que sugirieran los astrólogos. En Tibet todo se decide por la astrología, desde la compra de un yac, hasta la elección de una carrera. Se acercaba el momento, días antes de mi séptimo cumpleaños, cuando mi madre daría una gran fiesta a la que se invitaría a los nobles y a las personas de alto rango para que oyeran la predicción de los astrólogos.

Mi madre era decididamente gorda, tenía cara redonda y pelo negro. Las mujeres tibetanas usan una especie de marco de madera en la cabeza, sobre el cual se acomoda artísticamente el cabello. Esos marcos eran objetos muy elaborados, a menudo de laca carmesí, tachonados de piedras semipreciosas y con incrustaciones de jade y coral. Con el pelo bien aceitado el efecto era muy brillante.

Las mujeres tibetanas usaban ropa muy alegre, con muchos rojos, verdes y amarillos. En la mayoría de los casos se ponían un delantal de un color, con una franja horizontal de otro color contrastante, vívido, pero armónico. También depende del rango de quien lo lleva. Mi madre, que pertenecía a una de las familias más importantes, tenía un pendiente de más de quince centímetros.

Creemos que las mujeres deben tener absolutamente los mismos derechos que los hombres, pero en la conducción de la casa mi madre iba mucho más allá y era una dictadora indiscutida, una autócrata que sabía lo que quería y siempre lo lograba.

En el alboroto y la agitación de preparar la casa y los jardines para la fiesta, se encontraba realmente en su elemento. Había que organizar, mandar, y pensar en nuevos artificios para eclipsar a los vecinos. En esto último se destacaba netamente, pues como había viajado extensamente con mi padre, a India, Pekín y Shangai, disponía de una cantidad de ideas extranjeras.

Cuando se decidió la fecha de la fiesta, los monjes escribieron cuidadosamente las invitaciones en el papel grueso, hecho a mano, que siempre se usaba para las comunicaciones de mayor importancia. Cada invitación medía treinta centímetros de ancho por sesenta de largo, cada una llevaba el sello familiar de mi padre y como mi madre pertenecía a una de las diez familias más importantes, su sello también tenía que figurar. Los dos tenían un sello particular, con lo que el total sumaba tres. Las invitaciones eran unos documentos tremendos. Me asustaba horriblemente pensar que todo ese alboroto era por mí. No sabía que en realidad yo tenía importancia secundaria y que el Acontecimiento Social venía primero. Si me hubieran dicho que la magnificencia de la fiesta daría gran prestigio a mis padres, eso no hubiera significado nada para mí, de modo que seguí asustado.

Habíamos contratado mensajeros especiales para entregar las invitaciones; cada hombre estaba montado en un caballo de pura sangre. Cada uno llevaba un bastón con una hendedura en un extremo, en la que se introducía la invitación. Los bastones hacían una réplica del escudo de armas de la familia, y estaban alegremente decorados con oraciones impresas que se agitaban al viento. Se produjo un pandemonio en el patio cuando todos los mensajeros se aprestaron a salir en el mismo momento. Los asistentes estaban roncos de tanto gritar, los caballos relinchaban y los enormes mastines negros ladraban enloquecidos. Se tomó el último trago de cerveza tibetana antes de apoyar los jarros con gran barullo, mientras los pesados portales retumbaban al abrirse, y con alaridos salvajes salió galopando la tropa de hombres.

En Tibet los mensajeros entregan un mensaje escrito, pero también dan una versión oral que puede ser muy distinta. En épocas remotas los bandidos acechaban a los mensajeros y procedían de acuerdo al mensaje escrito, atacando a una casa mal defendida o a una procesión. Se adquirió el hábito de escribir un mensaje falso que a menudo atraía a los bandidos adonde podían ser capturados. Esa vieja costumbre de mensajes escritos y orales era una supervivencia del pasado. Aun en mi época, a veces los dos mensajes diferían, pero siempre se aceptaba como correcta la versión oral.

En la casa todo era animación y alboroto. Se limpiaron y recolorearon las paredes, se rasparon los pisos y se lustraron las tablas hasta el punto de resultar peligroso caminar por ellas. Se lustraron y se dio una nueva mano de laca a los altares de madera tallada de los salones principales y se pusieron en uso nuevas lámparas de manteca. Algunas eran de oro y algunas de plata, pero todas se lustraron tanto que resultaba difícil ver la diferencia. Mi madre y el mayordomo se pasaban todo el tiempo revisando, criticando, ordenando, y en general haciendo pasar un mal rato a los sirvientes. En esa época teníamos más de cincuenta sirvientes, y se tomaron otros para la ocasión. Todos estaban ocupadísimos, pero trabajaban con toda el alma. Hasta el patio fue lavado de tal modo que las piedras brillaban como si acabaran de sacarlas de la cantera. El espacio que quedaba libre entre ellas se llenó con un material de color para darles un aspecto más alegre. Cuando todo quedó terminado, mi madre convocó a los sirvientes y les ordenó que se pusieran la ropa más limpia.

En las cocinas había una actividad tremenda, pues se estaban preparando alimentos en cantidades enormes. Tibet es un refrigerador natural, y los alimentos pueden prepararse y preservarse durante un tiempo casi indefinido. El clima es muy, muy frío, y seco por añadidura. Pero aun cuando la temperatura se eleva, la falta de humedad conserva bien los alimentos. La leche se conserva más o menos un año, mientras que los granos se mantienen cientos de años.

Los budistas no matan, de modo que la única carne que se obtiene es de animales que se han caído de alguna roca y que mueren por accidente. En nuestras despensas había una buena reserva de esta carne. En Tibet hay carniceros, pero son de una casta "intocable", y las familias más ortodoxas no tienen nada que ver con ellos.

Mi madre había decidido agasajar a sus invitados con algo raro y caro. Iba a darles flores de rododendro en conserva. Con semanas de anticipación, fueron enviados sirvientes a las colinas al pie del Himalaya, donde se encontraban las mejores flores de rododendro. En nuestro país los rododendros adquieren enorme tamaño, con extraordinaria variedad de colores y aromas. Se arrancan las flores que todavía no han llegado a su completo desarrollo y se las lava cuidadosamente. Cuidadosamente, porque si hay la menor raspadura, se arruina la conserva. Después cada flor se sumerge en una mezcla de agua y miel, en una jarra grande, poniendo especial cuidado en que no quede nada de aire. Se cierra herméticamente la jarra y todos los días, durante varias semanas, se expone al sol y se hace girar a intervalos regulares para que todas las partes de la flor queden adecuadamente expuestas a la luz. La flor crece lentamente, y se llena del néctar producido con la mezcla de miel y agua. Hay quienes exponen la flor al aire unos días antes de comerla, para que se seque y quede un poco crocante, sin que pierda sabor ni aspecto. También rocían los pétalos con un poco de azúcar para que parezcan nevados. Mi padre rezongaba por el gasto que habían provocado esas conservas:

—Hubiéramos podido comprar diez yacs con cría con lo que gastaste en esas flores.

La respuesta de mamá fue típicamente femenina:

—¡No seas tonto! Tenemos que lucirnos, y de todos modos, esto me corresponde a *mí*.

Otro bocado delicioso eran las aletas de tiburón. Se traían de China, en tajadas, y con ellas se hacía sopa. Alguien ha dicho que "la sopa de aleta de pescado es la más grande delicia gastronómica del mundo". A mí me parecía terrible el gusto de esa sopa; era una ordalía tragarla, especialmente porque cuando las aletas llegaban a Tíbet, el dueño del tiburón no las hubiera reconocido. Para decirlo con suavidad, estaban un poco "pasadas". Eso, para algunos, parecía aumentar el sabor.

Mi plato favorito eran suculentos retoños de bambú, que también se traían de China. Podían prepararse de varias maneras distintas, pero yo los prefería crudos con un poco de sal. Mis preferidos eran los extremos verde amarillentos que acababan de abrirse. ¡Me temo que muchos retoños, antes de que los cocieran, perdían sus extremos de un modo que el cocinero podía adivinar pero no probar! Lo que era una lástima, dado que él también los prefería de ese modo.

En Tibet se toman cocineros; las mujeres no sirven para revolver el tsampa o para hacer mezclas exactas. Las mujeres toman un puñado de esto, agregan un trozo de aquello, y lo condimentan con la esperanza de que estará bien. Los hombres son más exactos, más cuidadosos, y por lo tanto, resultan mejores cocineros. Las mujeres están muy bien para quitar el polvo, para charlar, y, por supuesto, para algunas otras cosas. No para hacer tsampa, sin embargo.

El tsampa es el alimento principal de los tibetanos. Hay quienes viven de tsampa y té desde su primera comida hasta la última. Se hace con cebada, tostada hasta que adquiere un color castaño dorado y crocante. Después se parten los granos hasta que quedan hechos harina, que vuelve a tostarse. Se coloca esta harina en un cuenco, y se agrega té mantecado caliente. La mezcla se revuelve hasta que adquiere consistencia de masa. Se agrega sal, bórax y manteca de yac, a gusto. Con la resultante —tsampa— se pueden hacer tabletas arrolladas, panecillos o darle cualquier forma decorativa. El tsampa como único alimento resulta monótono, pero en realidad es una comida compacta, concentrada, que sustenta en cualquier altitud y en cualquier condición.

Mientras algunos sirvientes hacían tsampa, otros hacían manteca. Nuestros métodos para hacer manteca no pueden recomendarse por su higiene. Nuestras mantequeras eran grandes pellejos de piel de cabra, con el pelo para adentro. Se llenaban con leche de yac o de cabra, se doblaba el cuello, y se ataba para que no perdiera. Se aporreaba el pellejo hasta que quedaba hecha la manteca. Teníamos un piso especial para hacer manteca, con protuberancias de hasta cuarenta y cinco centímetros de alto. Se levantaban los pellejos llenos de leche y se dejaban caer sobre las protuberancias, que tenían el efecto de batir la leche. Resultaba monótono ver y oir a diez sirvientes levantando y dejando caer los pellejos hora tras hora. Se oía el "uh uh" interno cuando levantaban el pellejo y el "zunk" cuando el objeto se aplastaba en el suelo. A veces estallaba un pellejo viejo o mal manejado. Recuerdo a un individuo realmente pesado que quería hacer gala de su fuerza. Trabajaba mucho más velozmente que los demás, y las venas se le destacaban en el cuello por el esfuerzo. Alguien dijo:

—Te estás poniendo viejo, Timon; no trabajas tan rápido como antes.

Timon refunfuñó de rabia y tomó entre sus manos poderosas el cuello del pellejo, lo levantó y lo dejó caer. Pero su fortaleza lo perdió. El pellejo cayó, pero Timon todavía tenía las manos —y el cuello— en el aire. El pellejo cayó en el suelo. Saltó una columna de manteca a medias batida. Cayó en la cara del estupefacto Timon, en su boca, ojos, orejas, y pelo. Le caía por el cuerpo cubriéndolo con sesenta o setenta litros de grasa dorada.

A mi madre le llamó la atención el ruido y corrió hasta allí. Fue la primera vez que la vi muda. Puede haber sido la rabia ante la pérdida de la manteca o porque pensó que el pobre hombre estaba ahogado, pero arrancó una lonja del pellejo destrozado y con él le aporreó la cabeza al pobre Timon, quien perdió pie en el piso resbaloso y cayó entre la manteca desparramada.

Hombres torpes, como Timon, podían arruinar la manteca. Si no tenían cuidado al dejar caer los pellejos sobre las protuberancias, podían hacer que el pelo se soltara en el interior y se mezclara con la manteca. A nadie le molestaba sacar una o dos docenas de pelos de la manteca, pero una cantidad mayor se miraba con malos ojos. Esa manteca se dejaba de lado para encender las lámparas o para distribuir entre los mendigos, que la derretían y la colaban con un trapo. También se dejaban de lado para los mendigos los "errores" en las preparaciones culinarias. Si una familia quería que sus vecinos conocieran su alto nivel de vida se preparaba comida buena que se distribuía como "error" entre los mendigos. Estos caballeros felices, bien alimentados, iban entonces a las otras casas y decían qué bien habían comido. Los vecinos les respondían y les brindaban otra excelente comida. Hay mucho que decir en favor de la vida de un mendigo en Tíbet. Nunca pasan necesidades; si ponen en práctica "las agudezas de su industria" pueden vivir sumamente bien. No es una deshonra ser mendigo en la mayoría de los países orientales. Muchos monjes mendigan durante su viaje de lamasterio a lamasterio. Es una práctica reconocida y no se la considera peor que, digamos, pedir dinero para obras de caridad en otros países. Se considera que han hecho una obra muy buena quienes alimentan a un monje durante su camino. Los mendigos también tienen su código. Si un hombre da algo a un mendigo, éste se apartará del señor y no se acercará a él hasta que haya pasado cierto tiempo.

Los dos monjes que vivían en casa también tuvieron su parte en los preparativos del próximo acontecimiento. Fueron a nuestras despensas y rezaron por el alma de cada uno de los animales que habían habitado los cuerpos de las reses que teníamos guardadas. Creíamos que si se mataba un animal —aunque fuera por accidente— y su cuerpo se comía, los humanos tenían una deuda con ese animal. Esas dudas se pagaban por medio de un sacerdote que rezaba junto al cuerpo del animal, en la esperanza de asegurarle que reencarnará en un estado más alto en su próxima vida en la tierra. En los templos y lamasterios habían monjes que dedicaban todo su tiempo a rezar por los animales. Nuestros sacerdotes tenían la tarea de rezar por los caballos, antes de un largo viaje, para evitar que se cansaran demasiado. Por eso mismo nunca se hacía trabajar a nuestros caballos dos días seguidos. Si se montaba un caballo un día, al siguiente tenía que descansar. La misma regla se aplicaba a los animales de labor. Y todos la conocían. Si por cualquier motivo se elegía un caballo para montar, y había sido ensillado el día anterior, se quedaba inmóvil y se negaba a moverse. Cuando le quitaban la silla, se alejaba sacudiendo la cabeza, como si dijera:

—¡Bueno, me alegro de que hayan reparado esa injusticia!

Los asnos eran peores. Aguardaban hasta que les acomodaban la carga, entonces se echaban al suelo y trataban de rodar para aplastarla.

Teníamos tres gatos, que tenían tarea todo el tiempo. Uno vivía en los establos y tenía a raya a las lauchas. Tenían que ser muy cautas para seguir siendo lauchas y no comida de gato. Otro vivía en la cocina. Era bastante viejo y un poco bobalicón. A la madre la habían asustado los cañonazos de la Expedición Younghusband de 1904, y había nacido demasiado pronto. Era el único sobreviviente de la camada. Como correspondía, se llamaba "Younghusband". El tercer gato era una matrona respetable que vivía con nosotros. Era un modelo de atención maternal, y hacía cuanto estaba a su alcance para que no disminuyera la población gatuna. Cuando no estaba ocupada atendiendo a sus gatitos, seguía a mi madre por todas partes. Era negra y pequeña, y a pesar de su enorme apetito, parecía un esqueleto viviente. Los animales tibetanos no son mimados, aunque tampoco son esclavos, son seres con un propósito útil que cumplir, seres con derechos, igual que los seres humanos. De acuerdo con la fe budista, los animales —en realidad todas las criaturas— tienen alma, y renacen en la tierra en estados sucesivamente más altos.

Rápidamente llegaron las respuestas a nuestras invitaciones. Los hombres llegaban galopando hasta nuestro portal, empuñando los bastones de mensajero. En seguida bajaba el mayordomo desde su cuarto para rendir honores al mensajero de los nobles. El hombre sacaba de un tirón el mensaje del bastón, y con voz entrecortada por la fatiga daba la versión oral. Después se le aflojaban las rodillas y caía al suelo, con exquisito arte de histrión, para indicar que había dado todas sus fuerzas para entregar el mensaje en la Casa de Rampa. Nuestros sirvientes desempeñaban su parte amontonándose a su alrededor con muchas exclamaciones.

—¡Pobre hombre, viajó con muchísima rapidez! Sin duda, se le reventó el corazón con el apuro. ¡Pobre hombre, tan noble!

Una vez me deshonré completamente al decir:

—¡Oh, no!; no se le reventó el corazón. Lo vi descansar un poco más allá, para la última arremetida.

Será discreto correr un velo de silencio sobre la dolorosa escena que siguió.

Por fin llegó el día. El día que yo temía, en el que decidirían mi carrera, sin que pudiera elegir. Sobre las montañas distintas se asomaban los primeros rayos del sol cuando un sirviente arremetió en mi cuarto.

—¿Cómo? ¿Todavía no estás levantado. Martes Lobsang Rampa? ¡Caramba, sí que eres dormilón! Son las cuatro y hay mucho que hacer. *¡Levántate!*

Retiré la manta y me puse de pie. Para mí, ese día iba a señalar el sendero de mi vida.

En Tibet se dan dos nombres. El primero es el día de la semana en que se ha nacido. Yo nací un martes, de modo que Martes era mi primer nombre. Después Lobsang, que era el nombre elegido por mis padres. Pero si un muchacho ingresaba en un lamasterio, entonces se le daba otro nombre, que sería su "nombre de monje". ¿Me darían a mí otro nombre? Sólo las horas próximas lo dirían. Yo, a los siete años, quería ser botero, mecerme en el Río Tsang-po, a cuarenta millas de distancia. Pero, aguarda un minuto, ¿lo quería *realmente?* Los boteros son de una casta baja porque usan botes de piel de yac estirada sobre una armazón de madera. ¿Botero? ¿Baja casta? *¡No!* Quería ser un remontador profesional de cometas. Eso era mejor, ser libre como el aire. Era mucho mejor que estar en un degradante bote de pellejo que se deja llevar por una corriente de agua. Remontador de cometas, eso sería yo, y haría cometas magníficas, con cabezas enormes y ojos resplandecientes. Pero ese día los sacerdotes astrólogos tendrían algo que decir. Tal vez lo había dejado para demasiado tarde, pues ya no podía escapar por la ventana. Mi padre enviaría hombres a buscarme. No, después de todo, yo era un Rampa y tenía que seguir la tradición. Tal vez los astrólogos, dirían que tenía que ser remontador de cometas. Lo único que podía hacer era aguardar.

CAPÍTULO DOS

FIN DE MI NIÑEZ

—¡Ay! ¡Yulgye, me estás arrancando la cabeza! ¡Si sigues así, voy a quedar más calvo que un monje!

—Quédate quieto, Martes Lobsang. La coleta tiene que quedar derecha y bien enmantecada, o tu Honorable Madre me desollará.

—¡Pero Yulgye, no hay necesidad de que tires tanto, me estás torciendo la cabeza!

—¡Oh, no puedo detenerme en eso, estoy apurado!

¡Y allí estaba yo, sentado en el suelo, con un rudo sirviente que me tironeaba fuertemente de la coleta! Finalmente la condenada quedó dura como un yac congelado, y brillante como el claro de luna en un lago.

Mi madre parecía un torbellino, se movía con tanta rapidez que me daba la impresión de tener varias madres. Se dieron las órdenes de último momento, las preparaciones finales, todo con mucha charla. Yaso, que tenía dos años más que yo, se meneaba como una mujer de cuarenta. Mi padre se había encerrado en su sala privada y estaba completamente alejado del bochinche. ¡Cómo deseé estar con él!

Por algún motivo mi madre había dispuesto que fuéramos al Jo-Kang, la Catedral de Lhasa. Aparentemente teníamos que dar una atmósfera religiosa a los acontecimientos posteriores. Hacia las diez de la mañana (las horas en Tibet son muy elásticas), sonó un gong de tres tonos para que acudiéramos a nuestro punto de reunión. Todos montamos en ponies, mi padre, mi madre, Yaso y otros cinco más, incluso un Martes Lobsang muy mal dispuesto. Cruzamos el camino de Lingkhor, y volvimos a la izquierda al pie del Potala. Ésta es una montaña de edificios, de ciento veinte metros de altura y trescientos sesenta de largo. Pasamos por la villa de Shö, cruzamos la llanura del Kyi Chu, hasta que media hora después nos encontramos frente al Jo-kang. A su alrededor se amontonaban algunas casitas, tiendas y quioscos para tentar a los peregrinos. Hacía mil trescientos años que estaba allí la Catedral para recibir a los devotos. Dentro, los pisos de piedra presentaban surcos de varios centímetros producidos por el paso de tantos fieles. Los peregrinos recorrían reverentemente el Círculo Interno, volviendo cada uno al pasar las ruedas de oraciones, mientras repetían sin cesar el mantra: ¡Om! ¡Mani padme Hum!

Enormes vigas de madera, ennegrecidas por el tiempo, sostenían el techo, y el pesado olor del incienso que se quemaba constantemente flotaba como esas leves nubes de verano en la cima de una montaña. En las paredes había estatuas de oro de las deidades de nuestra fe. Fuertes biombos de metal, con malla de alambre para no impedir la vista, protegían las estatuas de aquellos cuya avidez era superior a su reverencia. La mayoría de las estatuas más familiares estaban en parte enterradas entre las piedras preciosas y las gemas que habían amontonado a su alrededor los fieles que habían buscado su favor. Candeleros de oro puro sostenían cirios que estaban constantemente encendidos, cuya luz no se había extinguido en los últimos mil trescientos años. De nichos ocultos llegaban los sonidos de campanas, gongs y el bronco repicar de las valvas. Nosotros recorrimos el círculo como lo exigía la tradición.

Cuando completamos nuestros rezos, subimos al techo plano. Sólo los pocos favorecidos podían hacerlo; mi padre, en su carácter de Custodio, siempre subía.

Nuestras formas de gobierno (sí, en plural) pueden ofrecer interés.

A la cabeza del Estado y de la Iglesia, la última Corte de Apelaciones, estaba el Dalai Lama. Cualquier persona del país podía dirigirle un memorial. Si la petición era justa, o si se había cometido una injusticia, el Dalai Lama se encargaba de que se otorgara la petición, o que se rectificara la injusticia. No es un despropósito decir que todos los habitantes del país, probablemente sin excepción, lo amaban o lo reverenciaban. Era un autócrata; tenía poder y dominio, pero *nunca* los usaba en su beneficio, sino únicamente para el bien del país. Sabía que habría una invasión comunista, aunque faltaran muchos años todavía para que ocurriera, y con ella un eclipse de la libertad. Por eso se adiestraba a un pequeño número de nosotros, para que no se olvidaran las artes de los sacerdotes.

Después del Dalai Lama venían tres Consejos, por eso escribí "gobiernos". El primero era el Consejo Eclesiástico. Los cuatro miembros que lo formaban eran monjes que tenían la categoría de lamas. Ellos respondían, bajo la dirección del Más Recóndito, de los asuntos de los lamasterios y los conventos de monjas. Todos los asuntos eclesiásticos estaban a su cargo.

Seguía el Consejo de Ministros. Este Consejo tenía cuatro miembros, tres legos y uno eclesiástico. Se encargaban de los asuntos del país en conjunto, y eran los responsables de integrar la Iglesia y el Estado.

Dos funcionarios, que podríamos llamar Primeros Ministros, pues eso eran, actuaban como "Agentes de Enlace" entre los dos Consejos y presentaban sus puntos de vista al Dalai Lama. Tenían considerable importancia durante las raras reuniones de la Asamblea Nacional. Ésta era un cuerpo de más o menos cincuenta hombres que representaban a todas las familias y los lamasterios más importantes de Lhasa. Se reunían sólo en las emergencias más graves, como en 1904, cuando el Dalai Lama fue a Mongolia durante la invasión británica. Con respecto a esto último, muchos occidentales tienen la extraña idea de que el Más Recóndito "huyó" cobardemente. De *ningún modo* huyó. Pueden compararse las guerras en Tibet al juego de ajedrez. Si toman al rey, se gana el juego. El Dalai Lama era nuestro "rey". Sin él no había nada por qué luchar; *tenía* que ponerse a salvo para que el país se mantuviera unido. Quienes lo acusan de cobardía no saben lo que dicen.

La Asamblea Nacional podía aumentarse hasta casi cuatrocientos miembros cuando acudían todos los dirigentes de las provincias. Hay cuatro provincias: la Capital, como se llamaba generalmente a Lhasa, estaba en la provincia de U-Tsang. Shingatse está en el mismo distrito. Gartok es

Tibet occidental, Chang es Tibet septentrional, mientras que Kham y Lho-dzong son las provincias oriental y meridional respectivamente. A medida que pasaron los años el Dalai Lama aumentó su poder y gobernó cada vez con menos asistencia de los Consejos o de la Asamblea. Nunca estuvo Tibet mejor gobernado.

La vista desde el techo del templo era soberbia. Hacia el este se extendía la planicie de Lhasa, verde y lozana, moteada de árboles. El agua resplandecía entre los árboles, mientras los ríos de Lhasa murmuraban para unirse al Tsang Po, cuarenta millas más allá. Hacia el norte y el sur se elevaban las grandes cordilleras de montañas que cerraban nuestro valle y nos hacía creer que estábamos separados del resto del mundo. Los lamasterios abundaban en los planos más bajos. Más arriba, pequeñas ermitas se encaramaban precariamente sobre laderas inclinadísimas. Hacia occidente se elevaban las montañas gemelas del Potala y de Chakpori; esta última se conocía como el Templo de la Medicina. Entre estas montañas la Puerta Occidental destellaba a la fría luz de la mañana. El cielo era de un púrpura profundo, acentuado por el blanco puro de la nieve en las distantes cordilleras. Nubes ligeras, que parecían un manojito, flotaban a la ventura en lo alto. Mucho más cerca, en la ciudad misma, veíamos el Edificio del Consejo que estaba al abrigo de la pared norte de la Catedral. El Tesoro estaba muy cerca y rodeándolo todo estaban los quioscos de los comerciantes y el mercado, en el que se podía comprar casi todo. No muy lejos, levemente hacia el Este, un convento de monjes se codeaba con el precinto de los Disponedores de los Muertos.

Dentro del terreno de la Catedral se oía el incesante murmullo de quienes visitaban este lugar, uno de los más sagrados del budismo. La charla de los peregrinos que venían de muy lejos y que habían traído regalos, en la esperanza de obtener una bendición divina. Había algunos que traían animales que habían salvado del carnicero y que habían comprado con su escaso dinero. Era muy virtuoso quien salvara una vida, animal o humana, y se lograba mucho crédito al hacerlo.

Mientras estábamos observando las viejas escenas, que resultaban siempre nuevas, oíamos subir y bajar las voces de los monjes que cantaban un salmo, el bajo profundo de los hombres más viejos, y el trino agudo de los acólitos. Después vino el retumbar de los tambores y las voces doradas de las trompetas. Voces chillonas y latidos apagados, y una sensación de quedar preso en una red hipnótica de emociones.

Los monjes iban de aquí para allá, ocupados en sus distintas tareas. Unos con túnicas amarillas, otros, purpúreas. Los más numerosos llevaban ropajes bermejos; eran los monjes "ordinarios". Los que lucían más dorado eran los del Potala, así como los de vestiduras rojo cereza. Acólitos de blanco y monjes policías de castaño, andaban de aquí para allá. Todos, o casi todos, tenían algo en común: por más nuevos que fueran sus ropajes, casi todos tenían remiendos que eran réplica de los remiendos de la túnica de Buda. Los extranjeros que han visto a los monjes tibetanos, o fotografías de ellos, a veces comentan su "aspecto remendado". Los remiendos, entonces, son parte del vestido. Los monjes del viejo lamasterio de Ne-Sar, que tiene mil doscientos años, lo hacen correctamente y llevan los remiendos de un color más claro.

Los monjes llevan las túnicas rojas de la Orden; hay muchos tonos de rojo, causados por el modo cómo está teñida la tela de lana. Desde el castaño rojizo al rojo ladrillo, siempre es "rojo". Ciertos monjes funcionarios que tienen tareas únicamente en el Potala llevan una chaqueta dorada sin mangas sobre la túnica roja. El dorado es un color sagrado en Tibet —el oro es inmanchable y por lo tanto se mantiene siempre puro— y es el color oficial del Dalai Lama. Algunos monjes o altos lamas que forman parte de la comitiva personal del Dalai Lama, tienen permiso para usar ropajes dorados *sobre* los rojos comunes.

Mientras estábamos observando desde el techo del Jo-kang vimos muchas de estas figuras con chaquetas doradas, y uno que otro de los funcionarios del Pico. Hacia arriba vimos las banderas de oraciones que flameaban y las brillantes cúpulas de la Catedral. El cielo estaba hermoso, púrpura, con copitos de nubes ligeras, como si un artista hubiera voteado la tela del paraíso con un pincel cargado de pintura blanca. Mi madre rompió el encantamiento:

—Bueno, estamos perdiendo tiempo; tiemblo al pensar qué estarán haciendo los sirvientes. ¡Debemos apresurarnos!

Otra vez sobre nuestros pacientes ponies, tintineando a lo largo del camino de Lingkhor, mientras cada paso me acercaba a lo que yo llamé "El Juicio de Dios", pero que mi madre consideraba *su* "Gran Día".

Cuando llegamos a casa, mi madre pasó la última inspección a lo que se había hecho y comimos para fortificarnos para los sucesos que vendrían. Todos sabíamos muy bien que en ocasiones como ésa los invitados comían mucho y quedaban satisfechos, mientras que los pobres dueños de casa quedaban con los estómagos vacíos. No tendríamos tiempo de comer más tarde.

Llegaron los monjes músicos, con mucho retintín de instrumentos, y los ubicaron en los jardines. Estaban cargados de trompetas, clarines, gongs y tambores. Llevaban los platillos colgando del cuello. A los jardines se fueron, con mucha charla, y pidieron cerveza para ponerse de humor y tocar bien. Durante la media hora que siguió no se oyeron más que bocinazos horribles y balidos estridentes, mientras los monjes preparaban sus instrumentos.

Se produjo un tremendo alboroto en el patio cuando se avistaron los primeros invitados, que venían formando una cabalgata armada de hombres con pendones flameantes. Se abrieron de par en par los portales de entrada, y se formaron dos hileras de nuestros sirvientes, una a cada lado, para darles la bienvenida. El mayordomo se hallaba al frente, con sus dos asistentes que llevaban un variado surtido de las chalinas de seda que en Tibet se usan como forma de saludo. Hay cuatro calidades de chalinas, y hay que regalar la correcta, ¡de lo contrario se implica una ofensa! El Dalai Lama da y recibe sólo la de primer grado. Estas chalinas reciben el nombre de *khata*, y el método de presentación es el siguiente: el obsequiante, si es del mismo rango, queda de pie con los brazos extendidos; quien lo recibe también permanece de pie con los brazos extendidos; el que obsequia hace una pequeña reverencia y extiende la chalina sobre las muñecas de quien la recibe, que se inclina a su vez, se quita la chalina de las muñecas, la mira aprobándola y se la entrega a un sirviente. Si quien obsequia lo hace a una persona de rango mucho más alto, él o ella se pone de rodillas con la lengua extendida (un saludo tibetano similar a quitarse el sombrero) y coloca el khata a los pies del que la recibe, quien en este caso la pone al cuello de quien se la da. En Tibet, los regalos deben ir acompañados del khata correspondiente, así como las cartas de felicitación. El Gobierno usaba chalinas amarillas, en vez de las blancas comunes. El Dalai Lama, si quería hacer el más alto honor a una persona, le colocaba un khata al cuello y a ese khata ataba, con tres nudos, un cordón de seda roja. Si al mismo tiempo mostraba las manos con las palmas hacia arriba, en ese caso, uno estaba realmente honrado. Los tibetanos creemos firmemente que toda nuestra historia está escrita en la palma de la mano, y el Dalai Lama, al mostrar sus manos de este modo, probaba sus intenciones de amistad. Yo tuve dos veces ese honor.

Nuestro mayordomo permanecía en la puerta, con un asistente a cada lado. Se inclinaba ante cada recién llegado, aceptaba su khata y se lo pasaba a un ayudante. Al mismo tiempo el asistente que tenía a la derecha le entregaba la chalina que correspondía para responder al saludo. Ésta se colocaba en las muñecas o al cuello (de acuerdo al rango) del invitado. Todas esas chalinas se usaban muchas veces.

El mayordomo y sus ayudantes tenían mucho trabajo. Los invitados llegaban en grandes grupos. Desde los distritos vecinos, de la ciudad de Lhasa, y de distritos lejanos, todos venían tintineando por el camino de Lingkhor, para dar la vuelta en nuestra senda privada a la sombra del Potala. Las damas que cabalgaban desde una gran distancia llevaban una máscara de cuero para proteger la piel del viento y de la tierra. A menudo en la máscara se pintaban rasgos semejantes a los de quien las usaba. Cuando llegaba a su destino, la dama se quitaba la máscara, así como la capa de piel de yac. Siempre me fascinaban los rasgos dibujados en las máscaras. ¡Cuando más fea o vieja la mujer, más jóvenes y hermosos los retratos de la máscara!

En la casa había gran actividad. Cada vez traían más almohadones de las despensas. En Tibet no usamos sillas, sino que nos sentamos con las piernas cruzadas en almohadones que tienen más o menos cuarenta centímetros de lado y veinte centímetros de alto. Los mismos almohadones se usan para dormir, colocando varios juntos. Para nosotros son mucho más cómodos que las sillas o las camas altas.

A los invitados que iban llegando se les servía té mantecado y se los conducía a un gran salón que había sido convertido en refectorio. Allí podían elegir refrescos que los mantuvieran satisfechos hasta que comenzara la verdadera fiesta. Habían llegado alrededor de cuarenta damas de las familias dirigentes, junto con las mujeres de su séquito. Mi madre atendía a algunas señoras, mientras las demás recorrían la casa, inspeccionando los muebles y tratando de adivinar su valor. El lugar parecía invadido por mujeres de todo tamaño, forma y edad. Aparecían de los lugares más inesperados, y no vacilaban un momento en preguntar a los sirvientes que pasaban cuánto costaba esto, o qué valor tenía aquello. En suma, se comportaban como todas las mujeres del mundo. Mi hermana Yaso desfilaba con su ropa flamante, y un peinado que para ella estaba a la última moda, pero que a mí me parecía terrible; pero siempre mi opinión fue parcial tratándose de mujeres. Lo cierto es que ese día eran un estorbo.

Había otro grupo de mujeres para complicar las cosas: la dama de alto rango en Tibet debe tener enorme cantidad de ropa y muchas joyas. Todo esto había que exhibirlo, y como hubiera llevado mucho cambiarse de ropa, se tomaban muchachas especiales —*chung*— que actuaban de maniquíes. Desfilaban con la ropa de mi madre, se sentaban y bebían innumerables tazas de té mantecado, y después iban a cambiarse de ropa y de alhajas. Se mezclaban con los invitados y se convertían, en el fondo, en ayudantes de ama de casa. En el curso del día esas mujeres se cambiaban de ropa cinco o seis veces.

Los hombres se interesaban más en los artistas de los

jardines. Se había traído una troupe de acróbatas para aumentar la alegría. Tres de ellos sostenían un palo de cuatro metros y medio de altura y otro acróbata trepaba y se mantenía de cabeza en el extremo; entonces los otros sacaban el palo y dejaban que el que estaba arriba cayera, diera una vuelta y aterrizara como un gato, de pie. Algunos chiquillos que los estaban mirando, inmediatamente corrieron hasta algún lugar oculto para emular el acto. Encontraron un palo de dos o tres metros de altura, lo sostuvieron en alto, y el más osado trepó y trató de mantenerse de cabeza. Cayó, con un tremendo "crump" sobre la cabeza de los demás. A pesar de todo, los cráneos resultaron bastante duros, y aparte de algunos chichones del tamaño de huevos, no hubo que lamentar mayores daños.

Apareció mi madre, a la cabeza de las damas, para ver a los acróbatas y escuchar música. Esto último no fue difícil; los músicos estaban bien entonados con copiosas cantidades de cerveza tibetana.

Mi madre estaba especialmente bien vestida para esta ocasión. Llevaba una falda de lana de yac de color rojo bermejo, que le llegaba casi a los tobillos. Sus botas altas de fieltro tibetano eran del blanco más puro, con suelas rojo sangre, arregladas con mucho gusto con cordoncillos rojos.

La chaqueta, tipo bolero, era rojo amarillento, de color algo semejante a la túnica monacal de mi padre. ¡En mis tiempos de médico, lo hubiera llamado "yodo sobre vendas"! Debajo llevaba una blusa de seda púrpura. Todos los colores armonizaban y habían sido elegidos para representar las distintas clases de vestiduras monacales.

Le cruzaba el hombro derecho una banda de seda recamada, tomada en la cintura, sobre la izquierda, por un anillo de oro macizo. Desde el hombro hasta el nudo de la cintura, la banda era rojo sangre, pero desde ese punto iba del amarillo limón hasta el azafrán subido cuando alcanzaba el borde de la falda.

Alrededor del cuello llevaba una cuerda de oro de la que colgaban las tres bolsitas de amuletos, que usaba siempre. Se los habían dado cuando casó con mi padre. Uno era obsequio de su familia, otro, de la familia de mi padre, y el

tercero, honor muy poco común, se lo había dado el Dalai
Lama. Usaba muchas joyas, porque las mujeres tibetanas se
ponen alhajas y adornos de acuerdo con su situación en la
vida. Se supone que un marido tiene que comprar adornos y
joyas cuando mejora de condición.

Mi madre había estado días enteros ocupada en que le
arreglaran el cabello en ciento ocho trenzas, cada una gruesa
como una cuerda de látigo. Ciento ocho es un número sagrado en Tibet, y las señoras con cabello suficiente para
hacerse ese número de trenzas se consideraban muy afortunadas. El pelo, partido como el de una madonna, estaba sostenido por un marco de madera que usaba como sombrero.
Era de laca roja, y estaba tachonado de diamantes, jade y
discos de oro. Las trenzas estaban arregladas en ese marco
de modo que parecían un rosal trepador en un enrejado.

De una oreja le colgaba una sarta de corales. El peso era
tal que para sostenerla tenía que llevar un hilo rojo enroscado en la oreja, o correr el riesgo de que se le partiera el
lóbulo. El pendiente le llegaba casi hasta la cintura; ¡yo la
miraba fascinado para ver cómo hacía para volver la cabeza
a la izquierda!

Los invitados andaban de aquí para allá, admirando los
jardines, o estaban sentados en grupos discutiendo cuestiones
sociales. Las señoras, en particular, estaban muy ocupadas
con la conversación.

—Sí, mi querida, lady Doring ha hecho colocar un piso
nuevo. Cantos rodados muy finos, lustrados maravillosamente.

—¿Supo que ese joven lama que estaba con lady Rakasha...?

Pero en realidad todos aguardaban el hecho más importante del día. Todo esto no era más que un período de espera,
en que se entonaban hasta que llegara el momento en que
los sacerdotes astrólogos vaticinaran mi futuro y señalaran el
sendero que yo tendría que seguir en la vida. De ellos dependía la carrera que tendría que abrazar.

A medida que fue envejeciendo el día y las sombras largas
se arrastraban con más rapidez por el suelo, las actividades
de los invitados se hicieron más lentas. Estaban saciados de

refrescos y dispuestos a recibir más. A medida que disminuían las pilas de alimentos, los sirvientes fatigados traían más, y eso también desaparecía con el tiempo. Los acróbatas y artistas contratados se fatigaron, y uno a uno se deslizaron hasta la cocina para descansar y beber más cerveza.

Los músicos todavía estaban en buenas condiciones, y soplaban las trompetas, batían los platillos y aporreaban los tambores con alegre abandono. Con tanto ruido y alboroto, los pájaros asustados habían abandonado sus lugares de descanso en los árboles. Y no sólo los pájaros estaban asustados. Los gatos se habían zambullido precipitadamente en algún refugio seguro a la llegada de los primeros invitados. Hasta los enormes mastines negros que guardaban el lugar estaban silenciosos, sus aullidos profundos apaciguados en el sueño. Habían comido y comido hasta más no poder.

En los jardines, a medida que se iba haciendo más oscuro, los chiquillos se deslizaban como gnomos entre los árboles cultivados, mecían las lámparas de manteca y los incensarios humeantes, y a veces saltaban a las ramas más bajas para retozar libremente.

Desparramados en el jardín había braseros de oro llenos de incienso que lanzaban sus espesas columnas de humo fragante. A cargo de ellos estaban unas ancianas que también volteaban repiqueteantes ruedas de oraciones, cada una de cuyas revoluciones enviaba miles de preces al cielo.

Mi padre padecía un miedo perpetuo. Sus jardines eran famosos en todo el país por las plantas y arbustos importados, todos muy caros. Ahora, en su opinión, el lugar parecía un zoológico mal dirigido. Se paseaba estrujándose las manos y lanzando gemidos angustiados cada vez que un invitado se detenía y tocaba un brote. Los damascos y los perales y los pequeños manzanos enanos eran los que corrían más riesgos. Los árboles más grandes y más altos, álamos, sauces, enebros, abedules y cipreses, estaban festoneados con pendones de oraciones que flameaban suavemente en la brisa de la noche.

Eventualmente murió el día y el sol se puso tras los distantes picos del Himalaya. De los lamasterios llegó el sonido de las trompetas que señalaban el paso de otro día, y con ellas se encendieron centenares de lámparas de manteca. Colgaban de las ramas de los árboles, se mecían de los aleros de las casas, y otras flotaban en las aguas mansas del lago artificial. Aquí encallaban, como los botes en un banco de arena, en las hojas de los lirios acuáticos, allá flotaban a la ventura hacia los cisnes que buscaban refugio cerca de la isla.

Sonó un gong profundo y todos se volvieron a mirar la procesión que se acercaba. Se había levantado una gran marquesina en los jardines, con un lado completamente abierto. Dentro había un estrado donde se colocaron cuatro de nuestros asientos tibetanos. La procesión se acercó al estrado. Cuatro sirvientes llevaban otros tantos palos, con grandes lámparas en el extremo más alto. Tras ellos, cuatro trompeteros con trompetas de plata tocando una fanfarria. Los seguían mis padres, que se acercaron al estrado y subieron. Después dos ancianos del lamasterio del Oráculo del Estado. Estos dos ancianos de Nechung eran los astrólogos más experimentados del país. Sus predicciones resultaron siempre correctas. La semana anterior habían sido llamados para darle un pronóstico al Dalai Lama. Ahora iban a hacer lo mismo para un chiquillo de siete años. Mucho habían discutido sobre eclípticas, sesquicuadrados, y la influencia contraria de esto o aquello. Ya hablaré de astrología en otro capítulo.

Dos lamas llevaban las notas y los mapas de los astrólogos. Otros dos se adelantaron y ayudaron a los ancianos profetas a subir los escalones del estrado. Sus suntuosas túnicas de brocado chino amarillo sólo destacaban su edad. Llevaban altos sombreros de sacerdote, y sus cuellos arrugados parecían agostarse bajo el peso.

Los invitados se reunieron a su alrededor, sentados en almohadones que trajeron los sirvientes. Cesó el chismorreo, pues todos aguzaron el oído para escuchar la voz aguda, aflautada, del astrólogo jefe.

—Lha dre mi cho-nan-ching —dijo— (dioses, demonios, hombres, todos se comportan del mismo modo), para que se pudiera predecir el probable futuro.

Siguió zumbando una hora, y después se detuvo para descansar diez minutos. Continuó otra hora más detallando el futuro.

—¡Ha-le! ¡Ha-le! (¡Extraordinario! ¡Extraordinario!) —exclamó el público extasiado.

Y así fue predicho. Un chiquillo de siete años debía ingresar en un lamasterio, después de una dura proeza de resistencia, y allí recibiría educación de sacerdote cirujano. Sufriría grandes penalidades, e iría a vivir entre gente extraña. Perdería todo para comenzar de nuevo, y finalmente obtendría éxito.

Gradualmente la muchedumbre se dispersó. Los que habían venido de lejos pasarían la noche en casa y partirían a la mañana siguiente. Otros viajarían con su séquito, provistos de faroles para iluminar el camino. Con mucho repiqueteo de pezuñas y los gritos roncos de los hombres, se reunieron en el patio. Una vez más se abrió el pesado portal, y la compañía salió. En la distancia se oía cada vez más débil el clop-clop de los caballos, y la charla de sus jinetes, hasta que afuera reinó el silencio de la noche.

CAPÍTULO TRES

LOS ÚLTIMOS DÍAS EN CASA

En la casa todavía había mucha actividad. Se seguía consumiendo té en enormes cantidades y la comida desaparecía mientras los viajeros de último momento se fortificaban contra la noche. Todos los cuartos estaban ocupados y no había lugar para mí. Desconsolado, ambulé por todas partes, pateando piedras o cuanto se me pusiera al paso, pero ni siquiera eso me inspiró. Nadie me tomaba en cuenta, los invitados estaban cansados y felices, los sirvientes, cansados e irritables.

—Los caballos tienen más sentimientos —gruñí—. Iré a dormir con ellos.

Los establos estaban tibios y el forraje blando, pero el sueño no quería venir. Cada vez que me quedaba entredormido, un caballo me tocaba ligeramente, o un súbito barullo de la casa me despertaba. Gradualmente los ruidos fueron desapareciendo. Me apoyé en un codo y miré hacia afuera; una a una las luces cedían paso a la oscuridad. Pronto quedó sólo la fría luz de la luna que se reflejaba vívidamente en las montañas nevadas. Los caballos dormían, algunos de pie, otros tirados de costado. Yo también dormí. A la mañana siguiente me despertó un violento sacudón y una voz que decía:

—Ven, Martes Lobsang. Tengo que preparar los caballos y me estás molestando.

De modo que me levanté y fui hasta la casa para procurarme comida. Había mucha actividad. La gente se preparaba para irse, y mamá pasaba de un grupo a otro para una charla de último minuto. Mi padre discutía mejoras a introducir en la casa y en los jardines. Le decía a un viejo amigo que tenía la intención de hacer traer vidrio importado de India, para colocar en las ventanas. En Tibet no había vidrio, pues no se fabricaba en el país, y el costo de acarreo desde India era altísimo. Las ventanas tibetanas tienen marcos en los cuales se extiende papel muy encerado y traslúcido, pero no transparente. En la parte exterior de las ventanas había pesadas persianas de madera, no tanto para impedir la entrada de ladrones, sino para evitar la arena arrastrada por los fuertes vientos. Esta arena (que a veces tenía el tamaño de piedrecillas) se abría camino por las ventanas si no estaban protegidas. También cortaba manos y rostros, y durante la época de los vientos los viajes resultaban peligrosísimos. Los habitantes de Lhasa siempre observaban el Pico, y cuando de pronto desaparecía en una niebla oscura, todos corrían a refugiarse antes de que el viento los sorprendiera. Pero no sólo los humanos estaban alerta: los animales también vigilaban y no era raro ver perros y caballos a la cabeza de los hombres buscando refugio. A los gatos *nunca* los sorprendía una tormenta, y los yacs eran inmunes.

Con la partida del último invitado, mi padre me mandó llamar y me dijo:

—Ve a las tiendas y compra lo que necesites. Tzu sabe qué requieres.

Pensé en las cosas que necesitaría, un cuenco para tsampa hecho de madera, una taza y un rosario. La taza tendría tres partes, un soporte, la taza y la tapa. Sería de plata. El rosario sería de madera, con las ciento ocho cuentas muy pulidas. Ciento ocho, el número sagrado, también indica las cosas que tiene que recordar un monje.

Partimos, Tzu en su caballo, yo en mi pony. Al salir del patio doblamos a la derecha, y a la derecha otra vez cuando salimos del Camino Circular pasando el Potala, para entrar en el centro comercial. Miré a mi alrededor, como si viera a la ciudad por última vez. ¡Sentía un miedo tremendo de estar viéndola por última vez! Las tiendas estaban atestadas de mercaderes regateadores llegados recién a Lhasa. Algunos habían traído té de China, otros habían traído telas de la India. Nos abrimos camino entre la muchedumbre para llegar a las tiendas que queríamos visitar; de vez en cuando Tzu saludaba a algún viejo amigo de otros tiempos.

Tenía que comprar una túnica de rojo bermejo. Tenía que ser bastante grande, no sólo porque estaba creciendo, sino igualmente por una razón práctica. En Tibet los hombres usan túnicas voluminosas que se atan fuertemente a la cintura. La parte superior se levanta y forma una bolsa en la que se guardan todas las cosas que el tibetano cree necesario llevar. El monje común, por ejemplo, lleva en la bolsa el cuenco del tsampa, una taza, un cuchillo, varios amuletos, un rosario, una bolsita con cebada tostada y bastante a menudo una reserva de tsampa. Porque recordad, un monje lleva encima todas sus posesiones mundanas.

Mis patéticas y escasas compras fueron supervisadas severamente por Tzu, quien permitió sólo las cosas más esenciales, y de calidad mediocre, como correspondía a un "pobre acólito". Incluían sandalias con suelo de cuero de yac, una pequeña bolsita de cuero para la cebada tostada, un cuenco de madera para el tsampa, una taza de madera —¡no la de plata que yo había esperado!— y un cuchillo para tallar. Estas cosas, junto con un sencillo rosario que yo mismo tuve que pulir, iban a ser mis únicas posesiones. Mi padre era varias veces millonario, con enormes establecimientos en todo el país, con joyas, y mucho oro. Pero yo, mientras estuviera estudiando, mientras mi padre viviera, iba a ser solamente un monje muy pobre.

Volví a mirar la calle, pasé la vista por esos edificios de dos pisos, con sus grandes aleros. Volví a mirar las tiendas con las aletas de tiburón y las monturas puestas en casillas junto a las puertas. Escuché una vez más la charla alegre de los mercaderes y sus clientes que regateaban los precios. La calle nunca me había parecido tan atrayente y pensé en la gente afortunada que la veía todos los días y que seguiría viéndola todos los días.

Perros descarriados vagaban por todos lados, oliendo aquí y allá, cambiando gruñidos; los caballos relinchaban suavemente mientras aguardaban a sus patrones y los jacs lanzaban gemidos guturales mientras zigzagueaban entre el tropel de gente. ¡Qué misterios se ocultaban detrás de esas ventanas cubiertas de papel! ¡Qué magníficas reservas de mercaderías, de todas partes del mundo, habían pasado por esas fuertes puertas de madera, y qué historias contarían aquellas persianas abiertas si pudieran hablar!

Todo esto contemplé, como si fueran viejos amigos. No se me ocurrió pensar que volvería a ver esas calles, aunque fuera muy pocas veces. Pensé en las cosas que me habría gustado hacer, en las cosas que me hubiera gustado comprar. Mi ensueño fue interrumpido violentamente. Una mano inmensa y amenazadora descendió sobre mí, me tomó la oreja y me la torció, mientras la voz de Tzu vociferaba para que todo el mundo la oyera:

—Vamos, Martes Lobsang, ¿te has quedado muerto? No sé que pasa con los muchachos de esta época. No éramos así en mi juventud.

Aparentemente a Tzu no le importaba si yo quedaba atrás sin la oreja, o si la retenía siguiéndolo. No había más elección que "vamos". Durante todo el regreso Tzu cabalgó adelante, murmurando y gruñendo contra "la generación actual, montón de inútiles, haraganes que viven aturdidos". Por fin hubo un momento más alegre, pues cuando doblamos para tomar el camino de Lingkhor comenzó a soplar viento. El cuerpo enorme de Tzu delante mío me abría un camino bien protegido.

Cuando llegamos a casa, mi madre revisó las cosas que había comprado; para consternación mía, declaró que eran bastante buenas. Había alimentado la esperanza de que desautorizaría a Tzu, diciendo que yo merecía artículos de mejor calidad. De modo que otra vez se destrozaron mis esperanzas de tener una taza de plata, y tuve que conformarme con la de madera torneada a mano en los bazares de Lhasa.

No me dejaron en paz en mi última semana. Mi madre me arrastró a las otras grandes casa de Lhasa para que pudiera presentar mis respetos. ¡Por lo respetuoso que yo me sentía! Mi madre gozaba de los viajes, del intercambio de conversaciones sociales, y de la charla amable que llenaba sus días. Yo me aburría horriblemente; para mí todo esto era una prueba durísima, pues decididamente no había nacido con los atributos que hacen que se sufra con alegría a los tontos. Quería estar al aire libre, gozando de los últimos días que me quedaban. Quería remontar mis cometas, saltar con mi palo, tirar al arco, y en cambio tenían que llevarme a la rastra como un yac premiado, exhibiéndome ante viejas regañonas que no tenían otra cosa que hacer en todo el día más que sentarse en sus almohadones de seda y llamar a un sirviente para ser satisfechos sus menores caprichos.

Pero no era mi madre la única en provocarme tanta animosidad. Mi padre tenía que visitar el Lamasterio de Drebung y me llevó consigo para que conociera el lugar. Drebung es el lamasterio más grande del mundo, con sus diez mil monjes, sus altos templos, las pequeñas casas de piedra y los edificios cuyas terrazas se elevan plano sobre plano. Esta comunidad era como una ciudad cercada, y como una buena ciudad, se mantenía a sí misma. Drebung significa "Montón de Arroz", y desde cierta distancia, en realidad parecía un montón de arroz, con las torres y las cúpulas resplandecientes. En ese momento yo no estaba de humor para apreciar bellezas arquitectónicas: me sentía decididamente malhumorado al desperdiciar tiempo precioso.

Mi padre estaba ocupado con el abad y sus ayudantes y yo, como un animalito abandonado en la tormenta, vagaba de aquí para allá. Temblaba de terror al ver cómo trataban a algunos de los novicios. El Montón de Arroz en realidad eran siete lamasterios en uno; siete órdenes distintas, siete colegios separados. Era tan grande que no podía estar a cargo de un solo hombre. Catorce abades lo dirigían, e imponían una disciplina severísima. Me alegré cuando esta "agradable excursión por la llanura soleada" —para citar a mi padre— llegó a su fin, pero más me alegró saber que no me enviarían a Drebung, o a Sera, a tres millas al norte de Lhasa.

Por fin terminó la semana. Me quitaron las cometas y las regalaron; rompieron mis arcos y mis flechas con tan magníficas plumas, para significar que ya no era un niño y que esas cosas no me servían. Sentí que también me rompían el corazón, pero a nadie le pareció importante.

Al atardecer mi padre me mandó llamar y fui a su cuarto, con sus magníficos decorados, y los viejos y valiosos libros que cubrían las paredes. Estaba sentado a un lado del altar principal, que quedaba en su cuarto, y me hizo arrodillar frente a él. Ésa sería la ceremonia de Abrir el Libro. En ese gran volumen, de noventa centímetros de ancho por treinta de largo, estaban registrados todos los detalles de nuestra familia, desde hacía siglos. En él estaban los nombres de los iniciadores de nuestra línea, y se referían las hazañas que los habían elevado a la realeza. Allí estaban registrados los servicios que habíamos prestado a nuestra patria y a nuestro Gobernante. En esas páginas viejas, amarillentas, leí historia. En ese momento, por segunda vez, el Libro se abría por mí. Primero se había abierto para registrar mi concepción y mi nacimiento. Allí estaban los detalles en los cuales los astrólogos basaban sus pronósticos. Allí estaban los mapas preparados en su tiempo. Ahora tenía que firmar yo mismo el Libro, pues mañana se abriría ante mí una nueva vida, al ingresar en el lamasterio.

Lentamente se volvieron a colocar las pesadas tapas de madera tallada. Se ajustaron los cierres de oro que apretaban las páginas gruesas, hechas a mano, de papel de enebro. El libro era pesado, hasta mi padre se tambaleó un poco bajo su peso cuando se levantó para volver a colocarlo en el estuche de oro que lo protegía. Reverentemente se volvió para bajar el estuche hasta el profundo nicho de piedra bajo el altar. En un pequeño brasero de plata calentó un poco de cera, la derramó sobre la tapa de piedra del nicho y estampó su sello, para que nadie tocara el Libro.

Se volvió a mí y se instaló cómodamente en sus almohadones. Un golpe al gong que tenía junto al codo, y un sirviente le trajo té mantecado. Se produjo un largo silencio, y después me contó la historia secreta de Tíbet; historia que se remontaba a miles y miles de años, una historia que era vieja antes del Diluvio. Me habló de la época en que Tíbet tenía sus costas bañadas por un antiguo mar, y me contó que eso había sido probado por las excavaciones. Hasta en ese momento, me dijo, cualquiera que cavara cerca de Lhasa, podía extraer animales marinos fosilizados y extrañas caracolas. También había artefactos de un extraño metal, cuya utilidad se desconocía. A menudo los monjes que visitaban ciertas cavernas del distrito los descubrían y se los traían a mi padre. Me mostró algunos. Después cambió de humor.

—Por la ley, el de alta cuna debe ser criado en la austeridad, mientras que a los de baja casta se les debe tener compasión —dijo—. Tú pasarás por un severo juicio antes de que te permitan ingresar en el lamasterio—. Me impuso de la absoluta necesidad de obedecer implícitamente todas las órdenes que se me impartieran. Sus observaciones finales no eran lo más apropiado para un buen sueño; me dijo:

—Hijo mío, crees que soy duro e indiferente, pero cuido sólo el nombre de la familia. Esto te digo: si fallas en esta prueba para el ingreso, no regreses aquí. Serás como un extraño para esta casa.

Con eso, sin añadir una sola palabra, me indicó que me fuera.

Esa misma noche, más temprano, me había despedido de mi hermana Yaso. Se había turbado, porque habíamos jugado juntos tantas veces y ella tenía sólo nueve años mientras que yo cumpliría siete... al día siguiente. No pude encontrar a mi madre. Se había acostado y no pude despedirme de ella. Fui solo hasta mi cuarto por última vez y arreglé los almohadones para formar la cama. Me acosté, pero no para dormir. Me quedé un largo rato pensando en lo que había dicho mi padre esa noche; pensando en el profundo disgusto que a mi padre le causaban los niños y pensando en el temido mañana, cuando por primera vez dormiría lejos de casa. Gradualmente la luna fue moviéndose por el cielo. Fuera, un pájaro nocturno revoloteó en el alféizar. Del techo de abajo llegaba el flap-flap de los pendones de oraciones que golpeaban contra los palos de madera. Quedé dormido, pero cuando los primeros y débiles rayos del sol reemplazaron la luz de la luna, me despertó un sirviente que me dio un cuenco de tsampa y una taza de té mantecado. Mientras estaba comiendo esa magra comida, Tzu irrumpió en el cuarto.

—Bueno, muchacho —dijo—, nuestros caminos se separan. Gracias al cielo por ello. Ahora puedo volver a mis caballos. Pero pórtate bien; recuerda todo lo que te he enseñado.

Con eso giró sobre sí mismo y salió del cuarto.

Aunque no lo aprecié en el momento, ése era el método
más suave. Las despedidas emotivas me hubieran hecho mucho más difícil abandonar la casa... por primera vez, para
siempre, como pensaba. Si mi madre hubiera estado levantada para verme partir, sin duda habría tratado de persuadirla
para que me permitiera quedar. Muchos chiquillos tibetanos
tienen una vida blanda, la mía fue dura de acuerdo con todas
las normas, y la falta de despedidas, como descubrí más tarde, había sido ordenada por mi padre, para que yo aprendiera la disciplina y firmeza desde el principio.

Terminé el desayuno, metí el cuenco del tsampa y la taza
en la bolsa de la túnica, me arrollé una túnica de repuesto y
un par de botas de fieltro, con lo que hice un atado. Cuando
crucé el cuarto un sirviente me rogó que caminara suavemente para no despertar a la familia. Descendí por el pasillo.
Mientras bajaba los escalones y llegaba al camino, el falso
amanecer había sido reemplazado por la oscuridad que llega antes del verdadero amanecer. Así abandoné mi casa. Solo,
asustado, con el corazón oprimido.

CAPÍTULO CUATRO

A LAS PUERTAS DEL TEMPLO

El camino llevaba directamente hasta el Lamasterio de Chakpori, el Templo de la Medicina Tibetana. ¡Dura escuela ésta! Caminé las millas mientras el día se iluminaba y en el portal que conducía al recinto de entrada encontré otros dos, que también querían ingresar. Nos miramos cautelosamente, y creo que ninguno quedó muy impresionado por lo que vio. Decidimos que lo mejor sería ser sociables si teníamos que soportar el mismo adiestramiento.

Durante algún tiempo golpeamos tímidamente la puerta, y no ocurrió nada. Entonces uno de los otros se inclinó, recogió una piedra grande y consiguió hacer bastante ruido para llamar la atención. Apareció un monje, agitando un bastón que a nuestros ojos asustados pareció tan grande como un árbol joven.

—¿Qué quieren, demonios? —exclamó—. ¿Creen que no tengo nada mejor que hacer que atender la puerta para ustedes?

—Queremos ser monjes —repliqué.

—Más bien me parecen asnos —dijo—. Esperen aquí y no se muevan, el Maestro de Acólitos los verá cuando esté listo.

La puerta se cerró con un golpe, y casi hizo caer de espaldas a uno de los muchachos que incautamente se había acercado demasiado. Nos sentamos en el suelo, teníamos las piernas cansadas de estar de pie. La gente entraba en el lamasterio, y salía. El agradable olor de la comida nos llegaba por un ventanuco, tentándonos con el pensamiento de satisfacer nuestro apetito creciente. Comida, tan cerca, y sin embargo tan inasequible.

Por fin se abrió violentamente la puerta y en la abertura apareció un hombre alto, flaco.

—¡Bueno! —bramó—. ¿Qué quieren estos desgraciados bribones?

—Queremos ser monjes —dijimos.

—Que el cielo me ampare —exclamó—. ¡Qué basura viene al lamasterio en esta época!

Nos indicó que entráramos en el vasto recinto amurallado que era el perímetro de los terrenos del lamasterio. Nos preguntó qué éramos, quiénes éramos, ¡hasta *por qué* éramos! Sin dificultad comprendimos que no lo habíamos impresionado. A uno, el hijo de un pastor, le dijo:

—Entra en seguida, si pasas las pruebas puedes quedarte.

Al siguiente.

—Tú, muchacho. ¿*Qué* dijiste? ¿Hijo de un carnicero? ¿De un cortador de carne? ¿De un infractor de las Leyes de Buda? ¿Y tú vienes aquí? Vete en seguida, o haré que te den una tunda durante todo el camino.

El pobre infeliz olvidó el cansancio en un súbito arranque de velocidad mientras el monje arremetía contra él. Saltó hacia adelante, y se echó a correr, levantando nubecitas de polvo donde los pies tocaban el camino.

Quedaba yo, solo en mi séptimo cumpleaños. El monje flaco volvió la feroz mirada en mi dirección, con lo que me encogí de miedo. Agitó amenazadoramente el bastón.

—¿Y tú? ¿Qué tenemos aquí? ¡Ajá! Un principito que quiere hacerse religioso. Primero tenemos que ver de qué estás hecho, mi fino amigo. Ver qué relleno tienes; este no es un lugar para principitos blandos y mimados. Da cuarenta pasos hacia atrás y siéntate en la actitud de contemplación hasta que te avise, y *¡no muevas ni una pestaña!*

Con eso se volvió abruptamente y se fue. Tristemente tomé mi patético atadito y caminé los cuarenta pasos hacia atrás. Caí de rodillas, después me senté con las piernas cruzadas como me habían mandado. Así sentado pasé el día. Inmóvil. El polvo me golpeaba, formaba pequeños montones en las palmas de mis manos vueltas hacia arriba, se apilaba en mis hombros y me invadía la cabeza. Cuando el sol comenzó a ponerse, aumentó el apetito que sentía, y tenía la garganta reseca y dolorida por la sed, pues no había probado bocado ni bebido una gota desde el amanecer. Los monjes que pasaban, y pasaron muchos, no me prestaban atención. Pasó un grupo de chiquillos. Uno arrojó una piedra en mi dirección. Me golpeó en un lado de la cabeza, de donde comenzó a manar sangre. Pero no me moví. Tenía miedo de hacerlo. Si fallaba en esta prueba de sufrimiento mi padre no me permitiría entrar en lo que había sido mi casa. No tenía adónde ir. No podía hacer nada. Sólo podía quedarme inmóvil, con todos los músculos doloridos y todas las articulaciones endurecidas.

El sol se escondió tras las montañas y el cielo se puso oscuro. Las estrellas brillaban en el negro cielo. Desde las ventanas del lamasterio en miles de lamparitas de manteca se encendieron llamas vacilantes. Un viento fresco, las hojas de los sauces que silbaban y se sacudían, y a mi alrededor todos los sonidos apagados que conforman los extraños ruidos de la noche.

Yo seguía inmóvil por el más fuerte de todos los motivos. Tenía demasiado miedo y estaba endurecido. Al cabo oí arrastrarse unas sandalias de monje que se deslizaban por el sendero arenoso; eran los pasos de un anciano que tanteaba el camino en la oscuridad. Una forma se elevó delante de mí, la forma de un anciano monje inclinada y torcida por el paso de años austeros. Le temblaban las manos por la edad, asunto de cierta importancia para mí, cuando vi que estaba derramando el té que traía en una mano. En la otra sostenía un pequeño cuenco de tsampa. Me los pasó. Al principio no hice el menor movimiento para tomarlos. Adivinando mis pensamientos, dijo:

—Tómalos, hijo, pues puedes moverte durante las horas de oscuridad.

De modo que bebí el té y pasé el tsampa a mi propio cuenco.

—Ahora duerme, pero con los primeros rayos del sol retoma tu posición, pues ésta es una prueba y no la crueldad injustificable que tú puedes creer. Sólo quienes pasan esta prueba pueden aspirar a los rangos más altos de nuestra Orden —dijo el viejo monje.

Con eso recogió el cuenco y la taza, y se fue. Me puse de pie, después me acosté de lado y terminé el tsampa. Estaba realmente cansado, de modo que cavé un hoyo para acomodar el hueso de la cadera, coloqué la túnica de repuesto bajo la cabeza y me acosté.

Mis siete años de vida no habían sido fáciles. Mi padre había sido severo siempre, terriblemente severo, pero aun así ésa era mi primera noche fuera de casa y había pasado todo el día en la misma posición, hambriento, sediento e inmóvil. No tenía idea de lo que me traería el día siguiente, o qué otra cosa exigirían de mí. Pero tenía que dormir solo bajo el cielo indiferente, solo con mi terror por la oscuridad, solo con mi terror por los días que vendrían.

Me pareció que acababa de cerrar los ojos cuando me despertó el sonido de una trompeta. Al abrir los ojos vi que era el falso amanecer, con la primera luz del día que se aproximaba reflejada contra el cielo detrás de las montañas. Rápidamente me senté y reasumí la posición de contemplación. El lamasterio, que estaba frente a mí, despertó gradualmente a la vida. Primero había parecido una ciudad dormida, un armatoste inerte, muerto. Luego, un suave suspiro, como el de quien despierta; creció hasta convertirse en un murmullo y después en un zumbido grave, como el de una colmena en día de verano. Ocasionalmente se oía, ya el sonido de una trompeta, ya el gorjeo de un pájaro distante, y el gruñido profundo de una valva, como el croar de una rana en la charca. A medida que fue aumentando la luz, grupitos de cabezas afeitadas pasaban y repasaban por las ventanas abiertas, ventanas que en el preamanecer habían parecido cuencas vacías de un cráneo.

El día fue avanzando, y me sentí cada vez más endurecido, pero no me atrevía a moverme. No osaba quedarme dormido, porque si me movía y fallaba en la prueba, entonces no tenía adónde ir. Mi padre había dicho claramente que si en el lamasterio no me querían, entonces él tampoco. Pequeños grupos de monjes salieron de los distintos edificios ocupados en sus misteriosos menesteres. Algunos chiquillos vagabundeaban por allí, y a veces pateaban una lluvia de polvo y piedrecillas en mi dirección, o hacían observaciones lascivas. Como no había respuesta alguna de mi parte, pronto se cansaron del juego y se alejaron en busca de víctimas que cooperaran más. Gradualmente, cuando la luz del ocaso comenzó a declinar, las lamparitas de manteca cobraron vida vacilante dentro de los edificios del lamasterio. Pronto la oscuridad fue mitigada solamente por el débil resplandor de las estrellas, pues en aquella época la luna salía tarde. Según decíamos, la luna era todavía joven y no podía viajar de prisa.

Creí enfermar de aprensión. ¿Me habían olvidado? ¿Era esa otra prueba, en la cual se me privaría de todo alimento? No me había movido en todo el día, y me sentía desfallecer de hambre. De pronto me iluminó la esperanza, y casi salto. Oí arrastrarse unos pies y se aproximó una silueta oscura. Entonces vi que era un enorme mastín negro que estaba arrastrando algo. No me prestó la menor atención y siguió en su misión nocturna sin importarle mi aprieto. Se desmoronaron mis esperanzas; sentí ganas de llorar. Para evitar esa debilidad recordé que sólo las niñas y las mujeres pueden ser tan estúpidas.

Por fin oí aproximarse al anciano. Esta vez me miró con más bondad y me dijo:

—Bebida y comida, hijo, pero el fin no ha llegado. Todavía queda mañana, de modo que ten cuidado de no moverte, pues son muchos los que fallan en la hora undécima.

Con estas palabras se volvió y se fue. Mientras él hablaba yo bebía el té, y otra vez pasé el tsampa a mi cuenco. Nuevamente me acosté, no más feliz que la noche anterior. Mientras estaba allí acostado, pensaba en la injusticia de todo aquello; no quería ser monje de ninguna secta, forma o tamaño. No había podido elegir, como un animal de carga al que se hace marchar por un paso de la montaña. Y así quedé dormido.

Al día siguiente, el tercer día, mientras estaba sentado en actitud de contemplación, sentí que me estaba debilitando y sentí vahídos. El lamasterio parecía nadar en un miasma compuesto de edificios, luces de colores brillantes, remiendos púrpura, con montañas y monjes liberalmente distribuidos. Con gran esfuerzo conseguí dominar ese ataque de vértigo. Me aterrorizaba pensar que podía fallar en ese momento, después de haber padecido tanto. Pero me parecía que ahora las piedras tenían bordes filosos como cuchillos que me rozaban en las partes menos convenientes. En uno de mis momentos de buen humor pensé que me alegraba mucho de no ser una gallina empollando, con lo que me vería obligado a estar sentado mucho más tiempo.

El sol parecía detenido en el cielo; el día resultaba interminable, pero por fin la luz comenzó a debilitarse, y el viento de la tarde se puso a jugar con una pluma que había dejado caer un pájaro al pasar. Otra vez aparecieron las lucecitas en las ventanas, una a una.

—Ojalá muera esta noche —pensé—. Ya no soporto más.

En ese momento apareció en la puerta distante, la alta figura del Maestro de los Acólitos.

—¡Muchacho, ven aquí! —llamó.

Al tratar de apoyarme en mis pobres piernas endurecidas, caí de bruces.

—Muchacho, si quieres descansar puedes quedarte otra noche. No espero más.

Rápidamente así mi atado y tambaleando llegué hasta él.

—Entra —dijo— y está presente en el servicio nocturno; ven a verme por la mañana.

Dentro el ambiente estaba tibio, y se sentía el confortante olor del incienso. Mis sentidos aguzados por el hambre me dijeron que había comida muy cerca, de modo que seguí a una multitud que se movía hacia la derecha. Comida... tsampa, té mantecado. Me abrí camino hacia la primera fila como si hubiera practicado toda la vida. Los monjes trataban en vano de asirme la coleta mientras me escurría entre sus piernas, pero yo quería *comida* y nadie podría detenerme.

Sintiéndome un poco mejor con comida dentro, seguí a la muchedumbre hasta el templo interior para asistir al servicio nocturno. Estaba demasiado cansado para prestarle mucha atención, pero nadie me advirtió. Mientras los monjes salían en filas, me deslicé detrás de un gigantesco pilar.

me tiré en el piso de piedra, con el atado bajo la cabeza. Dormí.

Un estrépito ensordecedor —creí que se me había partido la cabeza— y ruido de voces.

—El chico nuevo. Uno de los señoritos. ¡Vamos, vamos a pegarle!

Uno del grupo de acólitos estaba agitando como una bandera mi túnica de repuesto, que me había arrancado de bajo la cabeza, y otro tenía mis botas de fieltro. Una masa de tsampa blanda y aguachenta me dio en la cara. Me llovían golpes y puntapiés, pero no ofrecí resistencia, pensando que sería una de las pruebas, para ver si yo obedecía la décimosexta ley, que ordenaba: Soporta el sufrimiento y el dolor con paciencia y humildad. De pronto se oyó un fuerte bramido:

—¿Qué pasa aquí?

Un susurro asustado:

—¡Oh! Es el viejo Suenahuesos que anda rondando.

Mientras me arrancaba el tsampa de los ojos, el Maestro de los Acólitos se inclinó y me levantó por la coleta.

—¡Blando! ¡Debilucho! ¿*Tú* uno de los futuros dirigentes? ¡Bah! ¡Toma, y toma, y toma!

Golpes, golpes muy duros, llovieron sobre mí.

—¡Debilucho, inútil, ni siquiera puedes defenderte!

Los golpes parecían no terminar nunca. Me pareció oir a Tzu que decía al despedirme: "Pórtate bien, *recuerda todo lo que te he enseñado*". Sin pensarlo me volví y presioné un poco como Tzu me había enseñado. Sorprendí completamente al Maestro que con un suspiro de dolor pasó por sobre mi cabeza, cayó sobre el piso de piedra, y deslizándose sobre la nariz —con lo que le quedó pelada— se detuvo de cabeza contra un pilar de piedra, con un fuerte "¡*onk!*"

—Esto es mi muerte —pensé—. Aquí terminan mis dolores.

El mundo pareció detenerse. Los otros muchachos contuvieron la respiración. Con un fuerte rugido el monje alto, huesudo, se puso de pie de un salto, chorreando sangre de la nariz. Estaba rugiendo, sí, pero de risa.

—¿Eres un gallito de riña, eh? ¿O una rata acorralada? ¿Cuál de los dos? ¡Ah, eso es lo que tenemos que descubrir!

Se volvió hacia un muchacho alto, torpe, de catorce años.

—Tú, Ngawang, eres el más grande camorrista de este lamasterio; veamos si el hijo de un conductor de yac es mejor que el hijo de un príncipe cuando hay que pelear.

Por primera vez quedé agradecido a Tzu, el viejo monje policía. En su juventud había sido campeón de yudo [1] en Kham. Me había enseñado —como él decía— "todo lo que sabía". Yo había tenido que luchar con hombres grandes, y en esta ciencia en la que no cuenta la fuerza ni la edad, era muy eficiente. Ahora que sabía que mi futuro dependía del resultado de esta lucha, por fin me sentí feliz.

Ngawang era un muchacho fuerte y bien formado, pero muy torpe en sus movimientos. Pude ver que estaba acostumbrado a la lucha sin restricción ni regla, en la que tenía la ventaja de su fuerza. Corrió hacia mí, con la intención de agarrarme e impedirme todo movimiento. Pero yo ya no tenía miedo gracias a Tzu y a su entrenamiento, que a veces resultó brutal. Cuando Ngawang corrió me hice a un lado y suavemente le torcí el brazo. Resbaló, describió medio círculo y cayó de cabeza. Quedó tendido un momento, quejándose, después se puso de pie y saltó sobre mí. Me dejé caer y le torcí una pierna cuando me pasó por encima. Esta vez giró y cayó sobre el hombro izquierdo. Pero todavía no estaba satisfecho. Dio una vuelta con cautela, después saltó a un lado y aferró un pesado quemador de incienso que intentó arrojar hacia mí, meciéndolo de las cadenas. Un arma tal es lenta, incómoda y fácil de evitar. Me deslicé bajo sus brazos, y suavemente le hundí un dedo en la base del cuello, como Tzu me había mostrado tantas veces. Abajo se fue, como una roca en la ladera de una montaña, mientras sus dedos enervados soltaban las cadenas, con lo que el

---

[1] El sistema tibetano es distinto y más desarrollado, pero en este libro lo seguiré llamando "yudo", dado que el nombre tibetano no diría nada a los lectores de Occidente.

incensario salió como tiro de honda hacia el grupo de muchachos y monjes que nos observaban.

Ngawang estuvo inconsciente casi una hora. Ese "toque" especial se usa a menudo para liberar al espíritu del cuerpo para los viajes astrales o propósitos similares.

El Maestro de los Acólitos se acercó a mí, me dio una palmada en la espalda que casi me hizo caer de bruces, y pronunció la declaración un tanto contradictoria:

—¡Muchacho, eres un hombre!

Mi sumamente atrevida respuesta fue:

—Entonces señor, ¿me gané un poco de comida, por favor? Últimamente comí muy poco.

—Mi muchacho, come y bebe hasta llenarte; después dile a uno de estos truhanes —tú eres el amo ahora—, que te acompañe hasta donde yo estoy.

El viejo monje que me había llevado comida antes de que entrara en el lamasterio, se acercó y me habló:

—Hijo mío, has hecho bien, Ngawang era el camorrista de los acólitos. Ahora tú tomas su lugar y los controlarás con bondad y compasión. Te han enseñado bien, cuida de usar bien tus conocimientos, y de que no caigan en malas manos. Ahora ven conmigo que te daré de comer y de beber.

El Maestro de los Acólitos me recibió amablemente cuando fui a su cuarto.

—Siéntate, muchacho, siéntate. Voy a ver si tus hazañas mentales son tan buenas como las físicas. ¡Trataré de sorprenderte, muchacho, de modo que ten cuidado!

Me formuló un extraordinario número de preguntas, algunas orales, otras escritas. Durante seis horas estuvimos sentados frente a frente en nuestros almohadones, y después se mostró satisfecho. Me sentí como un cuero de yac mal curtido, mojado y blando. Me puse de pie.

—Muchacho, sígueme. Voy a llevarte a presencia del Abad Mayor. Es un honor muy poco común, pero ya sabrás por qué. Ven.

Lo seguí por los anchos pasillos, que pasaban por las oficinas religiosas, los templos internos y las salas de clase. Subimos la escalera, tomamos por otros pasillos sinuosos.

pasamos por los salones de los Dioses y los lugares donde
se guardaban las hierbas. Subimos más escaleras, hasta que
por fin, llegamos al techo plano y caminamos hacia la casa
del Abad Mayor, que estaba construida sobre el techo. Atravesamos el portal de paneles de oro, junto al Buda de oro,
rodeamos el Símbolo de la Medicina y entramos en el cuarto
privado del Abad Mayor.

—Inclínate, muchacho, inclínate, y haz como yo. Señor,
aquí está el niño Martes Lobsang Rampa.

Con eso, el Maestro de los Acólitos hizo tres reverencias,
después se postró en el suelo. Yo hice lo mismo, jadeante
en mi ansiedad de hacer lo indicado en el momento exacto.

El impasible Abad Mayor nos miró y dijo:

—Siéntense.

Nos sentamos en almohadones, con las piernas cruzadas,
al modo tibetano.

El Abad Mayor se quedó un largo rato mirándome, sin
decir palabra.

—Martes Lobsang Rampa, sé todo lo que te concierne,
todo lo que se ha predicho a tu respecto. Tu prueba de sufrimiento ha sido dura, pero por un motivo. Ese motivo lo
conocerás dentro de algunos años. Ahora debes saber que
de cada mil monjes, sólo uno es apto para cosas más altas,
para un desarrollo más completo. Los otros se dispersan y
realizan su tarea cotidiana. Son los trabajadores manuales,
los que dan vueltas a las ruedas de oraciones sin preguntarse por qué. Ésos no nos faltan. Los que *sí* nos faltan son
aquellos que continuarán nuestros conocimientos cuando
nuestro país se vea bajo una nube extranjera. Tú serás adiestrado especialmente, intensamente, y en pocos años tendrás
más conocimientos que los que adquiere un lama en toda
una vida. El camino será duro, y a menudo doloroso. Es
doloroso forzar la clarividencia, y viajar en los planos astrales exige nervios que nada puede conmover, y una determinación firme como las rocas.

Escuché con atención, sin perder palabra. Todo me parecía demasiado difícil para mí. ¡Yo no era así de enérgico!

—Aquí se te enseñará medicina y astrología. Se te brindará toda la ayuda que podamos. También se te enseñarán las artes esotéricas. Tu sendero está marcado, Martes Lobsang Rampa. Aunque no tienes más que siete años, te hablo como a un hombre, porque así te han criado.

Inclinó la cabeza y el Maestro de los Acólitos se puso de pie y le hizo una profunda reverencia. Yo hice lo mismo, y juntos salimos. El Maestro no rompió el silencio hasta que estuvimos otra vez en su cuarto.

—Muchacho, tendrás que trabajar duramente todo el tiempo. Pero aquí estamos nosotros para ayudarte. Ahora haré que te afeiten la cabeza.

En Tibet, cuando un muchacho ingresa en el sacerdocio, se le afeita la cabeza con excepción de un mechón. Ese mechón se corta cuando al muchacho se le da el "nombre de sacerdote", y se descarta su antiguo nombre. Pero de eso seguiremos hablando más adelante.

El Maestro de los Acólitos me condujo por los pasillos sinuosos hasta un cuarto pequeño, la "peluquería". Allí me dijeron que me sentara en el suelo.

—Tam-chö —dijo el Maestro—, afeita a este muchacho. Córtale también el mechón, porque se le dará nombre inmediatamente.

Tam-chö se adelantó, me tomó la coleta con la mano derecha y la levantó.

—¡Ah, muchacho! Hermosa coleta, bien mantecada, bien cuidada. Será un placer cortarla.

De alguna parte sacó unas tijeras grandes, como las que en casa usaban los sirvientes para cortar las plantas.

—¡Tishe —bramó—, ven a sostener este pedazo de cuerda!

Tishe, el ayudante, vino corriendo y me tomó la coleta con tal fuerza que casi me levantó del suelo. Sacando la lengua y con muchos gruñidos, Tam-chö manipuló aquellas deplorables tijeras romas hasta que me cortó la coleta. Eso era sólo el comienzo. El ayudante trajo un cuenco de agua caliente, tan caliente, que salté angustiado cuando me la echaron en la cabeza.

—¿Qué te pasa, muchacho? ¿Está hirviendo?

Contesté que sí.

—No te preocupes por eso, ¡así es más fácil afeitarte!

Levantó una navaja de tres caras, muy parecida a la herramienta que se usaba en casa para pulir los pisos. Finalmente, al cabo de lo que me pareció una eternidad, mi cabeza quedó desnuda de cabello.

—Ven conmigo —dijo el Maestro. Me llevó hasta su cuarto y allí sacó un libro muy grande—. Ahora, ¿cómo te llamaremos? —Siguió murmurando para sí, y después—: ¡Ah! Ya lo tengo. Desde ahora en adelante te llamarás Yza-mig-dmar Lah-lu.

En este libro, sin embargo, seguiré usando el nombre de Martes Lobsang Rampa, que es más fácil para el lector.

Sintiéndome más desnudo que un huevo recién puesto, me llevaron a un salón de clase. Como en casa había recibido mucha instrucción, consideraron que sabía más que el término medio, de modo que me pusieron en una clase de acólitos de diecisiete años. Me sentí como un enano entre gigantes. Los otros habían visto cómo había manejado a Ngawang, de modo que no tuve inconvenientes, excepto por el incidente con un muchacho grande y estúpido. Se acercó por detrás y puso sus manos grandes y sucias en mi muy dolorida cabeza. Fue cuestión de levantarme y hundirle los dedos en los extremos de los codos, para dejarlo llorando de dolor. ¡Traten de golpear los dos nervios del codo al mismo tiempo, y verán! Tzu me había enseñado verdaderamente bien. Los instructores de yudo a quienes iba a conocer en esa semana sabían quien era Tzu; todos decían que era el mejor "perito en yudo" de todo el país. No tuve más inconvenientes con los muchachos. Nuestro maestro, que estaba de espaldas, cuando el muchacho me puso las manos en la cabeza, en seguida advirtió qué estaba ocurriendo. Rio tanto ante el resultado que nos dejó salir temprano.

Ya eran las ocho y media de la noche, de modo que nos quedaban tres cuartos de hora hasta la ceremonia en el templo, a las nueve y quince. Mi alegría tuvo poca vida; cuando salíamos del salón, un lama me llamó. Me acerqué a él y me dijo:

—Ven conmigo.

Lo seguí, preguntándome qué nuevo disgusto me esperaba. Entró en un salón de música donde había otros veinte muchachos que sabía eran novicios como yo. Los músicos estaban con sus instrumentos preparados, un tambor, una valva, y el otro una trompeta de plata.

—Cantaremos para que pueda seleccionar las voces para el coro —dijo el lama.

Los músicos comenzaron a tocar una canción muy conocida, que todos podían cantar. Se elevaron nuestras voces. El Maestro de Música levantó las cejas. La expresión perpleja de su rostro fue reemplazada por una de verdadero dolor. Levantó las manos en señal de protesta.

—¡Basta! ¡Basta! Hasta los dioses deben retorcerse de dolor ante esto. Ahora empiecen otra vez, *y háganlo bien*.

Comenzamos otra vez. Otra vez nos hizo callar. Esta vez el Maestro de Música vino derecho a mí.

—Bobalicón —exclamó—, ¿quieres burlarte de mí? Los músicos tocarán y tú cantarás solo, ya que no quieres hacerlo en compañía.

Otra vez comenzó la música. Otra vez elevé mi voz en el canto. Pero no por mucho tiempo. El Maestro de Música agitó los brazos frenético.

—Martes Lobsang, entre tus habilidades no se cuenta la música. Jamás en los cincuenta y cinco años que llevo aquí escuché una voz tan fuera de tono. ¿Fuera de tono? ¡No es tono alguno! Muchacho, no volverás a cantar. Durante las clases de canto estudiarás otras cosas. En las ceremonias no cantarás, porque tu inarmonía arruinará todo. ¡Ahora vete, vándalo sin oído musical!

Anduve vagabundeando hasta que oí las trompetas que anunciaban que era la hora de reunirse para el servicio nocturno. La noche anterior..., caramba..., ¿es que sólo la noche anterior había ingresado en el lamasterio? Me parecían siglos. Tuve la sensación de caminar dormido, y otra vez tenía hambre. Tal vez esto último fuera lo mejor, porque de haber tenido el estómago lleno me habría quedado dormido en el suelo. Alguien me tomó de la túnica, y me levantó en el aire. Un lama enorme, con cara de bueno me había alzado hasta sentarme en un hombro.

—Vamos, muchacho, llegarás tarde a la ceremonia, y entonces sí que te castigarán. Si llegas tarde no cenas, ya lo sabes, y te sientes más vacío que un tambor.

Entró en el templo conmigo a cuestas y se ubicó detrás de los almohadones de los muchachos. Cuidadosamente me sentó en un almohadón, frente a él.

—Mírame, muchacho, y responde como yo, pero cuando cante, *tú*... ¡ja, ja!, tú te callas

Le quedé profundamente agradecido por su ayuda; ¡tan pocos habían sido amables conmigo! La instrucción recibida en el pasado, había sido gritada en un extremo o golpeada en el otro.

Debí quedar dormido, porque desperté de golpe para descubrir que la ceremonia había terminado. El gran lama me había llevado, dormido, hasta el refectorio, y ante mí había puesto té, tsampa y algunas verduras hervidas.

—Come, muchacho, y después ve a acostarte. Te mostraré dónde tienes que dormir. Por esta noche puedes dormir hasta las cinco de la mañana, después ven a verme.

Eso fue lo último que oí hasta que a las cinco de la mañana me despertó, con dificultad, un muchacho que había sido amable el día anterior. Vi que estaba en un gran salón, y que descansaba sobre tres almohadones.

—El lama Mingyar Dondup me dijo que te despertara a las cinco.

Me levanté y apilé almohadones contra la pared, como habían hecho los demás. Éstos estaban saliendo y el muchacho que estaba conmigo me dijo:

—Tenemos que apurarnos para tomar el desayuno, después tengo que llevarte a presencia del lama Mingyar Dondup.

Yo estaba más tranquilo, no porque me gustara el lugar o quisiera quedarme. Pero se me ocurrió que dado que no tenía otra cosa que elegir, sería mi mejor amigo si me acostumbraba sin más trámites.

Durante el desayuno, el Lector recitaba con voz monótona algo que leía en uno de los ciento dos volúmenes del

Kan-gyur, las Escrituras Budistas. Debió comprender que yo estaba pensando en otra cosa, porque profirió vivamente:

—¡*Tú*, el chiquillo nuevo que está ahí! ¿Qué fue lo último que dije? ¡Rápido!

Como un relámpago, y sin pensar, repliqué:

—Señor, dijo: "voy a pescar a ese chico que no me atiende".

Eso provocó muchas carcajadas y me libró de una paliza por estar desatento. El Lector sonrió —algo muy raro— y me explicó que se había referido al texto de las Escrituras, pero que "por esa vez pasaba".

Durante todas las comidas los Lectores se ubican en un escritorio especial y de pie leen los libros sagrados. A los monjes no les está permitido hablar durante las comidas, ni pensar en lo que comen. Todos nos sentábamos en el suelo, sobre almohadones ante mesas que tenían más o menos cuarenta y cinco centímetros de altura. No se nos permitía hacer el menor ruido y teníamos prohibido descansar los codos sobre la mesa.

La disciplina en Chakpori era de hierro. Chakpori significa "Montaña de Hierro". En la mayoría de los lamasterios había muy poca disciplina o rutina organizada. Los monjes podían trabajar u holgazanear a su placer. Tal vez uno entre mil quería progresar, y ésos eran los que se convertían en lamas, pues lama significa "superior" y no se aplicaba a todos. En nuestro lamasterio la disciplina era severa, casi feroz. Ibamos a ser especialistas, conductores de nuestra clase, y se consideraba que para nosotros el orden y el adiestramiento eran esenciales. A los muchachos no se nos permitía usar la túnica blanca que normalmente usan los acólitos, sino que llevábamos la túnica bermeja del monje aceptado. Naturalmente, teníamos trabajadores domésticos, pero eran monjes sirvientes que se ocupaban de los asuntos domésticos del lamasterio. Los muchachos nos turnábamos en esas tareas, para que no adquiriéramos ideas exaltadas. Siempre teníamos que recordar el viejo adagio budista: "Siendo tú mismo el ejemplo, haz sólo el bien, y ningún mal a los demas. Ésa es la esencia de las enseñanzas de Buda". Nuestro Abad Mayor, el lama Cham-pa La, era tan severo como mi padre, y exigía obediencia instantánea. Uno de sus dichos era: "Leer y escribir son las puertas de todas las virtudes", de modo que teníamos mucho que hacer a ese respecto.

CAPÍTULO CINCO

MI VIDA COMO CHELA

En Chakpori nuestro "día" comenzaba a medianoche. Cuando sonaba la trompeta de medianoche, cuyo eco recorría los pasillos en penumbra, abandonábamos medio dormidos nuestros almohadones-camas, y en la oscuridad buscábamos nuestras túnicas. Todos dormíamos desnudos, como se acostumbra en Tibet, donde no hay falsas modestias. Una vez puestas las túnicas, salíamos, mientras amontonábamos nuestras posesiones en el frente abolsado del vestido. Con bastante alboroto marchábamos por los pasillos, pues a esa hora no estábamos de buen humor. Parte de nuestra enseñanza era: "Es mejor descansar con una mente tranquila que sentarse como Buda y orar irritado". A menudo mi pensamiento irreverente era:

—Bueno, ¿por qué no podemos *nosotros* descansar con la mente tranquila? ¡Esta maniobra de medianoche *me irrita!*

Pero nadie me dio una respuesta satisfactoria, y tuve que ir con los demás al Salón de Oración. Allí las innumerables lámparas de manteca luchaban por arrojar sus rayos de luz entre las nubes de humo de incienso que flotaban a la ventura. A esa luz vacilante, con las sombras que se movían, parecía que las gigantescas imágenes sagradas cobraban vida y que se inclinaban y se mecían respondiendo a nuestros cánticos.

Los centenares de monjes y muchachos se sentaban con las piernas cruzadas sobre almohadones, en el suelo. Formaban hileras del largo del salón. Las hileras se enfrentaban por pares, de modo que la primera y la segunda quedaban frente a frente, la tercera y cuarta espalda a espalda y así sucesivamente. Elevábamos nuestros salmos y cantos sagrados, que utilizan una escala tonal especial, porque en Oriente se sabe que los sonidos tienen poder. Así como una nota musical puede romper un cristal, así una combinación de notas puede construir un poder metafísico. También se hacían lecturas del Kan-gyur. Era un espectáculo impresionante ver esos centenares de hombres con túnicas rojo sangre y estolas doradas, mecerse y cantar al unísono, con el tintineo argentino de campanitas y el latido de los tambores. Nubes celestes de incienso se enroscaban y se entrelazaban en las rodillas de los dioses, y a veces parecía, a esa luz vacilante, que una u otra figura nos miraba fijamente.

La ceremonia duraba una hora, después regresábamos a nuestros almohadones de dormir hasta las cuatro de la mañana. Otra ceremonia comenzaba hacia las cuatro y quince. A las cinco hacíamos nuestra primera comida de tsampa y té mantecado. Hasta en esta comida el Lector zumbaba sus palabras, mientras un Celador, a su lado, observaba nuestra conducta. Durante esta comida se daban las órdenes o las informaciones especiales. Podría ser que se necesitara algo de Lhasa, y entonces durante el desayuno se leían los nombres de los monjes que tenían que ir a buscar las mercancías. También se daban dispensas especiales para alejarse del lamasterio por un tiempo determinado, y para faltar a cierto número de ceremonias.

A las seis estábamos reunidos en nuestro salón de clase para la primera sesión de estudios. La segunda de las Leyes Tibetanas decía: "Participarás en los ritos religiosos y estudiarás". En mi ignorancia de siete años no podía comprender por qué teníamos que obedecer esa Ley cuando la quinta: "Honrarás a tus mayores y *a los de alta cuna*" se ostentaba y se transgredía. Toda mi experiencia me había hecho creer que había algo vergonzoso en ser de "alta cuna". Realmente, yo siempre había sido su víctima. En aquella época no se me ocurrió pensar que no es el rango del nacimiento lo que importa, sino el carácter de la persona.

A las nueve de la mañana asistíamos a otra ceremonia, con lo que se interrumpían los estudios por cuarenta minutos. A veces resultaba un recreo muy agradable, pero teníamos que estar otra vez en el salón de clase a las diez menos cuarto. Entonces se estudiaba otra materia y teníamos que trabajar hasta la una. Pero todavía no quedábamos en libertad para comer; primero había una ceremonia de media hora y después nos daban el tsampa y el té mantecado. Seguía una hora de labores manuales, para que hiciéramos algún ejercicio y para enseñarnos humildad. Parecía que a mí siempre me daban la tarea más confusa o la menos agradable.

Las tres de la tarde nos veía marchar en tropel para una hora de descanso obligatorio; no se nos permitía hablar ni movernos, teníamos que acostarnos y quedarnos quietos. Esta hora no era popular, porque resultaba demasiado corta para dormir y demasiado larga para no hacer nada. ¡Pensábamos en muchas cosas mejores que podíamos hacer! A las cuatro, después del descanso, volvíamos a estudiar. Éste era el período temido del día, cinco horas ininterrumpidas, cinco horas durante las cuales no podíamos abandonar el salón por ningún motivo sin merecer los castigos más severos. Nuestros maestros eran muy liberales con sus cañas duras y algunos de ellos contemplaban con entusiasmo el castigo a los culpables. Únicamente los que tenían mucha necesidad o el alumno más temerario pedía "permiso" cuando el castigo era inevitable al regreso.

Quedábamos libres a las nueve cuando hacíamos la última comida del día. Otra vez consistía en tsampa y té mantecado. A veces —sólo a veces— nos daban verduras. Generalmente eran rodajas de nabos o algunas habas muy pequeñas. Las servían crudas, pero para los muchachos hambrientos resultaban muy aceptables. En una ocasión inolvidable, cuando tenía ocho años, nos sirvieron nueces encurtidas. Me gustaban muchísimo, pues las había comido en casa. Ese día, como un tonto, traté de hacer un cambalache con otro muchacho: le daba mi túnica de repuesto a cambio de sus nueces. El Celador nos oyó, y me hizo ir al medio del salón y confesar mi pecado. Como castigo por "mi voracidad" tuve que pasarme veinticuatro horas sin comer ni beber. Me quitaron mi túnica de repuesto diciendo que no me servía, "dado que había estado dispuesto a cambiarla por algo que no era esencial".

A las nueve y media nos acostábamos en nuestros almohadones de dormir, "camas" para nosotros. ¡Nadie llegaba tarde a la cama! Creí que esas largas horas de vigilia iban a matarme, creía que iba a ser muerto en cualquier momento, o que me quedaría dormido para no volver a despertar. Al principio, yo y los otros chicos acostumbrábamos escondernos en los rincones para echar una siesta. Después de poco tiempo me acostumbré a la larga vigilia y no advertí en absoluto la duración del día.

Poco antes de las seis de la mañana, asistido por el muchacho que me había despertado, me encontré frente a la puerta del cuarto del lama Mingyar Dondup. Aunque no había llamado, me dijo que entrara. El cuarto era muy agradable, y en las paredes había pinturas magníficas, algunas pintadas directamente sobre la pared y otras sobre seda. Sobre las mesas bajas había algunas estatuillas de dioses y diosas, hechas de jade, oro y "cloisonné". De la pared también colgaba una gran Rueda de la Vida. El lama estaba sentado en la actitud del loto sobre un almohadón, y frente a él, sobre una mesa baja, había una cantidad de libros, uno de los cuales estaba estudiando cuando entré.

—Siéntate aquí conmigo, Lobsang. Tenemos muchas cosas que discutir juntos, pero antes, una pregunta importante para un muchacho que está creciendo: ¿has comido y bebido lo suficiente?

Le aseguré que sí.

—El Abad Mayor ha dicho que podemos trabajar juntos. Hemos trazado tu encarnación previa y fue buena. Ahora queremos volver a desarrollar ciertos poderes y habilidades que tenías entonces. Queremos que en espacio de unos pocos años acumules más conocimientos que un lama en toda una vida muy larga.

Hizo una pausa, me miró intensa y largamente. Sus ojos eran muy penetrantes.

—Todos los hombres deben tener libertad para elegir su propio camino —siguió diciendo—. Tu camino será difícil durante cuarenta años, si sigues el buen camino, pero te llevará a obtener grandes beneficios en la vida próxima. El mal camino te dará comodidades, blandura, riquezas, en *esta* vida, pero no te perfeccionará. Tú, únicamente tú, puedes elegir.

Se calló y me miró.

—Señor —repliqué—, mi padre me dijo que si fracasaba en el lamasterio no debía regresar a casa. ¿Cómo puedo entonces, tener una vida blanda y cómoda si no tengo casa a la que volver? ¿Y quién me señalará el buen camino si lo elijo?

Sonrió y respondió:

—¿Lo has olvidado? Hemos trazado tu encarnación previa. Si eliges el mal camino, el camino de la comodidad, serás instalado en un lamasterio como una Encarnación Viviente, y dentro de pocos años serás un abad. ¡Tu padre no diría que eso es un fracaso!

Algo en el modo cómo habló me hizo preguntarle:

—¿Lo consideraría *usted* un fracaso?

—Sí —replicó—, sabiendo lo que sé, diría que es un fracaso.

—¿Y quién me mostrará el camino?

—Yo seré tu guía si tomas el buen camino, pero sólo tú debes elegir, nadie puede influir en tu decisión.

Lo miré fijamente. Y me gustó lo que vi. Un hombre grande, de ojos negros, penetrantes. Una cara abierta, y frente alta. Sí, me gustó lo que vi. Aunque tenía sólo siete años, mi vida había sido dura y había conocido mucha gente, y podía juzgar si un hombre era bueno.

—Señor —dije—, me gustaría ser su discípulo y seguir el buen camino—. Y agregué con cierta tristeza supongo:

—¡Pero sigue no gustándome trabajar duro!

Lanzó una carcajada, y su risa fue profunda y cálida.

—Lobsang, Lobsang, a *ninguno* de nosotros nos gusta el trabajo duro, pero muy pocos somos lo bastante sinceros para admitirlo—. Miró los papeles. —Pronto tendremos que hacerte una pequeña operación en la cabeza, para forzar la clarividencia, y después apresuraremos tus estudios por medio del hipnotismo. ¡Te haremos estudiar mucha metafísica y medicina!

Me sentí un poco triste: más trabajo. Me parecía que en todos mis siete años no había hecho otra cosa que estudiar, con poco tiempo para dedicar al juego o a remontar cometas. El lama pareció conocer mis pensamientos:

—Oh, sí, jovencito. Ya remontarás muchas cometas, después; pero las verdaderas cometas, las que elevan hombres. Pero primero tenemos que ver cómo arreglaremos tus estudios—. Se volvió a sus papeles, y les echó una ojeada.

—Veamos, de nueve a una. Sí, con eso basta para empezar. Ven todos los días a las nueve, en vez de asistir a la ceremonia, y veremos qué cosas interesantes podremos discutir. A partir de mañana. ¿Tienes algún mensaje para tus padres? Hoy iré a verlos. ¡Les llevo tu coleta!

Quedé confundido. Cuando aceptan a un muchacho en un lamasterio, le cortan la coleta y le afeitan la cabeza, y la coleta la envían a sus padres, por medio de un pequeño acólito, como símbolo de que el hijo ha sido aceptado. Pero el lama Mingyar Dondup iba a llevar mi coleta personalmente. Eso significaba que me había aceptado a su cargo, como su "hijo espiritual". Ese lama era un hombre muy importante, un hombre muy inteligente que gozaba de reputación envidiable en todo Tibet. Supe que no podía fracasar si ese hombre era mi guía.

Esa mañana, de regreso en el salón de clase, fui un alumno muy desatento. Tenía los pensamientos en otra parte, y el maestro tuvo tiempo y oportunidad de satisfacer su gusto de castigar por lo menos a un chiquillo.

Me parecía muy dura la severidad de los maestros. Pero, me consolaba, para eso estaba yo allí, para aprender. Para eso había reencarnado, aunque en ese momento no recordara qué era lo que tenía que volver a aprender. En Tibet creemos firmemente en la reencarnación. Creemos que cuando se llega a un grado avanzado de evolución, puede elegirse entre ir a otro plano de existencia o volver a la tierra para aprender algo más, o para ayudar a otros. Puede ser que un hombre sabio tenga cierta misión en la vida, pero que muera antes de completar su tarea; en ese caso, así lo creemos, puede regresar a completar su misión, siempre que el resultado sea para el beneficio de los demás. Muy pocos pueden lograr que se trace su encarnación previa; tiene que haber ciertos signos, y el costo y el tiempo lo hacen prohibitivo. Quienes tienen esos signos, como yo los tenía, se denominan "Encarnaciones Vivientes". En su juventud eran objeto del más severo de todos los tratamientos —como me había ocurrido a mí—, pero en su vejez se convertían en objetos de veneración. En mi caso se me iba a tratar de un modo especial para "sobrealimentar" mis conocimientos ocultos. ¡Para qué, no lo sabía en ese momento!

Una lluvia de golpes sobre mis hombros me hizo regresar violentamente a la realidad del salón de clase.

—¡Idiota, bobalicón, imbécil! ¿Han entrado los demonios en ese cráneo duro? Tienes suerte de que sea hora de asistir a la ceremonia.

Con esa observación, el irritado maestro me propinó un fuerte golpe final, y salió majestuosamente del salón. El muchacho que estaba a mi lado dijo:

—No te olvides, esta tarde nos toca trabajar en las cocinas. Ojalá podamos llenar las bolsas de tsampa.

El trabajo en las cocinas era realmente duro, los "regulares" nos trataban como a esclavos. No había hora de descanso después de la cocina. Dos horas sólidas de trabajo rudo, después derecho a la sala de clase. A veces nos hacían quedar un rato más en las cocinas, y llegábamos tarde a clase. En ese caso nos estaba aguardando un maestro furioso, que manejaba liberalmente el bastón sin darnos oportunidad de explicarle el motivo del atraso.

Mi primer día de trabajo en la cocina fue casi mi último día. De mala gana marchamos por los pasillos de piedra hasta las cocinas. A la puerta nos recibió un monje muy irritado.

—¡Vamos, bribones, inútiles, haraganes! —gritó—. Los diez primeros, vayan allá a atizar el fuego.

Yo era el décimo. Bajamos otra escalera. El calor era abrumador. A nuestro frente vimos una luz roja, la luz de los fuegos crepitantes. En todas partes había montones enormes de estiércol de yac, que era el combustible de los hornos.

—¡Tomen esas palas y alimenten los hornos! —bramó el monje a cargo de los hornos.

Yo era un pobrecito de siete años entre los demás de mi clase, entre los cuales ninguno tenía menos de diecisiete

Apenas podía levantar la pala, y en el esfuerzo por poner el combustible en el fuego, lo dejé caer sobre los pies del monje. Con un alarido de rabia me tomó por la garganta, me higo girar... y tropezó. Me empujó hacia atrás. Me atravesó un dolor terrible, y se sintió el asqueroso olor a carne quemada. Había caído contra el extremo al rojo de una varilla que sobresalía del horno. Con un grito caí al suelo, entre las cenizas calientes. En la parte superior de la pierna izquierda, casi en la articulación, la vara me había quemado hasta el hueso. Todavía tengo la cicatriz blanca, que aun ahora me provoca ciertas molestias. Años más tarde, por esa misma cicatriz me identificaron los japoneses.

Se produjo una conmoción. De todas partes venían monjes corriendo. Yo estaba todavía entre las cenizas calientes, pero pronto me sacaron de allí. Tenía quemaduras superficiales en casi todo el cuerpo, pero la de la pierna era seria. Rápidamente me llevaron arriba para que me viera un lama. Era médico y se aplicó a la tarea de salvarme la pierna. El hierro estaba herrumbrado, y cuando me penetró en la pierna quedaron trocitos en la carne. El lama tuvo que explorar la herida y quitar los trocitos hasta que quedó limpia. Después me la cubrieron con compresas de polvo de hierbas. Me frotaron el resto del cuerpo con una loción que me calmó el dolor de las quemaduras. La pierna me latía sin cesar y tenía el convencimiento de que jamás podría volver a caminar. Cuando terminó, llamó a un monje para que me llevara a un pequeño cuarto lateral, donde me acostaron sobre almohadones. Un monje anciano se sentó a mi lado en el suelo y comenzó a orar por mí. Pensé que era muy lindo eso de rezar por mi salvación *después* de haber ocurrido el accidente. También decidí vivir de un modo ejemplar, dado que había tenido experiencia personal de lo que se sentía cuando el fuego del infierno lo atormentaba a uno. Recordé un cuadro que había visto, en que un demonio pinchaba a una infortunada víctima en el mismo lugar en que yo me había quemado.

Puede pensarse que los monjes eran personas terribles, muy distintas de lo que podría esperarse. Pero... "monjes"..., ¿qué significa? Aplicamos esa palabra a cualquier hombre que viva en un lamasterio. No es necesariamente un religioso. En Tibet casi todos pueden ser monjes. A menudo se "envía" a un muchacho para que se haga "monje" sin que tenga elección alguna en el asunto. O un hombre puede decidir que ya ha tenido bastante de vida pastoril, y quiere asegurarse un techo sobre la cabeza cuando la temperatura es de cuarenta grados bajo cero. Se hace monje, no por convicciones religiosas, sino por su propia comodidad como persona. Los lamasterios tenían "monjes" como personal de servicio, constructores, peones y basureros. En otras partes del mundo se los llamaría "sirvientes" o su equivalente. La mayoría de ellos habían tenido una vida penosa; la vida desde los tres mil seiscientos a los seis mil metros de altura puede ser difícil, y a menudo eran malos con nosotros los muchachos, simplemente porque no lo pensaban o porque carecían de sentimientos. Para nosotros la palabra "monje" es sinónimo de "hombre". Los miembros del sacerdocio recibían nombres muy distintos. Un *chela* era un alumno, un novicio o acólito. A lo que el hombre común llama monje, nosotros llamábamos *trappa*. Son los más numerosos en un lamasterio. Después viene ese término del que tanto se ha abusado, *lama*. Si los *trappas* son los soldados sin nombramiento, el *lama* es el oficial nombrado. ¡A juzgar por la manera cómo hablan y escriben la mayoría de los occidentales, hay más oficiales que soldados! Los lamas son maestros, *gurus*, como los llamamos nosotros. El lama Mingyar Dondup iba a ser mi guru y yo el chela. Después de los lamas venían los abades. No todos ellos estaban a cargo de lamasterios; muchos tenían cargos en la administración, o viajaban de lamasterio en lamasterio. En algunas circunstancias, un lama podía tener más rango que un abad, dependía de cuál fuera su tarea. Quienes eran "Encarnaciones Vivientes" probados, tales como yo, podían ser abades a los catorce años; dependía de que pasaran los severos exámenes. Estos grupos eran estrictos y austeros, pero no eran crueles; siempre eran justos. Otro ejemplo de "monjes" se puede ver en los "monjes policías". Su única misión era guardar el orden, y no tenían nada que ver con el ceremonial del templo; su tarea era estar presentes para asegurar que todo se hacía en orden. Los monjes policías muchas veces eran crueles, y como ya establecí, también lo eran los del servicio doméstico. ¡No se puede condenar a un obispo porque uno de sus jardineros se porta mal! Ni se puede esperar que el jardinero sea un santo porque trabaja para un obispo.

En el lamasterio teníamos una prisión. De ningún modo era un sitio agradable, pero tampoco eran agradables los caracteres de quienes eran enviados a ella. La única experiencia que tuve de la prisión fue cuando tuve que tratar a un prisionero que había caído enfermo. Cuando estaba a punto de abandonar el lamasterio me llamaron a una celda. En el patio posterior había una cantidad de parapetos circulares, de más o menos noventa centímetros de altura. Las piedras que los formaban eran casi tan anchas como altas. Cubriendo la parte superior había barras gruesas como el muslo de un hombre. Cubrían una abertura circular de más o menos dos metros con setenta centímetros de diámetro. Cuatro monjes policías tomaron la barra central y la hicieron a un lado. Uno se inclinó y recogió una cuerda de pelo de yac, en cuyo extremo había un lazo que parecía muy endeble. No me sentí nada feliz cuando lo vi; ¿tenía que confiarme a *eso?*

—Ahora —dijo el hombre—, Honorable Lama Médico, pise aquí y ponga el pie allí, así lo bajamos.

Tristemente hice lo que me dijo.

—Necesitará una luz, señor —dijo el monje policía y me pasó una antorcha encendida hecha de hilos empapados en manteca. Mi preocupación aumentó. Tenía que asirme a la soga y sostener la antorcha, y evitar prenderme fuego o quemar la delgada cuerda que tan dudosamente me sostenía. Pero bajé, ocho o diez metros, entre paredes que brillaban de agua, hasta el inmundo piso de piedra. A la luz de la antorcha vi a un desventurado que parecía muy perverso, acurrucado contra la pared. Una mirada fue suficiente, no había aura alguna a su alrededor, de modo que no había vida. Elevé una oración por el alma que vagaba entre los planos de existencia, cerré los ojos salvajes, de mirada fija, y ordené que me subieran. Mi trabajo estaba terminado; la tarea era ya para los rompecuerpos. Pregunté qué crimen había cometido y me dijeron que había sido un mendigo vagabundo que había llegado al lamasterio pidiendo techo y comida y que entonces, durante la noche, había matado a un monje para apoderarse de sus pocas cosas. Lo habían alcanzado en su fuga, y lo habían devuelto a la escena del crimen.

Pero todo esto no es más que una digresión del incidente de mi primer intento de trabajar en la cocina.

Se atenuaron los efectos de las lociones calmantes, y me pareció que me arrancaban toda la piel del cuerpo. Aumentó el latido de la pierna; me parecía que iba a estallar; en mi mente afiebrada esa cavidad estaba ocupada por una antorcha encendida. El tiempo se arrastraba; el lamasterio estaba lleno de ruidos, algunos que conocía, otros que no. El dolor me invadía el cuerpo en oleadas intensísimas. Estaba acostado boca abajo, pero también tenía quemado el pecho, quemado por las cenizas calientes. Oí un suave susurro y alguien se sentó a mi lado. Una voz amable, compasiva, la voz del lama Mingyar Dondup, dijo:

—Amiguito, es demasiado. Duerme.

Dedos suaves me recorrieron la columna vertebral. Una vez, y otra, y otra, hasta que no supe nada más.

En mis ojos brillaba un sol pálido. Desperté parpadeando, y al recobrar conciencia pensé que alguien me estaba pateando, que había dormido demasiado. Traté de levantarme de un salto, para asistir a la ceremonia, pero caí en una agonía de dolor. ¡Mi pierna! Habló una voz tranquilizadora:

—Quédate quieto, Lobsang, hoy es día de descanso para ti.

Volví la cabeza rígidamente, y con gran sorpresa vi que estaba en el cuarto del lama, y que él estaba sentado a mi lado. Sorprendió mi mirada y sonrió.

—¿Por qué el asombro? ¿No es justo que dos amigos estén juntos cuando uno está enfermo?

Mi respuesta un tanto débil fue:

—Pero usted es un Lama Mayor y yo sólo un muchacho.

—Lobsang, en otras vidas hemos ido juntos muy lejos.

En ésta, todavía no lo recuerdas: yo sí. En nuestras últimas encarnaciones fuimos muy amigos. Pero ahora debes descansar y recuperar fuerzas. Te salvaremos la pierna, no tienes que preocuparte por eso.

Pensé en la Rueda de la Existencia, en el mandamiento de nuestras Escrituras Budistas:

> La prosperidad del hombre generoso nunca falla, mientras que el miserable no encuentra quien lo consuele.
>
> Que el poderoso sea generoso con el suplicante. Que baje la mirada al largo sendero de las vidas. Pues las riquezas giran como las ruedas de una carreta, ahora van a uno, ahora van a otro. El mendigo de hoy es un príncipe mañana y el príncipe puede regresar como mendigo.

Aun entonces comprendí claramente que el lama que era mi guía era un hombre bueno, y alguien a quien seguiría hasta el límite de mi capacidad. Estaba claro que sabía mucho de mí, mucho más que yo mismo. Yo ansiaba estudiar con él y resolví que nadie tendría un alumno mejor. Entre nosotros, lo presentía, había una gran afinidad, y me maravillaban los designios del destino que me había puesto bajo su cuidado.

Volví la cabeza para mirar por la ventana. Los almohadones de dormir habían sido colocados sobre una mesa para que pudiera ver fuera. Me parecía muy raro descansar tan lejos del suelo, a más de un metro en el aire. ¡Mi imaginación infantil lo comparó con un pájaro descansando en un árbol! Más allá, sobre los techos bajos, veía Lhasa desparramada en el sol. Casas pequeñas, que la distancia empequeñecía aun más, todas de delicados tonos pastel. Las aguas del río Kyi, que describían grandes meandros, se deslizaban por el valle plano, flanqueadas por el pasto más verde. A la distancia las montañas eran purpúreas, con casquetes de nieve resplandeciente. Las laderas de las montañas más próximas estaban moteadas de lamasterios de techos dorados. A la izquierda estaba el Potala, tan inmenso que parecía otra montaña. Un poco hacia la derecha de nosotros había un bosquecillo del cual se asomaban templos y colegios. Allí vivía el Oráculo del Estado de Tibet, un caballero importante cuya única misión en la vida es conectar el mundo material con el inmaterial. Abajo, en el patio principal, pasaban y repasaban monjes de todo rango. Algunos llevaban túnicas de sombrío color castaño, eran los monjes peones. Un grupo pequeño de muchachos llevaba túnicas blancas, eran estudiantes de un lamasterio distante. También se veían rangos más altos: los de túnicas rojo sangre, y los de túnicas púrpura. Estos últimos a menudo tenían estolas doradas, que indicaban que estaban conectados con la administración más alta. Una cantidad iban montados en caballos o ponies. Los laicos montaban animales de color, mientras que los sacerdotes usaban sólo caballos blancos. Pero todo esto me alejaba del presente inmediato. Ahora lo que más me preocupaba era recuperarme y volver a moverme.

Al cabo de tres días se pensó que sería mejor que me levantara y caminara. La pierna estaba tiesa y me dolía muchísimo. Toda la zona estaba inflamada y drenaba mucho, debido a las partículas de herrumbre que no me habían quitado. Como no podía caminar sin ayuda, me hicieron una par de muletas, y anduve a la pata coja, con cierto parecido a un pájaro herido. En el cuerpo tenía todavía una cantidad de quemaduras y llagas provocadas por las cenizas calientes, pero el total de ellas no era tan doloroso como la pierna. Sentarme era imposible, y tenía que yacer sobre el costado derecho o boca abajo. Como es obvio, no podía asistir a las ceremonias ni estar presente en la sala de clase, de modo que mi guía, el lama Mingyar Dondup me enseñaba casi todo el tiempo. Se mostró satisfecho con lo que había aprendido en mis pocos años y dijo:

—Pero gran cantidad de lo que sabes es lo que recuerdas inconscientemente de tu última encarnación.

CAPÍTULO SEIS

LA VIDA EN EL LAMASTERIO

Pasaron dos semanas, en las cuales mejoraron notablemente las quemaduras del cuerpo. La pierna seguía molestándome, pero al fin daba señales de curarse. Pregunté si podía reasumir las tareas de rutina, pues quería andar un poco más. Me lo permitieron, pero me autorizaron a sentarme en cualquier forma que pudiera, o a yacer de bruces. Los tibetanos se sientan con las piernas cruzadas, en la actitud del loto, pero la herida de la pierna me lo impedía completamente.

La primera tarde de mi regreso tuve que trabajar en las cocinas. Mi tarea era marcar en una pizarra cuántas bolsas de cebada se iban tostando. La cebada se desparramaba sobre un piso de piedra que echaba humo de caliente. Debajo estaba el horno en el que me había quemado. La cebada se distribuía de manera uniforme y se cerraba la puerta. Mientras ese lote se tostaba, marchábamos en tropel por un pasillo hasta un cuarto donde partíamos la cebada que ya estaba tostada. Había un gran recipiente de piedra en forma de cono, de más o menos dos metros y medio en su parte más ancha. La superficie interna estaba acanalada y tenía muescas para sostener los granos de cebada. Una piedra grande, también de forma cónica, encajaba flojamente en el recipiente. Estaba sostenida por una viga gastada por el tiempo que pasaba a través de ella, y que tenía vigas más pequeñas como los rayos de una rueda sin borde. Se arrojaba cebada tostada en el recipiente, y monjes y muchachos empujaban los rayos para hacer girar la piedra, que pesaba muchas toneladas. Una vez que se ponía en movimiento no era tan difícil, y todos marchábamos cantando. ¡Allí podía cantar sin que me regañaran! Poner en movimiento a la condenada piedra era terrible. Todos tenían que dar una mano para hacerla mover. Después, una vez en movimiento, se tenía buen cuidado de que no se detuviera. Se vertían nuevas cantidades de cebada a medida que los granos partidos caían del fondo del recipiente. Toda la cebada partida se desparramaba sobre piedras calientes y se volvía a tostar. Ésa era la base del tsampa. Cada uno de los muchachos llevábamos encima el tsampa para una semana, o más exactamente, llevábamos la cebada tostada y partida. En las comidas vertíamos un poco de esa harina —que guardábamos en las bolsitas de cuero— en los cuencos de madera, le agregábamos té mantecado, revolvíamos con los dedos hasta que formaba una masa y la comíamos.

Al día siguiente tuvimos que ayudar a preparar té mantecado. Fuimos a otra parte de las cocinas donde había una olla de casi setecientos litros. La habían pulido con arena y brillaba como el metal nuevo. Más temprano la habían llenado hasta la mitad de agua que ahora hervía. Nosotros teníamos que traer paquetes de té comprimido y aplastarlos. Cada paquete pesaba de seis a siete kilos, y habían sido traídos a Lhasa por los pasos de montañas, desde China e India. El té se volcaba en el agua caliente. Un monje agregaba un gran bloque de sal, y otro ponía cierta cantidad de sosa. Cuando todo hervía otra vez, se agregaban paladas de manteca clarificada y se dejaba hervir horas enteras. Esa mezcla tenía gran valor nutritivo y con el tsampa era suficiente para mantenernos. El té se mantenía caliente a toda hora, y cuando una olla se terminaba, se llenaba y preparaba otra. La peor parte de preparar el té era atender los fuegos. El estiércol de yac que usamos en vez de madera se pone a secar en forma de tablillas y hay una reserva inextinguible. Cuando se quema produce un humo acre, de olor horrible. Todo lo que está al alcance del humo se ennegrece gradualmente, la madera parece ébano, y las caras expuestas largo tiempo a él quedan completamente tiznadas.

Teníamos que ayudar en estas labores serviles no porque faltaran personas para realizarlas, sino para que no hubiera mucha diferencia de clases. Creemos que el único enemigo es el hombre a quien no se conoce; trabaja hombro a hombro con un hombre, habla con él, conócelo, y deja de ser tu enemigo. En Tibet, un día al año, quienes ejercen la autoridad dejan de lado sus poderes, y entonces cada subordinado puede decir lo que piensa. Si un abad ha sido áspero durante el año, se lo dicen y si la crítica es justa, no se puede tomar medida alguna contra el subordinado. Es un sistema que da mucho resultado y del cual raramente se abusa. Proporciona un medio de justicia contra los poderosos y brinda a los de menor rango la impresión de que, después de todo, ellos también pueden decir algo.

En los salones de clase había mucho que estudiar. Nos sentábamos en el suelo, formando hileras. Cuando el maestro nos explicaba las lecciones, o escribía en su pizarrón, quedaba frente a nosotros. Pero cuando estudiábamos o escribíamos, caminaba a nuestras espaldas y teníamos que trabajar intensamente todo el tiempo, porque no sabíamos a quién estaba observando. Elevaba un fuerte bastón y no dudaba en aplicarlo sobre cualquier parte de nosotros que estuviera a su alcance. Hombros, brazos, espaldas, o el lugar más ortodoxo..., a los maestros no les importaba, cualquier sitio era bueno.

Estudiábamos muchas matemáticas, pues era una materia esencial para los trabajos astrológicos. Nuestra astrología no era cuestión de aproximación, sino una tarea que se realizaba de acuerdo con principios científicos. A mí me machacaron mucha astrología porque era necesario usarla en las tareas médicas. Es mejor tratar a una persona de acuerdo con su tipo astrológico que recetarle algo al azar, en la esperanza de que, como curó a otra, puede volver a hacerlo. Había grandes cartas astrológicas, y otras con grabados de distintas hierbas. Estas últimas se cambiaban todas las semanas y nosotros teníamos que llegar a conocer perfectamente el aspecto de todas las plantas. Más adelante nos llevarían de excursión para recoger y preparar esas hierbas, pero no se nos permitía ir hasta que adquiriéramos mayores conocimientos y se tuviera confianza en nosotros para elegir las variedades exigidas. Estas expediciones en busca de hierbas, que se hacían en otoño, gozaban de mucha popularidad porque en ellas se relajaba la rutina de la vida en el lamasterio. A veces duraban tres meses, y se hacían a las tierras altas, una región completamente rodeada de hielos, a seis mil o siete mil metros de altura, donde las vastas sabanas de hielo se veían interrumpidas por valles verdes calentados por vertientes calientes. Allí acaecían aventuras imposibles en cualquier otra parte del mundo. Con sólo moverse cincuenta metros se podía pasar de una temperatura de cuarenta grados Fahrenheit bajo cero, a cien o más sobre cero. Esta zona era completamente inexplorada, excepto por unos cuantos monjes.

La instrucción religiosa era intensiva; todas las mañanas teníamos que recitar las Leyes y Pasos del Camino Intermedio. Esas Leyes eran:

1. Tener fe en los dirigentes del lamasterio y del país.
2. Cumplir con los ritos religiosos y estudiar mucho.
3. Honrar a los padres.
4. Respetar a los virtuosos.
5. Honrar a los ancianos y a los de noble cuna.
6. Ayudar a la patria.
7. Ser honrado y veraz en todas las cosas.
8. Hacer caso a amigos y parientes.
9. Hacer el mejor uso de los alimentos y las riquezas.
10. Seguir el ejemplo de los buenos.
11. Demostrar gratitud y devolver bondad.
12. Ser moderado en todas las cosas.
13. Estar libre de envidia y celos.
14. No dar escándalo.
15. Ser suave en las palabras y en los hechos y no hacer daño a nadie.
16. Soportar el sufrimiento y el dolor con paciencia y humildad.

Nos decían constantemente que si todos obedecían esas Leyes no habría luchas ni desarmonía. Nuestro lamasterio era famoso por su austeridad y su riguroso adiestramiento. Una buena cantidad de monjes venían de otros lamasterios y nos abandonaban en busca de condiciones menos rigurosas. Considerábamos que eran unos fracasados y que nosotros formábamos la *élite*. En muchos lamasterios no había ceremonias nocturnas; los monjes se acostaban al anochecer y se levantaban con la salida del sol. A nosotros nos parecían blandos y aunque nos quejábamos para nuestros adentros, nos hubiéramos quejado aun más si hubieran alterado nuestras costumbres para llevarnos al ineficaz nivel de los otros. El primer año era particularmente duro. Ése era el momento de separar a los fracasados. Sólo los más fuertes podían sobrevivir a las visitas a las tierras altas en busca de hierbas, y los de Chakpori éramos los únicos hombres que podíamos ir allá. Con toda sabiduría nuestros jefes decidieron eliminar a los que no servían antes de que pudieran poner en peligro a los demás. Durante los primeros años casi no teníamos descanso, diversiones ni juegos. El estudio y el trabajo ocupaban todas las horas de vigilia.

Algo de lo que todavía estoy agradecido es la forma en que nos enseñaban a memorizar. La mayoría de los tibetanos tienen buena memoria, pero aquellos que estábamos estudiando para ser monjes médicos teníamos que saber los nombres y la descripción exacta de un gran número de hierbas, así como saber en qué forma se podían combinar y pisar. Teníamos que saber mucho de astrología y poder recitar todos nuestros libros sagrados. Con el paso de los siglos se había desarrollado un método para adiestrar la memoria. Imaginábamos que estábamos en un cuarto con las paredes cubiertas de millares y millares de cajones. En cada cajón había un rótulo claramente escrito, que se podía leer con toda comodidad desde donde nos hallábamos. Cada cosa que nos enseñaban tenía que ser clasificada, y nos decían que imagináramos que abríamos el cajón indicado para poner el conocimiento dentro. Teníamos que visualizarlo perfectamente mientras lo hacíamos, visualizar el "conocimiento" y el lugar exacto del "cajón". Con un poco de práctica era absolutamente fácil entrar en el cuarto

— en imaginación— abrir el cajón correcto y extraer el conocimiento requerido, así como todos los que se le relacionaban.

Nuestros maestros se tomaban grandes trabajos para inculcarnos la necesidad de tener buena memoria. Nos acribillaban a preguntas para probar nuestra memoria. Las preguntas no tenían relación alguna unas con otras, para que no pudiéramos seguir un rumbo y tomar un sendero fácil. A menudo nos hacían preguntas sobre oscuras páginas de los libros sagrados, mezcladas con otras sobre hierbas. Los olvidos se castigaban con la mayor severidad; olvidar era el crimen imperdonable y se lo reprimía con una buena paliza. No nos daban mucho tiempo para recordar. Tal vez el maestro decía:

—¡Tú, muchacho, quiero saber la quinta línea de la página décimo-octava del séptimo volumen del Kan-gyud! Abre el cajón. ¿Cuál es?

A menos que se pudiera contestar en diez segundos, era mejor no abrir la boca, porque el castigo era aun peor si se cometía un error, por insignificante que fuera. A pesar de todo es un buen sistema, y adiestra la memoria. No podíamos llevar libros. Nuestros libros eran generalmente de noventa centímetros de ancho por cuarenta y cinco de largo, hojas sueltas de papel sostenidas sin encuadernar entre tapas de madera. En verdad, la buena memoria me resultó utilísima en los años que siguieron.

Durante los primeros doce meses no se permitía salir del lamasterio. Los que salían no podían regresar. Esa regla era exclusiva de Chakpori, porque como la disciplina era tan severa, se temía que si nos permitían salir no regresaríamos. Admito que hubiera "salido corriendo" de haber tenido adónde ir. Después del primer año nos acostumbrábamos.

Durante el primer año no se nos permitía jugar en absoluto, teníamos que trabajar intensamente todo el tiempo, lo cual resultaba muy efectivo para eliminar a los débiles o ineptos para el esfuerzo. Después de esos meses tan duros descubrimos que casi nos habíamos olvidado de jugar. Nuestros deportes y ejercicios estaban encaminados a endurecernos y a tener algún fin práctico más adelante. Yo conservé mi antiguo gusto por andar con zancos, y pude dedicarle cierto tiempo. Comenzamos con zancos que nos levantaban del suelo tanto como medíamos. Cuando aprendimos bien a usarlos, utilizamos otros más altos, generalmente de tres metros. Con ellos nos contoneábamos por los patios, espiábamos por las ventanas y en general nos convertíamos en un fastidio. No usábamos palo para mantener el equilibrio; cuando queríamos quedarnos en un lugar nos apoyábamos en uno y otro pie, como si estuviéramos marcando el tiempo. Eso nos permitía mantener el equilibrio y la posición. No se corría peligro de caer si estábamos razonablemente alerta. Librábamos batallas sobre zancos. Formábamos dos equipos, generalmente de diez chicos por bando, y nos alineábamos frente a frente, a diez metros de distancia. A una señal dada cargábamos unos contra otros, lanzando gritos salvajes, calculados para asustar a los demonios del cielo. Como ya he dicho, yo estaba en una clase de muchachos mucho mayores que yo. Eso me daba una ventaja cuando librábamos batallas sobre zancos. Los demás andaban pesadamente, y yo podía deslizarme entre ellos y empujar un zanco aquí, y otro allá para enviar a sus dueños al suelo. A caballo no era tan bueno, pero cuando tenía que valerme por mí mismo, me las arreglaba bastante bien.

Los zancos eran muy útiles cuando teníamos que cruzar algún arroyo. Podíamos vadearlos con seguridad y así nos salvábamos de un gran rodeo hasta el vado más cercano. Recuerdo una vez en que yo daba un paseo sobre zancos de un metro ochenta. Un arroyo se cruzó en mi camino y quise atravesarlo. El agua era profunda desde las orillas, no había una sola parte baja. Me senté en la orilla y hundí zancos y piernas. El agua me llegó hasta las rodillas y en el medio, casi hasta la cintura. En ese momento oí que alguien se acercaba corriendo. Un hombre corría por la orilla, y apenas si echó una mirada al chiquillo que cruzaba el arroyo. Al ver que el agua no me llegaba a la cintura, aparentemente pensó:

—¡Ah! Aquí hay un vado.

Se oyó una súbita zambullida, y el hombre desapareció completamente. Después se agitó el agua y en la superficie apareció la cabeza. Con manos ansiosas alcanzó la orilla y se izó hasta tierra. Su lenguaje fue verdaderamente horrible, y las amenazas de lo que iba a hacerme casi me coagulan la sangre. Me apresuré por llegar a la orilla más lejana y cuando alcancé la costa, creo que jamás viajé tan rápido sobre zancos.

Uno de los peligros de los zancos era el viento que siempre soplaba en Tibet. Jugábamos en un patio, con los zancos, y en la excitación del juego nos olvidábamos del viento y nos apartábamos del refugio de la pared. Una ráfaga de viento nos arremolinaba la túnica y allá íbamos nosotros al suelo, en una confusión de piernas, brazos y zancos. Había muy pocas bajas. Nuestra práctica de yudo nos había enseñado cómo caer sin hacernos daño. A menudo teníamos cardenales y rodillas peladas, pero ignorábamos esas insignificancias. Naturalmente, no faltaban quienes eran capaces de tropezar con su propia sombra, algunos muchachos torpes que nunca aprendían a caer y a veces terminaban con una pierna o un brazo roto.

Había un muchacho que caminaba con los zancos, y daba un salto mortal entre los palos. Se sostenía en el extremo de los zancos, retiraba los pies de los soportes, y daba una vuelta completa. Levantaba los pies, hasta quedar completamente de cabeza, y los bajaba otra vez, sin marrar a los soportes. Lo hacía una vez tras otra, sin una sola falta, y sin interrumpir el ritmo de la marcha. Yo también llegué a saltar en zancos, pero la primera vez que lo hice aterricé pesadamente, los dos soportes se deslizaron hacia abajo y caí como una flecha. Después de eso, tuve el cuidado de fijarme que los soportes estuvieran bien atados.

Poco antes de cumplir ocho años, el lama Mingyar Dondup me dijo que los astrólogos habían predicho que el día siguiente al de mi cumpleaños sería el indicado para "abrir el Tercer Ojo". Eso no me turbó en lo más mínimo, porque sabía que el lama estaría presente, y tenía absoluta confianza en él. Como me había dicho tantas veces, con el Tercer Ojo abierto podría ver a la gente como realmente era. Para nosotros el cuerpo era sencillamente un receptáculo activado por el yo mayor, el Súper Yo que toma posesión cuando estamos dormidos o abandona esta vida. Creemos que el Hombre es colocado en el cuerpo físico enfermizo para que pueda aprender y progresar. Durante el sueño el Hombre regresa a un plano distinto de existencia. Se acuesta a descansar y el espíritu se desprende del cuerpo físico y se aleja flotando cuando llega el sueño. El espíritu se mantiene en contacto con el cuerpo físico por medio de una "cuerda de plata"", que dura hasta el momento de la muerte. Los sueños que soñamos son experiencias que se tienen en el plano espiritual del sueño. Cuando el espíritu regresa al cuerpo, el shock de despertar distorsiona el recuerdo que se tiene del sueño, a menos que se tenga un adiestramiento especial, y de ese modo el "sueño" puede parecer completamente improbable en el estado de vigilia. Pero de esto hablaré más extensamente cuando relate mis propias experiencias al respecto.

El aura que rodea al cuerpo, y que cualquiera puede aprender a ver en condiciones favorables, es sencillamente un reflejo de la Fuerza Vital que arde dentro. Creemos que esa fuerza es eléctrica, lo mismo que el relámpago. Actualmente, en occidente, los hombres de ciencia pueden medir y registrar las "ondas eléctricas del cerebro". Quienes se burlan de estas cosas deben recordarlo, así como la corona del sol. Las llamas sobresalen millones de millas del disco del sol. El hombre no puede ver esta corona, pero cuando se produce un eclipse total, es visible a cualquiera que se tome la molestia de mirar. En realidad no importa que la gente crea o no. La incredulidad no va a extinguir la corona del sol. Sigue estando allí. Lo mismo ocurre con el aura humana. Era esa aura, entre otras cosas, lo que yo podría ver cuando me abrieran el Tercer Ojo.

CAPÍTULO SIETE

ME ABREN EL TERCER OJO

Llegó el día de mi cumpleaños, y durante esas horas quedé en libertad, sin tener que asistir a clase o a las ceremonias. El lama Mingyar Dondup me dijo, por la mañana:

—Diviértete, Lobsang, vendremos a verte al atardecer.

Fue muy agradable yacer de espaldas, holgazaneando, a la luz del sol. Un poco más abajo estaba el Potala con sus techos relucientes. Detrás de mí, las aguas azules del Norbu Linga, o Parque Enjoyado, me hicieron pensar en un bote de piel y en un paseo. Al sur, alcancé a ver un grupo de mercaderes que cruzaban el Kyi Chu en ferry. ¡El día pasó demasiado rápido!

Al morir el día nació la noche y fui a la pequeña habitación donde tendría que quedarme. De fuera llegó el suave murmullo de las botas de fieltro contra el piso de piedra, y entraron tres lamas de alto rango. Me pusieron una compresa de hierbas en la cabeza y la ataron fuertemente. Más tarde regresaron los tres, y uno de ellos era el lama Mingyar Dondup. Con todo cuidado me quitaron la compresa, y me lavaron y secaron la frente. Un lama de aspecto muy fuerte se sentó detrás de mí y me sujetó la cabeza entre las rodillas. El segundo lama abrió una caja y sacó un instrumento de acero muy brillante. Parecía un punzón, sólo que en vez de tener la barra redonda, ésta tenía forma de U, y en lugar de punta había dientecillos alrededor de la U. El lama miró un rato el instrumento y después lo pasó por la llama de una lámpara para esterilizarlo. El lama Mingyar Dondup me tomó las manos y dijo:

—Esto es muy doloroso, Lobsang, y puede hacerse únicamente mientras estás consciente. No tomará mucho tiempo, de modo que trata de mantenerte inmóvil.

Vi que preparaban otros instrumentos y una cantidad de lociones de hierbas, y me dije:

—Bueno, Lobsang, muchachito mío, van a acabar contigo de un modo u otro, y tú no puedes hacer nada..., excepto quedarte quieto.

El lama que tenía el instrumento miró a los otros y dijo:

—¿Todo listo? Comencemos ahora, el sol acaba de ponerse.

Hizo presión en el centro de la frente con el instrumento y giró el asa. Por un momento tuve la sensación de que me pinchaban con espinas. Me pareció que el tiempo se había detenido. No sentí mucho dolor cuando el instrumento penetraba la piel y la carne, pero hubo un pequeño sacudón cuando llegó al hueso. Aumentó la presión, moviendo suavemente el instrumento para que los dientes penetraran el hueso frontal. El dolor no era agudo, sólo una presión y un dolor sordo. No me moví, con el lama Mingyar Dondup mirándome; hubiera preferido morir antes que moverme o emitir el menor grito. Él tenía fe en mí, como yo en él, y sabía que cuanto él dijera o hiciera estaba bien. Me miraba fijamente, con la boca tensa en las comisuras. De pronto se oyó un chasquido y el instrumento penetró en el hueso. Instantáneamente el muy alerta cirujano detuvo el movimiento. Sostuvo firmemente el asa del instrumento mientras el lama Mingyar Dondup le entregaba una astilla de madera muy dura y muy limpia, que había sido tratada con hierbas y expuesta al fuego para hacerla tan dura como el acero. Esta astilla fue insertada en la U del instrumento y la deslizaron hasta que entró en el orificio de mi cabeza. El lama que me operaba se hizo a un lado para que también el lama Mingyar Dondup quedara frente a mí. Después, a un gesto de este último, el cirujano, con infinita precaución, deslizó la astilla cada vez más adentro. De pronto sentí picazón en el puente de la nariz. Desapareció y alcancé a sentir una cantidad de aromas muy suaves que no pude identificar. Eso también pasó y fue reemplazado por una sensación como si quisiera penetrar, o me empujaran para que lo hiciera, un velo muy elástico. De pronto se produjo un relámpago enceguecedor y en ese momento el lama Mingyar Dondup dijo:

—¡Basta!

Por un momento el dolor fue intensísimo, como si me cauterizaran con una llama blanca. Disminuyó, murió, y fue reemplazado por espirales de color, y globulillos de humo incandescente. Me quitaron cuidadosamente el instrumento de metal. Dejaron la astilla de madera, que quedaría en mi frente durante dos o tres semanas, y hasta que me la quitaran tendría que permanecer en ese cuarto casi a obscuras. Nadie me vería, con excepción de esos tres lamas, que continuarían con mi instrucción día tras día. Hasta que me quitaran la astilla mis necesidades de comida serían muy pocas. Mientras me ataban la astilla para que no se moviera, el lama Mingyar Dondup se volvió hacia mí y dijo:

—Ahora eres uno de los nuestros, Lobsang. Por el resto de tu vida verás a la gente tal cual es y no como pretende ser.

Fue una experiencia muy extraña ver a esos hombres aparentemente envueltos en una llama dorada. Sólo después comprendí que sus auras eran doradas por la vida pura que hacían, y que la mayoría de la gente tenía un aspecto muy distinto en verdad.

A medida que mi nuevo sentido se fue desarrollando bajo las sabias instrucciones de los lamas, pude observar que había otras emanaciones que se extendían más allá del aura más profunda. A su tiempo aprendí a determinar el estado de salud de una persona por el color y la intensidad del aura. También pude saber cuándo decían la verdad o mentían, por la forma en que fluctuaban los colores. Pero mi clarividencia no se redujo al cuerpo humano. Me dieron un cristal, que todavía tengo, y practiqué mucho su uso. No hay nada mágico en los cristales para mirar. Son sencillamente instrumentos. Así como el microscopio o el telescopio pueden hacer visibles objetos normalmente invisibles, con sólo usar las leyes naturales, lo mismo puede hacer un cristal para mirar. Sólo sirve de foco al Tercer Ojo, con el cual se puede penetrar el subconsciente de cualquier persona y guardar memoria de los hechos vistos. El cristal debe adecuarse a quien lo usa. Hay quienes trabajan mejor con cristal de roca, otros prefieren una bola de cristal. Otros usan un cuenco de agua o un disco negro. No importa lo que utilicen, los principios son los mismos.

Durante la primera semana el cuarto se mantuvo casi completamente a oscuras. A la semana siguiente sólo se permitió una luz trémula, que fue aumentando hacia el fin de la semana. El séptimo día el cuarto quedó completamente iluminado, y vinieron los tres lamas a quitarme la astilla. Fue muy sencillo. La noche anterior me habían pintado la frente con una loción de hierbas. A la mañana vinieron los lamas y, como antes, uno me sujetó la cabeza entre las rodillas. El operador tomó con un instrumento el extremo de la astilla. Hubo un tirón..., y eso fue todo. Había salido la astilla. El lama Mingyar Dondup puso una compresa de hierbas sobre la pequeñísima marca que había quedado, y me mostró la astilla. Se había puesto negra como el ébano mientras la tuve en la cabeza. El lama que me había operado se volvió a un pequeño brasero y allí colocó la astilla junto con distintas clases de incienso. Así como se elevó al cielo el humo del incienso, así se completó el primer período de mi iniciación. Esa noche quedé dormido con la cabeza hecha un torbellino. ¿Cómo vería a Tzu, ahora que veía todo de un modo distinto? Mi padre, mi madre, ¿cómo aparecerían? Pero todavía no había respuesta a esas preguntas.

A la mañana volvieron los lamas y me examinaron con todo cuidado. Me dijeron que podía ir con los demás, pero que tendría que pasar la mitad del tiempo con el lama Mingyar Dondup, que me enseñaría por métodos intensivos. La otra mitad de mi tiempo lo pasaría asistiendo a clase y a las ceremonias, no tanto por el aspecto educacional, sino para que me formara una opinión equilibrada al mezclarme con todos. Más adelante también me enseñarían por métodos hipnóticos. Por el momento lo que más me interesaba era la comida. Durante los últimos dieciocho días me habían dado muy poco de comer y ahora tenía la mejor intención de desquitarme. Salí corriendo, con ese solo propósito. Vi aproximarse una figura envuelta en humo azul, recorrido por vetas de rojo irritado. Lancé un grito de alarma y de un salto volví a entrar en el cuarto. Los lamas miraron mi expresión horrorizada.

—Hay un hombre en llamas en el pasillo —dije.

El lama Mingyar Dondup salió apresuradamente y regresó sonriendo:

Lobsang, ése es un sirviente de mal humor. Su aura es azul humo porque no ha evolucionado y las vetas rojas son los impulsos de mal humor. Ahora puedes ir a buscar esa comida que tanto quieres.

Era fascinante encontrar a los muchachos que conocía tan bien, y que sin embargo no había conocido en lo más mínimo. Ahora podía mirarlos y tener una idea de sus verdaderos pensamientos, de su sincero afecto por mí, de los celos de algún otro, y de la indiferencia de otros más. No era sólo cuestión de ver los colores y saberlo todo; tenían que enseñarme a comprender lo que esos colores significaban. Mi Guía y yo nos sentábamos en una alcoba oculta desde donde podíamos ver a todos los que pasaban por los portales de entrada. El lama Mingyar Dondup decía:

—Ése que entra, Lobsang, ¿ves esas fibras de color que vibran encima del corazón? Ese tono y esa vibración indican que tiene una enfermedad pulmonar.

O, al aproximarse un mercader:

—Mira éste, mira esas bandas que se mueven y esas manchas intermitentes. Nuestro Hermano de Negocios está pensando que podrá engañar a los estúpidos monjes, Lobsang, y recuerda que ya lo hizo una vez. ¡A qué ruindad llegan los hombres por dinero!

Al acercarse un monje anciano, el lama dijo:

—Observa cuidadosamente a éste, Lobsang. Aquí tienes a un hombre verdaderamente santo, pero que cree en la exactitud literal de nuestras Escrituras. ¿Observas esos decoloramientos en la parte amarilla del nimbo? Indica que todavía no ha evolucionado lo bastante para razonar por sí mismo.

Y así seguíamos, día tras día. Usábamos el poder del Tercer Ojo particularmente con los enfermos, de cuerpo o de espíritu. Una tarde el lama dijo:

—Más adelante te enseñaremos a cerrar el Tercer Ojo a voluntad, pues no querrás ver todo el tiempo los defectos de los demás, sería una carga intolerable. Por el momento, úsalo siempre, como los ojos físicos. Después te enseñaremos a cerrarlo y abrirlo a voluntad, como haces con los otros ojos.

Hace muchos años, de acuerdo con nuestras leyendas, todos los hombres y mujeres podían usar el Tercer Ojo. En aquella época los dioses estaban en la tierra y se mezclaban con los hombres. La humanidad tuvo visiones de reemplazar a los dioses y trató de matarlos, olvidando que lo que el Hombre podía ver, los dioses veían mejor. Como castigo, se cerró el Tercer Ojo del Hombre. A lo largo de los años, unos pocos nacieron con la habilidad de ver por clarividencia; quienes la tienen por naturaleza, pueden aumentar su poder enormemente mediante un método apropiado, como yo. Como se trataba de un talento especial, había que tratarlo con cuidado y respeto. El Abad me mandó llamar un día y me dijo:

—Hijo mío, ahora tienes esta habilidad, una habilidad que a la mayoría le ha sido negada. Úsala sólo para hacer el bien, y nunca en tu propio provecho. Cuando vayas a otros países, conocerás a quienes querrán que actúes como un mago de feria. "Pruébenos esto, pruébenos aquello", te dirán. Pero yo te digo, hijo mío, que eso no debe ocurrir. El talento es para permitirnos ayudar a los demás, no para enriquecernos. Lo que veas por clarividencia —¡y verás mucho!— no lo descubras si dañara a otros o afectara su Sendero por la Vida. Pues el Hombre debe elegir su propio Sendero, hijo mío, y por más que le digas, siempre seguirá su camino. Ayuda en la enfermedad, en el dolor, sí, pero no digas lo que pueda alterar el Sendero de un hombre.

El Abad era un hombre muy culto y era el médico que atendía al Dalai Lama. Antes de terminar la entrevista me dijo que a los pocos días el Dalai Lama me mandaría buscar, pues quería verme. Visitaría el Potala durante unas semanas con el lama Mingyar Dondup.

CAPÍTULO OCHO

EL POTALA

Un lunes por la mañana el lama Mingyar Dondup me dijo que se había fijado la fecha de nuestra visita al Potala. Sería al finalizar aquella semana.

—Tenemos que ensayar, Lobsang, nuestro acercamiento ha de ser perfecto.

Me iban a presentar ante el Dalai Lama, y mi "acercamiento" tenía que ser exactamente el debido. En un pequeño templo que no se usaba, cerca de nuestro salón de clase, había una estatua del Dalai Lama de tamaño natural. Allí fuimos y fingimos estar en una audiencia en el Potala.

—Primero fíjate cómo lo hago yo, Lobsang. Camina hasta aquí, más o menos a un metro y medio de donde está el Dalai Lama. Saca la lengua y cae de rodillas. Ahora fíjate bien; pon los brazos así e inclínate. Una vez, dos veces, tres veces. Arrodíllate, con la cabeza gacha, y coloca la chalina de seda sobre sus pies, de este modo. Vuelve a tu posición, con la cabeza inclinada, para que él pueda ponerte una chalina al cuello. Cuenta hasta diez para tus adentros, para no demostrar demasiada prisa, te levantas y caminas hacia atrás hasta el almohadón más cercano.

Seguí atentamente todo lo que el Lama hacía con la facilidad que da la práctica.

—Ahora un aviso, antes de que empieces a caminar hacia atrás, fíjate rápida y disimuladamente en la posición del almohadón más cercano. No queremos que tropieces con el almohadón y tengas que dar un salto para no desnucarte. Es muy fácil tropezar con la excitación del momento. Ahora muéstrame que puedes hacerlo tan bien como yo.

Salí del cuarto, y el lama golpeó las manos para señalarme la entrada. Allí entré de prisa, para que me detuvieran con un:

—¡Lobsang! ¡Lobsang! ¿Corres una carrera? Entra con más lentitud. Marca los pasos diciendo para tus adentros Om-ma-ni-pad-me-Hu-m. Entonces entrarás con la dignidad de un joven sacerdote en vez de hacerlo al galope como un caballo de carreras en la llanura de Tsang-po.

Volví a salir, y esta vez entré con más serenidad y caminé hasta la estatua. Caí de rodillas, con la lengua fuera en el saludo tibetano. Mis tres reverencias debieron ser modelo de perfección; me sentí orgulloso de ellas. Pero, ¡caramba! ¡Había olvidado la chalina! De modo que salí otra vez para empezar todo de nuevo. Esta vez lo hice correctamente y coloqué la chalina al pie de la estatua. Caminé hacia atrás, y conseguí sentarme en la actitud del loto sin tropezar.

—Ahora, el próximo paso. Tendrás que esconder la taza de madera en la manga izquierda. Te darán té cuando estés sentado. La taza se sostiene así, calzada entre la manga y el antebrazo. Si tienes cuidado, se queda en su sitio. Vamos a ensayar con la taza en la manga, sin olvidarnos de la chalina.

Todas las mañanas de esa semana ensayamos para que pudiera hacerlo automáticamente. Al principio la taza no hacía más que caerse y resonar en el suelo en cuanto me inclinaba para la reverencia, pero pronto aprendí la treta. El viernes tuve que presentarme ante el Abad para demostrarle mi destreza. Dijo que mi actuación era "un valioso tributo a las enseñanzas de nuestro Hermano Mingyar Dondup".

A la mañana siguiente, sábado, bajamos nuestra colina para ir al Potala. Nuestro lamasterio formaba parte de la organización del Potala, aunque estaba en una colina distinta cerca de los edificios principales. El nuestro se conocía como el Templo de la Medicina y la Escuela Médica. Nuestro Abad era el único médico del Dalai Lama, puesto no muy envidiable, porque su tarea no era curar una enfermedad, sino mantener bien al paciente. De este modo, cualquier dolor o indisposición se atribuía a algún descuido por parte del médico. Sin embargo, el Abad no podía ir a examinar al Dalai Lama cuando quería, sino que tenía que esperar hasta que lo llamaran, ¡cuando el paciente estaba enfermo!

Pero aquel sábado yo no pensaba en las angustias del médico, pues ya tenía bastante con las mías. Al pie de nuestra colina doblamos hacia el Potala y nos abrimos camino entre la muchedumbre de ávidos visitantes y peregrinos. Esa gente había venido de todas partes de Tibet para ver el hogar del Más Recóndito, como llamamos al Dalai Lama. Si podían verlo fugazmente, se irían muy satisfechos y se considerarían bien pagados por los largos viajes y las penurias. Algunos peregrinos habían viajado meses enteros a pie para hacer esa única visita al Santuario de los Santuarios. Allí estaban los granjeros, los nobles de provincias distantes, los pastores y los enfermos que esperaban curar en Lhasa. Todos estaban apiñados en el camino y recorrían el circuito de seis millas alrededor del pie del Potala. Algunos iban en cuatro patas, otros se estiraban en el suelo cuan largos eran, se levantaban y volvían a tirarse. Otros, los enfermos, cojeaban ayudados por amigos, o con la ayuda de dos bastones. En todas partes había vendedores. Algunos vendían té mantecado, que calentaban sobre un brasero que se mecía. Otros vendían comida de varias clases. También se vendían amuletos y talismanes "bendecidos por la Sagrada Encarnación". Algunos ancianos vendían a los bobos horóscopos impresos. Más allá, un grupo de hombres alegres trataban de vender ruedas de oraciones como recuerdo del Potala. También había escribas: por cierta suma escribían una nota certificando que la persona que les pagaba había visitado Lhasa y todos los lugares sagrados. Nosotros no teníamos tiempo para nada de eso, nuestro objetivo era el Potala.

La residencia privada del Dalai Lama estaba en la parte más alta del edificio, pues nadie puede vivir a mayor altura que él. Una inmensa escalera de piedra sube hasta lo alto, en la parte exterior de los edificios. Parece más bien una calle escalonada que una simple escalera. Muchos de los altos funcionarios suben a caballo para no tener que caminar.

Encontramos muchos de ellos en nuestro ascenso. En un punto, cuando estábamos bastante alto, el lama Mingyar Dondup se detuvo y señaló:

—Allá está tu antiguo hogar, Lobsang, los sirvientes están muy contentos en el patio.

Miré, y tal vez sería mejor no decir lo que sentí. Mi madre salía en ese momento con su séquito de sirvientes. Tzu también estaba allí. No, mis pensamientos en ese momento deben seguir siendo míos.

El Potala es una ciudad en una pequeña montaña. Allí se dirigen todos los asuntos eclesiásticos y seculares de Tibet. Este edificio, o grupo de edificios, es el corazón viviente del país, el foco de todos los pensamientos, de todas las esperanzas. Dentro de esas paredes hay tesorerías con lingotes de oro, bolsas y bolsas de gemas y curiosidades de épocas remotas. Los edificios actuales tienen sólo trescientos cincuenta años, pero fueron construidos sobre los cimientos de un antiguo palacio. Antes de eso, en la cima de la montaña había un fuerte amurallado. A gran profundidad dentro de la montaña, que es de origen volcánico, hay una caverna inmensa, con pasajes que salen de ella como rayos, y al finalizar uno de ellos hay un lago. Sólo unos pocos, los privilegiados, han estado allí, o siquiera oído hablar de ello.

Pero afuera, a la luz de la mañana, nosotros subíamos la escalera. En todas partes se oía el rechinar de las ruedas de oraciones —la única rueda que se ve en Tibet, porque una vieja predicción dice que cuando las ruedas entren en el país, la paz se irá. Finalmente llegamos a lo alto, donde los guardianes gigantescos abrieron el portal de oro en cuanto vieron al lama Mingyar Dondup, a quien conocían muy bien. Seguimos subiendo hasta que llegamos a lo alto del techo donde estaban las tumbas de anteriores Encarnaciones del Dalai Lama, y su residencia privada presente. Una gran cortina de lana de yac, teñida de color marrón, cubría la entrada. La hicieron a un lado cuando nos aproximamos y entramos en un gran salón guardado por dragones de porcelana verde. De las paredes colgaban ricos tapices con escenas religiosas y leyendas antiguas. Sobre las mesas bajas había artículos que habrían deleitado el corazón de un coleccionista: estatuitas de varios dioses y diosas de la mitología y adornos *cloisonné*. Cerca de una salida con cortinado, sobre un estante, descansaba el Libro de los Nobles, y deseé poder abrirlo y ver mi nombre dentro, para asegurarme, pues ese día, en ese lugar, me sentía muy pequeño e insignificante. A los ocho años de edad no me quedaban ilusiones, y me preguntaba por qué había querido verme el Más Alto de la Tierra. Sabía que era algo nada común, y en mi opinión detrás de todo eso había más trabajo intenso, trabajo intenso o penalidades.

Un lama con túnica rojo cereza, y una estola dorada alrededor del cuello, estaba hablando con el lama Mingyar Dondup. Este último parecía ser muy conocido allí, y en todas las otras partes en que había estado con él. Oí decir:

—Su Santidad está interesado y quiere hablar con él en privado.

Mi Guía se volvió a mí y dijo:

—Ha llegado el momento de que entres, Lobsang. Te mostraré la puerta. Entra solo y pretende que todo no es más que otro ensayo, como los de toda la semana—. Me rodeó los hombros con el brazo y me condujo a una puerta, murmurando: —No tienes de qué preocuparte..., adelante.

Con un suave empujón en la espalda para animarme a entrar, se quedó observándome. Pasé la puerta y allí, en el extremo de un largo salón, estaba el Más Recóndito, el decimotercer Dalai Lama.

Estaba sentado en un almohadón de seda color azafrán. Llevaba la túnica del lama común, pero en la cabeza tenía puesto un alto sombrero amarillo que tenía unas orejas que le llegaban a los hombros. En ese momento terminaba de leer un libro. Con la cabeza inclinada caminé hasta que estuve a un metro y medio de él, después caí de rodillas e hice tres reverencias. El lama Mingyar Dondup me había entregado la chalina un momento antes de entrar y yo la coloqué a los pies del Más Recóndito. Él se inclinó y me puso la suya en las muñecas, en vez de hacerlo en el cuello, como era común. Sentí espanto en ese momento, porque tenía que caminar de espaldas hasta el almohadón más cercano, y había observado que todos estaban bastante lejos, cerca de las paredes. El Dalai Lama habló por primera vez:

—Esos almohadones están muy lejos para que camines de espaldas. Vuélvete y trae uno hasta aquí, para que podamos conversar.

Así lo hice y regresé con un almohadón.

—Pónlo aquí, frente a mí, y siéntate.

Cuando me senté dijo:

—Muy bien, jovencito, me han dicho de ti cosas muy importantes. Eres clarividente por derecho propio, y ese poder ha sido aumentado cuando te abrieron el Tercer Ojo. Tengo los registros de tu última encarnación. También tengo las predicciones de los astrólogos. El comienzo será difícil, pero obtendrás éxito al final. Irás a muchos países de todo el mundo, países de los cuales todavía no has oído hablar. Verás muerte y destrucción y crueldad que ni siquiera puedes imaginar. El camino será largo y duro, pero el éxito llegará como se predijo: No sabía por qué me decía todo eso, yo ya lo sabía, lo había sabido desde los siete años. Sabía muy bien que aprendería medicina y cirugía en Tibet y que después iría a China para aprender las mismas cosas de nuevo. Pero el Más Recóndito seguía hablando, me advertía que no diera prueba de mis excepcionales poderes, y que no hablara del ego o alma cuando estuviera en el mundo occidental. Yo estuve en India y en China y en esos países se puede hablar de las Realidades Más Grandes, pero también conocí mucha gente de Occidente. Sus valores no son los mismos que los nuestros, ellos reverencian el comercio y el oro. Sus hombres de ciencia dicen: "Mostradnos el alma. Producidla, para que podamos tocarla, pesarla, probarla con ácidos. Decidnos su estructura molecular, sus reacciones químicas. Pruebas, pruebas, pruebas, queremos tener pruebas". Eso te dirán, sin cuidarse de que su actitud de sospecha mata toda oportunidad de obtener la prueba. Pero debemos beber té.

Golpeó suavemente el gong y dio instrucciones al lama que respondió al llamado. Al poco rato trajo té y alimentos especiales que habían sido importados de la India. Mientras comíamos, el Más Recóndito seguía hablando de la India y de la China. Me dijo que quería que estudiara mucho, y que elegiría maestros especiales para mí. No pude contenerme y lo interrumpí:

—¡Oh, nadie puede saber más que mi Maestro, el lama Mingyar Dondup!

El Dalai Lama me miró, después echó la cabeza hacia atrás y prorrumpió en carcajadas. Probablemente nadie le había hablado de ese modo, y con seguridad ningún chiquillo de ocho años. Pareció apreciarlo.

—De modo que crees que Mingyar Dondup es bueno, ¿verdad? Dime lo que piensas de él, ¡gallito de riña!

—¡Señor! Acaba de decirme que tengo el poder excepcional de la clarividencia. El lama Mingyar Dondup es la persona mejor que he visto.

El Dalai Lama volvió a reir y golpeó el gong que estaba a su lado:

—Que venga Mingyar —le dijo al lama que respondió a su llamado.

Entró el lama Mingyar Dondup, e hizo las reverencias al Más Recóndito.

Trae un almohadón y siéntate aquí, Mingyar —dijo el Dalai Lama—. Este chiquillo acaba de decir cuál es tu carácter; es una opinión con la cual estoy completamente de acuerdo. El lama Mingyar Dondup se sentó a mi lado y el Dalai Lama continuó: —Te has hecho responsable de la enseñanza de Lobsang Rampa. Puedes planearla como quieras y pedirme cualquier carta de autorización. Yo lo veré de tiempo en tiempo—. Volviéndose a mí, dijo: —Jovencito has elegido bien, tu Guía es un viejo amigo, y es un verdadero Maestro de lo Oculto.

Se cambiaron otras cuantas palabras, después nos levantamos, hicimos las reverencias y salimos del salón. Pude ver que el lama Mingyar Dondup estaba íntimamente muy complacido conmigo o con la impresión que yo había causado.

—Nos quedaremos aquí unos cuantos días y exploraremos algunas de las partes menos conocidas de los edificios —dijo—. Algunos de los pasillos más bajos no han sido abiertos durante los últimos doscientos años. En esos cuartos aprenderías mucha historia de Tibet.

Uno de los lamas del séquito —no había nadie de menor rango en la residencia del Dalai Lama— se aproximó y dijo que tendríamos un cuarto cada uno en lo alto del edificio. Nos acompañó a nuestros cuartos y me causó viva emoción la vista de Lhasa y de la llanura.

—Su santidad dio instrucciones para que puedan ir y venir a su gusto. No habrá puertas cerradas para ustedes —dijo el Lama.

El lama Mingyar Dondup me dijo que me acostara un rato. Todavía me molestaba bastante la cicatriz de la pierna izquierda, me dolía y caminaba con una leve cojera. En un momento se temió que quedara baldado. Descansé una hora, después vino mi Guía con té y comida.

—Es hora de llenar algunos de esos huecos, Lobsang. Aquí comen muy bien, de modo que vamos a aprovechar.

No necesité que me animaran a comer. Cuando terminamos, el lama Mingyar Dondup me condujo fuera de la habitación y entramos en otra en su extremo alejado del techo plano. Aquí, ante mi asombro, las ventanas no tenían tela aceitada, sino que estaban llenas de nada que era visible. Extendí la mano y con mucha cautela toqué esa nada visible. Quedé pensando al encontrarla fría, tan fría como el hielo, resbalosa. Entonces me di cuenta; ¡vidrio! Nunca había visto una lámina de vidrio. Habíamos usado trozos en las cuerdas de nuestros cometas, pero era vidrio grueso, y no se podía ver claramente a través de él. Además, había sido de color, pero éste, éste era como agua.

Pero eso no fue todo. El lama Mingyar Dondup abrió la ventana y tomó un tubo de bronce que parecía ser parte de una trompeta cubierta de cuero. Tiró de un extremo y aparecieron cuatro partes, una dentro de la otra. Rio al ver mi expresión, y después sacó un extremo del tubo por la ventana y se acercó el otro a la cara. ¡Ah!, pensé, va a tocar el instrumento. Pero el extremo no fue a la boca, sino al ojo. Jugó un poco con el tubo, y después me dijo:

—Mira por aquí, Lobsang. Mira con el ojo derecho y mantén cerrado el izquierdo.

Miré, y casi caí desmayado de estupor. Un hombre a caballo avanzaba por el tubo hacia mí. Salté a un lado, y miré a mi alrededor. No había nadie en el cuarto, a excepción del lama Mingyar Dondup y yo, y él estaba riendo a carcajadas. Lo miré con cierta sospecha, pensando que me había embrujado.

—Su Santidad dijo que usted era Maestro de lo Oculto —dije— ¿Pero tiene que burlarse de su discípulo?

Se renovaron sus carcajadas y me hizo señas para que mirara otra vez. Con considerable desconfianza, hice como me indicaba, y mi Guía movió suavemente el tubo para que tuviera otra vista. ¡Un telescopio! Nunca había visto uno antes. Nunca olvidé la visión aquella del hombre a caballo galopando hacia mí dentro del tubo. A menudo la recuerdo cuando algún occidental dice "¡Imposible!" ante cualquier afirmación sobre lo oculto. Aquello era verdaderamente "imposible" para mí. El Dalai Lama había traído una cantidad de telescopios al regresar de la India, y le gustaba mucho mirar el paisaje que lo rodeaba. Allí también me miré en un espejo por primera vez y en realidad no reconocí a esa criatura horrible que ví. Vi un chiquillo pálido, con una gran cicatriz roja en medio de la frente, y una nariz que era innegablemente prominente. Antes había visto mi vacilante reflejo en el agua, pero esto era demasiado claro Desde entonces no me he vuelto a mirar en un espejo.

Puede pensarse que Tibet era un país muy peculiar, al carecer de vidrio, de telescopio o de espejos, pero la gente no quería esas cosas. Tampoco queríamos ruedas. Las ruedas eran para la velocidad y para la llamada civilización.

Hace tiempo hemos comprendido que en el tráfago de la vida comercial no hay tiempo para las cosas de la mente. Nuestro mundo físico ha avanzado a paso lento, para que pueda aumentar y expandirse nuestro conocimiento esotérico. Durante cientos de años hemos sabido la verdad de la clarividencia, de la telepatía y de otras ramas de la metafísica. Mientras es cierto que muchos lamas pueden sentarse desnudos en la nieve y sólo por pensamiento derretir la nieve a su alrededor, esas cosas no se demuestran para deleite de quienes sencillamente buscan nuevas sensaciones. Algunos lamas, que son maestros en lo oculto, pueden alzarse contra la acción de la gravitación y sin medios físicos, pero no exhiben sus poderes para entretener a los mirones cándidos. En Tibet, el maestro siempre se asegura de la integridad moral de su discípulo antes de confiarle tales poderes. De esto se deduce que como el maestro debe estar absolutamente seguro de la fuerza moral del estudiante jamás se abusa de los poderes metafísicos, dado que sólo los poseen aquellos en quienes se puede confiar. Esos poderes no son de ningún modo mágicos, son simplemente el resultado de usar leyes naturales.

En Tibet hay quienes evolucionan mejor en compañía, y otros que tienen que retirarse a la soledad. Estos últimos van a lamasterios alejados y entran en una celda de ermita. Es un cuarto pequeño, por lo general construido en la ladera de una montaña. Las paredes de piedras son gruesas, tal vez de un metro ochenta, para que no pueda penetrar sonido alguno. El ermitaño entra por su propio deseo, y la entrada se sella. Dentro no hay luz, ni muebles, nada más que la caja de piedra vacía. A quien la ocupa se le pasa comida una vez al día por una puerta trampa que no deja pasar luz ni sonido. Allí permanece el ermitaño, primero por tres años, tres meses y tres días. Medita sobre la naturaleza de la vida, y sobre la naturaleza del hombre. Por ningún motivo puede abandonar la celda en su cuerpo físico. Durante el último mes de su estada se hace un pequeño agujero en el techo para permitir la entrada de un débil rayo de luz. Día a día se agranda para que los ojos del ermitaño se acostumbren otra vez a la luz. De otro modo quedaría ciego al salir. Muy a menudo esos hombres regresan a sus celdas al cabo de unas pocas semanas, y se quedan allí toda la vida. No es una vida tan estéril y tan inútil como puede suponerse. El hombre es un espíritu, una criatura de otro mundo y cuando puede librarse de las ataduras de la carne, puede recorrer el mundo como espíritu y ayudar por el pensamiento. Los pensamientos, como lo sabemos muy bien en Tibet, son ondas de energía. La materia es energía condensada. Es el pensamiento, cuidadosamente dirigido y en parte condensado, lo que hace que un objeto se mueva "por pensamiento".

El pensamiento, controlado de otra manera, puede derivar en telepatía, y puede hacer que una persona que está alejada realice cierta acción. ¿Es tan difícil creer esto, en un mundo que considera algo trivial que un hombre hable en un micrófono y guíe a un avión para que aterrice en medio de una densa niebla, cuando el piloto no puede ver el suelo? Con un poco de entrenamiento, y sin escepticismo, el hombre podría hacerlo por telepatía en vez de usar una máquina falible.

Mi propia evolución esotérica no impuso ese prolongado encierro en total oscuridad. Se realizó de otro modo que no es asequible al mayor número de hombres que quieren convertirse en ermitaños. Mi instrucción tenía un propósito definido, y por orden directa del Dalai Lama. Me enseñaron esas cosas por otros métodos, así como por hipnotismo, que no pueden discutirse en un libro de esta naturaleza. Baste decir que mis conocimientos en poco tiempo fueron superiores a los que el ermitaño puede obtener en toda una vida. Mi visita al Potala tuvo que ver con esos primeros pasos de mi instrucción, pero ya hablaremos de eso más adelante.

Me fascinó ese telescopio, lo usé muchas veces para examinar los lugares que conocía tan bien. El lama Mingyar Dondup me explicó sus principios en detalle, para que yo pudiera comprender que no había nada de magia en todo eso, sino las leyes comunes de la naturaleza.

Todo me fue explicado, no sólo el telescopio, sino me dieron razones por las cuales ocurrían ciertas cosas. Nunca podía decir. "Oh, es magia", sin que me explicaran las leyes involucradas. Una vez, durante la visita, me llevaron a un cuarto completamente a oscuras. El lama Mingyar Dondup dijo:

—Ahora quédate aquí, Lobsang, y mira esa pared blanca.

Entonces sopló la llama de la lámpara e hizo algo con la persiana de la ventana. Instantáneamente apareció en la pared blanca un cuadro de Lhasa, ¡pero al revés! Grité de asombro al ver a hombres y mujeres y yacs caminando patas arriba. El cuadro vaciló de pronto y reapareció al derecho. La explicación de cómo se "torcían los rayos luminosos" me confundía más que nada; ¿cómo podía uno torcer la luz? Ya me habían demostrado el método de romper jarras y cántaros con un silbato que no emitía sonido. Eso era bien sencillo y no valía la pena pensar en ello. ¡Pero *torcer la luz!* Sólo pude comprender el asunto cuando trajeron de otro cuarto una lámpara cuya luz quedaba oculta por varias tablillas. Entonces pude ver torcerse los rayos y desde entonces nada me sorprendió.

En el Potala había habitaciones especiales en que se guardaban hermosas estatuas, libros antiguos, y los más magníficos cuadros murales de temas religiosos. Los poquísimos occidentales que los han visto los consideran indecentes. En los cuadros se ve un espíritu femenino y otro masculino en estrecho abrazo, pero la intención de esos retratos está lejos de ser obscena, y ningún tibetano los considera así. Esas dos figuras desnudas y abrazadas quieren significar el éxtasis que sigue a la unión del Conocimiento y la Vida Recta. Admito que me horroricé más allá de toda medida cuando vi por primera vez que los cristianos rendían culto a un hombre torturado clavado a una cruz, y que ése era su símbolo. Es una lástima muy grande que tendamos a juzgar a las gentes de otros países de acuerdo a nuestras propias normas.

Hacía siglos que al Potala llegaban regalos de varios países, presentes para el Dalai Lama de la época. Casi todos esos regalos estaban guardados en cuartos especiales, y pasé unos momentos magníficos recorriéndolos, con lo que obtuve impresiones psicométricas de los motivos por los cuales habían sido enviados esos presentes. Fue en verdad una gran educación sobre motivos. Después de haber declarado mis impresiones tales como las obtenía del objeto, mi Guía leía un libro y me decía la historia exacta, y qué había ocurrido después. Me complacían mucho sus cada vez más frecuentes:

—Tienes razón, Lobsang, estás adelantando mucho.

Antes de abandonar el Potala visitamos uno de los túneles subterráneos. Me dijeron que sólo podía visitar uno, dado que vería los otros más adelante. Provistos de antorchas, bajamos cautelosamente los que me parecieron interminables escalones, y nos deslizamos por suaves pasajes de roca. Esos túneles, me dijeron, habían sido originados por la acción volcánica, incontables siglos atrás. En las paredes había extraños diagramas y dibujos de escenas absolutamente desconocidas. Me interesaba más ver el lago que me habían dicho se extendía millas enteras al final de un pasaje. Por fin entramos en un túnel que se ensanchaba cada vez más, hasta que de pronto el techo desapareció hasta donde no llegaba la luz de nuestras antorchas. Cien metros más, y quedamos al borde de un agua como nunca había visto. Era negra y quieta, más parecía un pozo sin fondo que un lago. Ni una sola onda perturbaba la superficie, ni un solo sonido quebraba el silencio. La roca en la que estábamos parados también era negra, y brillaba a la luz de las antorchas, pero hacia un lado había un destello en la pared. Caminé hasta allí y vi que en la roca había una ancha banda de oro que tendría de cuatro a seis metros de largo y me llegaba del cuello a las rodillas. Grandes calores habían comenzado a derretirla alguna vez, y se había enfriado formando grandes terrones, que parecían grasa dorada. El lama Mingyar Dondup rompió el silencio:

—Este lago va hasta el río Tsang-po, a cuarenta millas de aquí. Hace muchos años un grupo de osados monjes construyó una balsa de madera y fabricaron remos para impulsarla. Colocaron varias antorchas en la balsa y la empujaron desde la orilla. Remaron millas enteras, explorando, hasta que llegaron a un espacio todavía más amplio donde no alcanzaban a ver las paredes ni el techo. Siguieron remando suavemente a la deriva, inseguros del camino a seguir.

Lo escuchaba atentamente, imaginando el cuadro. El lama continuó:

—Estaban perdidos, sin saber dónde estaba el camino hacia adelante ni cuál era el camino hacia atrás. De pronto la balsa se sacudió, una ráfaga de viento apagó las antorchas, dejándolos en la más completa oscuridad, y sintieron que su frágil nave estaba en manos de los Demonios del Agua. Giraron en torbellino y se sintieron mareados y enfermos. Se aferraron a las sogas con que estaba atada la balsa. Con tanto movimiento, pequeñas olas saltaban hasta lo alto, y los empaparon completamente. Aumentó la velocidad, sintieron que los asía un gigante que los tiraba a su reino. No saben cuánto tiempo viajaron. No había luz, la oscuridad era una masa sólida, como nunca se vio en la superficie de la tierra. Se produjo un ruido de rozamiento, y hubo golpes tremendos y una presión aplastante. Fueron arrojados de la balsa y sumergidos. Algunos tuvieron tiempo para llenar los pulmones de aire. Otros no fueron tan afortunados. Apareció la luz, verdosa e incierta, y se fue haciendo cada vez más brillante. Sufrieron nuevas sacudidas y golpes, y después se sintieron impulsados hacia arriba, a plena luz.

Dos de ellos lograron llegar a la costa más que a medias, ahogados, golpeados y sangrando. De los otros tres no había rastros. Horas enteras se quedaron allí, entre la vida y la muerte. Por fin uno de ellos logró levantarse lo suficiente para mirar alrededor. El shock que le produjo lo que vio lo hizo casi desmayar. A la distancia estaba el Potala. Alrededor de ellos había praderas verdes en las que pastaban yacs. Al principio creyó que habían muerto y que se encontraban en un paraíso tibetano. Después oyeron pasos junto a ellos, y vieron a un pastor que los estaban mirando. Había visto los restos que flotaban en la balsa y había ido a buscarlos para su propio uso. Al cabo los dos monjes consiguieron convencerlo de que eran monjes, pues las túnicas les habían sido arrancadas, y el pastor accedió a ir al Potala en busca de literas. Desde entonces se ha hecho muy poco para explorar el lago, pero se sabe que hay algunas islas un poco más allá del alcance de nuestras antorchas. Una de ellas ha sido explorada, y lo que se encontró lo verás más adelante, cuando seas iniciado.

Pensé en todo ello y deseé tener una balsa para explorar el lago. Mi Guía había estado observando mi expresión; de pronto se echó a reír y dijo:

—Sí, *sería* lindo explorar, pero, ¿para qué gastar nuestros cuerpos cuando podemos explorar en el plano astral? Puedes hacerlo, Lobsang. Dentro de muy pocos años podrás explorar este lugar conmigo, y añadir al total de lo que conocemos. Pero ahora, estudia, muchacho, estudia. Por los dos.

Las antorchas estaban a punto de apagarse y me pareció que pronto andaríamos a tientas en la oscuridad de los túneles. Cuando nos alejamos del lago pensé que habíamos sido muy tontos al no traer antorchas de repuesto. En ese momento el lama Mingyar Dondup se volvió a la pared más alejada y buscó algo. De algún nicho escondido sacó más antorchas y las encendió con las nuestras.

—Aquí guardamos antorchas, Lobsang, porque sería muy difícil encontrar el camino en la oscuridad. Ahora vamos.

Subimos trabajosamente los pasajes, deteniéndonos un momento para recobrar el aliento y de paso mirar algunos de los dibujos de las paredes. No podía comprenderlos, parecían ser de gigantes, y había máquinas tan extrañas que para mí no tenían ni pies ni cabeza. Al mirar a mi Guía, vi que conocía perfectamente bien esos dibujos y que los túneles le resultaban familiares. Yo no ansiaba más que visitar otra vez el lugar. Había algo misterioso en ellos, y nunca podía oir hablar de un misterio sin querer llegar hasta el final. No podía tolerar la idea de pasar años tratando de adivinar una solución, cuando había una oportunidad de encontrar la respuesta, aunque al hacerlo involucrara considerable riesgo. Mis pensamientos fueron interrumpidos:

—¡Lobsang! Estás refunfuñando como un viejo. Unos pocos pasos más, y otra vez la luz del sol. Iremos al techo y con el telescopio vamos a descubrir el sitio donde salieron a la superficie aquellos monjes.

Cuando así lo hicimos, estando en el techo, me pregunté por qué no podíamos cabalgar esas cuarenta millas hasta allá y visitar el lugar. El lama Mingyar Dondup me dijo que no había mucho que ver, nada que el telescopio no revelara. Aparentemente el desagüe del lago estaba mucho más bajo que el nivel del agua y no había nada que marcara el lugar, a excepción de un grupo de árboles que habían sido plantados allí por orden de la Encarnación previa del Dalai Lama.

CAPÍTULO NUEVE

EN LA CERCA DE LA ROSA SILVESTRE

A la mañana siguiente nos preparamos lentamente para volver a Chakpori. Para nosotros la visita al Potala había sido una vacación. Antes de irme subí al techo para echarle una última mirada a los alrededores con el telescopio. En un techo de Chakpori un pequeño acólito estaba acostado de espaldas, leyendo, y ocasionalmente arrojaba piedrecitas sobre las cabezas rapadas de los monjes que estaban en el patio. A través del cristal llegué a ver la sonrisa pícara del chiquillo mientras se agachaba para que no lo vieran los perplejos monjes de abajo. Me sentí muy incómodo el pensar que sin duda el Dalai Lama me había visto hacer bromas similares. Resolví que en el futuro confinaría mis esfuerzos al extremo del edificio que no se veía desde el Potala.

Pero era hora de irnos. Era hora de agradecer a los lamas que habían colaborado para que nuestra estada fuera tan agradable. Era hora de ser particularmente amable con el mayordomo personal del Dalai Lama. Él estaba a cargo de los "alimentos de la India". Debí gustarle, porque me hizo un regalo de despedida que no tardé mucho en comer. Después, fortificados, comenzamos a bajar los escalones para regresar a la Montaña de Hierro. Cuando estábamos a mitad de camino oímos gritos, y monjes que pasaban hacían señales detrás de nosotros. Nos detuvimos y un monje sin aliento corrió hasta donde estábamos y entrecortadamente dijo un mensaje al lama Mingyar Dondup. Mi Guía se detuvo.

—Espérame aquí, Lobsang. No tardaré mucho.

Con eso se volvió y subió los escalones. Yo me quedé allí, admirando el paisaje y mirando mi antiguo hogar. Pensando en él, me volví y casi caí de espaldas al ver a mi padre que cabalgaba hacia mí. Cuando yo lo miré, él me miró, y al reconocerme dejó caer levemente la barbilla. Después, ante mi profundo dolor, me ignoró y siguió su camino. Miré el caballo que se alejaba y lo llamé:

—¡Padre!

No me prestó la menor atención, y siguió cabalgando. Sentí que me ardían los ojos, comencé a temblar y pensé que iba a deshonrarme en público, y nada menos que en los escalones del Potala. Con más dominio de mí mismo del que creí poseer, enderecé la espalda y miré hacia Lhasa.

Al cabo de más o menos media hora regresó el lama Mingyar Dondup a caballo y con otro de la rienda.

—Monta, Lobsang, tenemos que ir a Sera inmediatamente. Uno de los abades tuvo un accidente bastante grave.

Vi que había una caja atada a cada caballo y pensé que sería el equipo de mi Guía. Galopamos por el camino de Lingkhor, pasamos por mi antiguo hogar, y dispersamos a los grupos de peregrinos y de mendigos. No tardamos mucho en llegar al lamasterio de Sera, donde nos aguardaban unos monjes. Saltamos de los caballos, llevando una caja cada uno, y un abad nos llevó hasta donde un anciano descansaba de espaldas.

Tenía la cara casi color cuero, y la fuerza vital parecía vacilar tanto hasta casi detenerse. El lama Mingyar Dondup pidió agua caliente, que ya estaba lista, y en ella sumergió ciertas hierbas. Mientras yo las revolvía, el lama examinó al anciano, que se había fracturado el cráneo en una caída. Un trozo de hueso hacía presión en el cerebro. Cuando el líquido estuvo bastante frío, le empapamos la cabeza con él, y mi Guía se lavó las manos con ese mismo líquido. Tomó un cuchillo afilado de su caja y cortó el cuero cabelludo en forma de U, hasta el hueso. Salió muy poca sangre, pues las hierbas eran precisamente para evitar hemorragias. Le echamos otro poco de loción de hierbas, y el lama dobló hacia atrás el trozo que había cortado, y dejó libre el hueso. Con mucha suavidad el lama Mingyar Dondup examinó la zona y descubrió el lugar donde el hueso del cráneo estaba hundido. Antes de comenzar, había puesto una cantidad de instrumentos dentro de un cuenco de loción desinfectante. Sacó del cuenco dos varillas de plata, con un extremo achatado y dentado. Con infinito cuidado insertó el borde más fino en la fractura más ancha del hueso y lo sostuvo mientras asía firmemente el hueso con la otra varilla. Con mucha suavidad levantó el hueso fracturado hasta que quedó al mismo nivel del resto. Allí lo aseguró con una varilla.

—Alcánzame el cuenco, Lobsang —dijo.

Lo sostuve de tal modo que pudiera tomar lo que necesitaba. Sacó una diminuta cuña triangular de plata, que colocó en la rotura, entre el borde normal del hueso y el borde fracturado, que ahora estaba un poquito sobre el nivel. Lentamente presionó el hueso, que se movió apenas. Ahora estaba perfectamente parejo con el resto.

—Los huesos van a soldarse y la plata, que es un metal inerte, no molestará para nada.

Mojó el área con más loción de hierbas, y cuidadosamente bajó el cuero cabelludo que estaba cortado en forma de U. Con una cerda hervida de cola de caballo cosió la carne y cubrió la zona operada con una pasta de hierbas que ató con un trapo hervido.

En cuanto cedió la presión, la fuerza vital del abad había ido en aumento. Le colocamos unos almohadones a la espalda, hasta que quedó sentado a medias. Lavé los instrumentos en otra loción hirviendo, los sequé con un trapo hervido y volví a colocar todo en las cajas. Cuando me estaba lavando las manos, el anciano abrió los ojos, y sonrió levemente cuando vio al lama Mingyar Dondup inclinado sobre él.

—Sabía que sólo tú podías salvarme, por eso envié el mensaje mental al Pico. Todavía no ha terminado mi labor, y no estoy en condiciones de abandonar el cuerpo.

Mi Guía lo miró alegremente y dijo:

—Ya se recuperará de esto. Unos días de incomodidades, uno o dos dolores de cabeza, y cuando eso haya pasado podrá volver a trabajar. Por unos días tendrá que haber alguien con usted mientras duerme, para que no se ponga completamente de espaldas. Después de tres o cuatro días, ya no tendrá nada de qué preocuparse.

Yo me había acercado a la ventana. Era muy interesante ver las condiciones en otro lamasterio. El lama Mingyar Dondup se acercó a mí.

—Te portaste muy bien, Lobsang. Trabajaremos en equipo. Ahora quiero mostrarte esta comunidad. Es muy distinta de la nuestra.

Dejamos al anciano al cuidado de un lama, y salimos al pasillo. El lugar no estaba tan limpio como Chakpori, y no parecía haber una disciplina estricta. Aparentemente los monjes iban y venían a su placer. Los templos estaban descuidados, comparados con los nuestros, y hasta el incienso era más amargo. Grandes grupos de muchachos jugaban en los patios —en Chakpori hubieran estaba trabajando —. La mayoría de las ruedas de oraciones estaban inmóviles. Aquí y allá un monje anciano estaba sentado volviendo las Ruedas, pero no había el orden, la limpieza y la disciplina que yo consideraba normales.

—Bueno, Lobsang, ¿te gustaría estar aquí y llevar esta vida fácil? —dijo mi Guía.

—No, no me gustaría. Creo que aquí son unos salvajes —dije.

El lama se echó a reir.

—¡Siete mil salvajes! Son siempre los pocos ruidosos quienes crean mala reputación a la mayoría silenciosa.

—Puede ser —repliqué—, pero aunque llaman a esto la Cerca de la Rosa, yo no lo llamaría así.

Me miró sonriendo.

—Creo que te tomarías el trabajo de implantar la disciplina aquí sin la ayuda de nadie.

Era un hecho que nuestro lamasterio tenía la disciplina más severa. La mayoría de los otros son muy flojos y cuando los monjes quieren haraganear, bueno, haraganean y nadie les dice nada. Sera, o la Cerca de la Rosa Silvestre, como se llama realmente, está a tres millas del Potala y es uno de los lamasterios conocidos como "Los Tres Asientos". Drebung es el más grande de los tres, con no menos de diez mil monjes. Sera le sigue en importancia con más o menos siete mil quinientos monjes, mientras que Ganden es el menos importante, con sólo seis mil monjes. Cada uno es una ciudad completa, con calles, colegios, templos y todos los edificios que hacen una ciudad. Los hombres de Kham patrullaban las calles. ¡Ahora, sin duda, las patrullan soldados comunistas! Chakpori era una comunidad pequeña, pero importante. Como Templo de la Medicina, era el "Asiento de la Enseñanza Médica" y estaba bien representado en la Junta Secreta del gobierno.

En Chakpori nos enseñaban lo que llamé "yudo". Ésa es la palabra inglesa más adecuada que encuentro. La descripción tibetana de *sung-thru kyöm-pa tü de-po le-la-po* no puede traducirse, ni tampoco nuestra palabra "técnica" *amarëe*. El yudo es una forma muy elemental de nuestro sistema. No se enseña en todos los lamasterios, pero lo aprendíamos en Chakpori para lograr control sobre nosotros mismos, para poder dejar inconscientes a los demás en el ejercicio de nuestra profesión, y para permitirnos viajar a salvo por las partes más rudas del país. En nuestro carácter de lamas médicos, viajábamos extensamente.

El viejo Tzu había sido maestro del arte, tal vez el mejor exponente de él en todo Tibet, y me había enseñado todo lo que sabía... por su propia satisfacción de hacer bien un trabajo. La mayoría de los hombres y de los muchachos conocían las llaves y las caídas elementales, pero yo las conocía desde los cuatro años. Creemos que este arte debe practicarse en defensa propia, y para aprender a dominarse, pero no como los boxeadores profesionales. En nuestra opinión el hombre fuerte puede lograr ser suave, mientras que el débil y el inseguro es jactancioso y fanfarrón.

Usábamos nuestros conocimientos de yudo para privar a una persona de conocimiento cuando, por ejemplo, arreglábamos huesos rotos o extraíamos dientes. No es doloroso y no implica riesgo alguno. Una persona puede quedar inconsciente sin siquiera darse cuenta, y puede hacérsele recobrar pleno conocimiento segundos u horas después, sin que sufra ningún daño. Resulta curioso que cuando una persona queda inconsciente mientras está hablando, al recobrar el conocimiento completará la frase. Dados los peligros obvios de este sistema, se enseñaba, lo mismo que el hipnotismo, a unos pocos que podían pasar las más severas pruebas de carácter. Y además se imponían ciertos obstáculos hipnóticos para que nadie abusara de los poderes conferidos.

En Tibet un lamasterio no es simplemente un lugar donde viven hombres de inclinación religiosa, sino una ciudad en sí misma con todas las facilidades y las amenidades usuales. Nosotros teníamos nuestros teatros en los cuales veíamos obras religiosas y tradicionales. Los músicos siempre estaban listos para entretenernos y para probar que en ninguna otra comunidad los había tan buenos. Los monjes que tenían dinero podían comprar comida, ropa, artículos de lujo y libros en las tiendas. Quienes deseaban ahorrar, depositaban el dinero en la institución del lamasterio equivalente a un banco. En todas las comunidades, en todas partes del mundo, hay quienes no cumplen los reglamentos. Quienes así actuaban en nuestro lamasterio, eran arrestados por los monjes policías que los llevaban a un patio donde se los juzgaba con toda justicia. Si eran culpables, debían cumplir su condena en la prisión del lamasterio. Había varios tipos de escuela para hacerse cargo de todos los grados de mentalidad. Se ayudaba a proteger a los muchachos más inteligentes, pero en todos los lamasterios excepto Chakpori, se permitía que el perezoso pasara su vida durmiendo o soñando. Nuestra idea era que no se puede influir en la vida de los demás, de modo que hay que permitirle avanzar en la próxima encarnación. En Chakpori eso no se permitía, y si un muchacho no progresaba, se veía obligado a ingresar en otro santuario donde la disciplina no fuera tan severa.

Los monjes enfermos eran bien tratados; en los lamasterios había hospitales donde monjes que tenían conocimientos de medicina y de cirugía se encargaban de ellos. Los casos más graves eran tratados por especialistas, como el lama Mingyar Dondup, por ejemplo. Desde que salí de Tibet muchas veces he tenido que soltar la risa ante las historias occidentales que dicen que los tibetanos creen que el hombre tiene el corazón a la izquierda y la mujer a la derecha. Vimos buena cantidad de cadáveres completamente abiertos para *saber* la verdad. También me divirtieron mucho quienes hablan de "los sucios tibetanos, plagados de enfermedades venéreas". Quienes eso escriben aparentemente nunca han estado en esos lugares tan convenientes, en Inglaterra o en América, en los que se ofrece a la ciudadanía local "Tratamiento Gratuito y Confidencial". *Somos sucios*; algunas de nuestras mujeres, por ejemplo, se ponen unos menjunjes en la cara, y tienen que marcar la posición de los labios, para que uno no se equivoque. Muchas veces se ponen otros menjunjes en el pelo para hacerlo brillar o cambiar de color. Hasta se arrancan los pelillos de las cejas y se pintan las uñas, signos seguros de que las mujeres tibetanas son "sucias y depravadas".

Pero regresemos a nuestra comunidad lamástica. A menudo teníamos visitantes, que podían ser mercaderes o monjes. Se hospedaban en el hotel del lamasterio. ¡Y pagaban el hospedaje! No todos los monjes eran célibes. Algunos creían que la "beatitud soltera" no inducía a la actitud mental más indicada para la contemplación. Ésos se incorporaban a una secta especial de monjes Sombrero Rojo que podían casarse. Eran la minoría. Los Sombrero Amarillo, una secta célibe, eran quienes regían la vida religiosa. En los lamasterios de "casados", monjes y monjas vivían juntos en una comunidad bien ordenada, y la mayoría de las veces la "atmósfera" no era tan áspera como en los lamasterios exclusivamente masculinos.

Algunos lamasterios tenían imprentas propias para imprimir sus propios libros. Por lo general ellos mismos hacen el papel. Esta última no era una ocupación saludable, porque un tipo de corteza de árbol que se usaba en la manufactura era muy venenosa. Si bien evitaba que los insectos atacaran al papel tibetano, sus efectos en los monjes eran muy malos, y quienes trabajaban en esa industria se quejaban de severos dolores de cabeza y de cosas peores. En Tibet no usábamos tipos de metal. Todas nuestras páginas se dibujaban en una madera especial y después se recortaba todo excepto los dibujos, con lo cual los caracteres que había que imprimir se destacaban netamente del resto de la tabla. Algunas de esas tablas medían noventa centímetros de ancho por cuarenta y cinco de alto y las tallas eran muy intrincadas. No se usaban las tablas que tenían el menor error. Las páginas tibetanas no son como las de este libro, más altas que anchas; nosotros usamos páginas cortas y anchas, y siempre están sueltas. El conjunto de páginas sueltas se guarda entre cubiertas de madera tallada. Para imprimir se ponía en posición horizontal la tabla con el contenido de una página. Un monje pasaba un rodillo con tinta sobre toda la superficie, cuidando que la tinta quedara distribuída en forma pareja. Otro monje tomaba una hoja de papel y rápidamente la extendía sobre la tabla, mientras un tercer monje pasaba un rodillo pesado para aplastar bien el papel. Un cuarto monje levantaba la hoja impresa y se la pasaba a un aprendiz, que la ponía a un lado. Había muy pocas páginas borroneadas, que nunca se usaban para el libro y se guardaban para que practicaran los aprendices. En Chakpori teníamos tablas talladas de un metro ochenta de alto y un metro veinte de ancho, con tallas de la figura humana y varios órganos. Con ellas se hacían láminas murales que nosotros coloreábamos. También teníamos mapas astrológicos. Las láminas en las cuales hacíamos los horóscopos medían más o menos dieciocho decímetros cuadrados. En realidad eran mapas de los cielos en el momento de la concepción y nacimiento de una persona. En los blancos del mapa anotábamos todos los datos que hallábamos en las tablas matemáticas cuidadosamente preparadas que nosotros publicábamos.

Después de haber recorrido el lamasterio de la Cerca de la Rosa y de haberlo comparado desfavorablemente con el nuestro —en mi caso particular—, regresamos al cuarto para ver nuevamente al viejo abad. Durante las dos horas de nuestra ausencia había mejorado notablemente y ya podía interesarse más en las cosas que lo rodeaban. En particular pudo prestar atención al lama Mingyar Dondup, a quien parecía apreciar mucho. Mi Guía dijo:

—Debemos irnos ya, pero aquí le dejo algunos polvos de hierbas. Le daré instrucciones al sacerdote a cargo del lamasterio.

Sacó tres bolsas de cuero de una caja y las dejó sobre una mesa. Tres bolsitas de cuero que para un hombre anciano significaban vida en vez de muerte.

En el patio de entrada encontramos un monje que tenía de la rienda a dos ponies deplorablemente retozones. Habían comido, habían descansado, y estaban dispuestos a galopar. Yo no. Afortunadamente para mí el lama Mingyar Dondup se contentó con que fuéramos a paso de andadura. La Cerca de la Rosa está a más o menos tres mil setecientos metros de la parte más cercana del camino de Lingkhor. Yo no tenía muchas ganas de pasar por mi antiguo hogar. Evidentemente mi Guía leyó mis pensamientos, porque dijo:

—Vamos a cruzar el camino hasta la Calle de las Tiendas. No hay apuro. Mañana es un nuevo día que todavía no hemos visto.

Me fascinaba mirar las tiendas y a los mercaderes chinos, y oir sus vocecitas agudas mientras regateaban los precios. Justamente frente al sitio que ellos ocupaban en la calle había un *chorten*, que simboliza la inmortalidad del ego, y detrás de él resplandecía un templo hacia el cual se dirigían los monjes del Shede Gompa cercano. A los pocos minutos estábamos en las callejuelas de las casas amontonadas que se apiñaban como si buscaran protección a la sombra del Jo-Kang.

—¡Ah! —pensé—. La última vez que estuve aquí era un hombre libre, no un estudiante para monje. ¡Ojalá todo fuera un sueño y pudiera despertar!

Bajamos la calle y doblamos a la derecha hacia el camino que llevaba al Puente de Turquesa. El lama Mingyar Dondup se volvió a mí.

—¿De manera que todavía no estás convencido de querer ser monje? —dijo—. Es una vida bastante buena, sabes. Y al finalizar esta semana se hará la excursión anual a las montañas para buscar hierbas. Esta vez no quiero que vayas. En cambio, estudia conmigo, así puedes rendir los exámenes para Trappa cuando tengas doce años. Tengo planeado llevarte en una excursión a las tierras altas para buscar algunas hierbas muy raras.

En ese momento llegamos al extremo de la villa de Shö, y nos aproximábamos a Pargo Kaling. La Puerta Occidental del Valle de Lhasa. Un mendigo se acurrucó contra la pared:

—¡Oh! Reverendo Lama de Medicina, por favor no me cures de mis enfermedades, o no podré ganarme la vida.

Mi Guía pareció triste cuando pasamos bajo el chorten que formaba la puerta.

—Tantos mendigos, Lobsang, y tan innecesarios. Son ellos quienes nos dan un mal nombre en el exterior. En India, y en China, donde fui con el Muy Amado, la gente hablaba de los mendigos de Lhasa, sin saber que algunos son muy ricos. Bueno, tal vez después que se cumpla la Profecía del Año del Tigre de Hierro (1950 —los comunistas invaden Tibet), pondrán a trabajar a los mendigos. Tú y yo no estaremos aquí para verlo, Lobsang. Para ti, tierras extrañas. Para mí un regreso a los Campos Paradisíacos.

Me entristeció enormemente pensar que mi queridísimo lama me abandonaría, abandonaría esta vida. Entonces no comprendía que la vida en la tierra era sólo una ilusión, un lugar de prueba, una escuela. Estaba más allá de mí conocer la conducta del hombre con aquellos acosados por la adversidad. ¡Ahora no es así!

Doblamos a la izquierda para seguir por el camino de Lingkhor, pasamos por el Kandu Ling, y doblamos nuevamente a la izquierda para tomar nuestro propio camino que llevaba a la Montaña de Hierro. No me cansaba de mirar las tallas coloreadas en la roca en una de las laderas de nuestra montaña. Toda la ladera estaba cubierta de tallas y pinturas de deidades. Pero el día estaba avanzado y no teníamos tiempo que perder. Mientras seguíamos cabalgando pensé en los recolectores de hierbas. Todos los años partía un grupo de Chakpori que iba a las montañas a buscar hierbas, las dejaban secar y las guardaban en bolsas en las cuales no quedaba ni una gota de aire. Allá, en las montañas, tenía la naturaleza uno de sus grandes almacenes de remedios. Muy pocos habían estado en las tierras altas donde había cosas demasiado extrañas para ser discutidas. Sí, decidí, muy bien podía desdeñar una visita a las montañas ese año, y estudiaría mucho para estar en condiciones de acompañar a la expedición a las tierras altas, cuando el lama Mingyar Dondup lo creyera conveniente. Los astrólogos habían dicho que pasaría los exámenes en la primera tentativa, pero sabía que tendría que estudiar; ¡sabía que la predicción quería decir *si* estudiaba mucho! Mi desarrollo mental equivalía al de un muchacho de dieciocho años, dado que siempre había actuado entre gente mucho mayor que yo, y tenía que defenderme solo.

CAPÍTULO DIEZ

LA RELIGIÓN TIBETANA

Puede resultar de cierto interés dar algunos detalles de nuestro modo de vivir. Nuestra religión es una forma del budismo, pero no hay palabra que la designe que pueda traducirse literalmente. Nos referimos a ella como "La Religión" y a quienes la practican los llamamos los "Internos". Quienes practican otras religiones se llaman "Externos". La palabra que más se acerca a su significado, y que ya se conoce en Occidente, es lamaísmo. Se distingue del budismo en cuanto la nuestra es una religión de esperanza y fe en el futuro. El budismo nos parece negativo, y una religión de desesperación. De ningún modo creemos que un padre que todo lo ve, vigila y cuida de todos y de cada uno, en todas partes.

Muchas personas cultas han hecho comentarios eruditos sobre nuestra religión. Muchas de ellas nos han condenado porque estaban cegados por su propia fe, y no podían comprender ningún otro punto de vista. Algunas de ellas nos han llamado "satánicos" porque nuestras costumbres les son completamente extrañas. La mayoría de estos escritores han basado sus opiniones en lo que oyeron o en los escritos de otros. Posiblemente algunos pocos han estudiado nuestra religión unos cuantos días y se han sentido competentes para saberlo todo, para escribir libros sobre el tema, y para interpretar y hacer conocer aquello que a nuestros sabios más inteligentes les lleva toda una vida descubrir.

¡Imaginad las enseñanzas de un budista o un hindú que recorrió las páginas de una Biblia cristiana durante dos horas y después tratara de explicar todos los detalles más sutiles del cristianismo! *Ninguno* de esos escritores sobre el lamaísmo vivió como monje en un lamasterio desde su niñez ni estudió los Libros Sagrados. Esos libros son secretos; secretos porque no son asequibles a quienes buscan una salvación rápida, sin esfuerzo, barata. Quienes buscan el solaz de algún ritual, de alguna especie de autohipnosis, pueden tenerlo si eso los ayuda. Pero no es la Realidad Más Intima, sino un autoengaño infantil. Para ciertas gentes puede ser muy consolador pensar que pueden cometer pecados tras pecado y que después cuando la conciencia los aguijonea demasiado, un regalo al templo más cercano abrumará en tal forma la gratitud de los dioses que el perdón será inmediato, total y seguro, con los cual los pecadores podrán entregarse a una nueva serie de pecados. *Existe* un Dios, un Ser Supremo. ¿Qué importa cómo lo llamemos? Dios es una realidad.

Los tibetanos que han estudiado las verdaderas enseñanzas de Buda nunca ruegan por misericordia o por favores, sino sólo para recibir justicia del Hombre. Un Ser Supremo, como esencia de la justicia, no puede mostrarse misericordioso con uno y no con otro, porque hacerlo sería negar la justicia. Rogar por misericordia o por favores, prometiendo oro o incienso si el ruego es escuchado, es implicar que la salvación es asequible a quien más ofrece, que Dios tiene poco dinero y puede ser "comprado".

El Hombre puede ser misericordioso con el Hombre, pero raramente lo es; el Ser Supremo sólo puede ser justo. Somos almas inmortales. Nuestra oración *¡Om mani pad-me Hum!* (que está escrita en la página siguiente) a menudo se traduce literalmente como *¡Salve la Joya en el Loto!* Quienes hemos ido un poco más allá sabemos que el verdadero significado es *¡Salve el Súper Yo del Hombre!* No hay muerte. Así como uno se despoja de los vestidos al terminar el día, del mismo modo el alma se despoja del cuerpo cuando éste duerme. Cuando un traje está viejo lo descartamos, así el alma descarta al cuerpo cuando éste está gastado o roto. La muerte es nacimiento. Morir es sencillamente el acto de nacer en otro plano de existencia. El Hombre, o el espíritu del Hombre, es eterno. El cuerpo no es más que la vestidura temporaria que cubre al espíritu y que se elige de acuerdo a la tarea que hay que realizar en la tierra. La apariencia exterior no tiene importancia. Un gran profeta puede venir con la apariencia de un hombre paupérrimo... ¡de qué manera mejor se puede juzgar la caridad del Hombre con el Hombre!... mientras que alguien que ha pecado en una vida pasada puede nacer entre riquezas esta vez para ver si comete el mismo error cuando no está la pobreza para impulsarlo.

(ESCRITO EN CARACTERES TIBETANOS)
(pág. 136)
¡Om! ¡mani pad-me Hum!

La Rueda de la Vida es como llamamos al acto de nacer, vivir en algún mundo, morir, regresar al estado de espíritu, y a su tiempo volver a nacer en distintas circunstancias y condiciones. Un hombre puede sufrir mucho en una vida y eso no significa necesariamente que fue malo en otra vida pasada; puede ser el modo más rápido y mejor de aprender ciertas cosas. ¡La experiencia práctica es mejor maestra que los rumores! Quien se suicida puede volver a nacer para vivir los años suprimidos en la vida pasada, pero eso no implica que todos los que mueren jóvenes o en la infancia, fueron suicidas. La Rueda de la Vida se aplica a todos, mendigos y reyes, hombres y mujeres, gente de color y blancos. La Rueda, naturalmente, no es más que un símbolo, pero sirve para que quienes no tienen tiempo de estudiar a fondo el tema puedan comprenderlo claramente. No se puede explicar la religión tibetana en uno o dos párrafos; el Kan-gyur, o Escrituras tibetanas, consta de más de cien libros sobre el tema, y aun así no está completamente tratado. Hay muchos libros escondidos en lamasterios remotos, que sólo los Iniciados pueden ver.

Durante siglos los pueblos orientales han conocido las distintas fuerzas y leyes ocultas y saben que son naturales. En vez de desaprobar esas fuerzas basándose en que como no se las puede pesar ni probar con ácidos no pueden existir, los hombres de ciencia y los investigadores orientales han luchado por aumentar su dominio de esas leyes de la naturaleza. No nos interesa, por ejemplo, la mecánica de la clarividencia, sino sus resultados. Hay quienes no creen en la clarividencia; son como los ciegos de nacimiento que creen que la vista es imposible porque *ellos* no la han experimentado, porque *ellos* no pueden comprender cómo se puede ver un objeto a cierta distancia cuando no hay contacto entre él y los ojos.

Todos tienen aureolas, contornos de color que rodean al cuerpo, y por la intensidad de esos colores quienes tienen experiencia en el arte pueden deducir la salud, integridad y estado general de evolución de una persona. Esta aureola es la radiación de la fuerza vital interna, el ego o alma. Alrededor de la cabeza hay un halo o nimbo que también es parte de la fuerza. En la muerte la luz pierde intensidad mientras el ego abandona el cuerpo en su viaje hacia la nueva etapa de existencia. Se convierte en un "fantasma" Marcha un poco a la deriva, tal vez atontado por el súbito choque de verse libre del cuerpo. Puede no darse completa cuenta de lo que ocurre. Por eso los lamas asisten a los moribundos, para informarlos de las distintas etapas por las cuales deben pasar. Si se descuida esa asistencia, el espíritu puede quedar atado a la tierra por los deseos de la carne. El deber de los sacerdotes es quebrar esas ataduras.

A intervalos frecuentes celebrábamos una ceremonia para guiar a los fantasmas. La muerte no ofrece temores a los tibetanos, pero creemos que se puede pasar con más facilidad de esta vida a la próxima si se toman ciertas precauciones. Es necesario seguir senderos claramente definidos, y pensar de acuerdo a ciertas reglas. La ceremonia se celebraba en un templo con más o menos trescientos monjes presentes. En el centro del templo había un grupo de tal vez cinco lamas telepáticos sentados en círculo, frente a frente. Mientras los monjes elevaban los salmos, dirigidos por un abad, los lamas trataban de mantener contacto telepático con las almas en pena. Ninguna traducción puede hacer justicia a esos salmos, pero he tratado de traducirlos lo mejor posible:

"Oíd las voces de nuestras almas, todos los que vagáis sin guía en la zona fronteriza. Los vivos y los muertos viven en mundos aparte. ¿Dónde se pueden ver sus rostros y oir sus voces? Encendamos la primera pajuela de incienso para convocar a un fantasma errante, para que pueda ser guiado.

"Oíd las voces de nuestras almas, todos los que andáis errantes. Éste es el Mundo de la Ilusión. La vida no es más que un sueño. Todos los que nacen deben morir. Sólo el Sendero de Buda conduce a la vida eterna. Encendamos la tercera pajuela de incienso para convocar a un fantasma errante, para que pueda ser guiado.

"Oíd las voces de nuestras almas todos los que habéis tenido gran poder, vosotros que habéis tenido ríos y montañas bajo vuestro mando. Vuestros reinos no han durado más que un momento, y las quejas de vuestros pueblos no cesan jamás. La tierra está empapada de sangre y los suspiros de los oprimidos mecen las hojas de los árboles. Encendamos la cuarta pajuela de incienso para convocar a los fantasmas de reyes y dictadores, para que puedan ser guiados.

"Oíd las voces de nuestras almas, vosotros los guerreros que habéis invadido, herido y matado. ¿Dónde están ahora vuestros ejércitos? La tierra gime, y crecen malezas en los campos de batalla. Encendamos la quinta pajuela de incienso para convocar los fantasmas solitarios de señores y generales, para guiarlos.

"Oíd las voces de nuestras almas, vosotros, artistas y estudiosos, que habéis pintado y escrito. En vano habéis gastado a vuestros ojos y habéis usado las tablillas de tinta. Nada de lo vuestro se recuerda y vuestras almas deben continuar. Encendamos la sexta pajuela de incienso para convocar los fantasmas de artistas y estudiosos, para guiarlos.

"Oíd las voces de nuestras almas, hermosas vírgenes y damas de alcurnia cuya juventud puede compararse a la fresca mañana de primavera. Después del abrazo de los amantes quedan los corazones destrozados. Viene el otoño, después el invierno, los árboles y las flores se marchitan, lo mismo que la belleza y se convierten en esqueletos. Encendamos la séptima pajuela de incienso para convocar los espíritus errantes de vírgenes y damas de alcurnia, para poder guiarlas y liberarlas de las ataduras del mundo.

"Oíd las voces de nuestras almas, vosotros, mendigos y ladrones y todos aquellos que habéis cometido crímenes contra los demás y no podéis lograr descanso. Vuestra alma vaga sin amigos en el mundo, y no tenéis justicia en vosotros. Encendamos la octava pajuela de incienso para convocar las almas de quienes han pecado y ahora vagan solitarias.

"Oíd las voces de nuestras almas, prostitutas, mujeres de la noche, y todas aquellas contra quienes se ha pecado y ahora vagan solitarias por los reinos fantasmales. Encendamos la novena pajuela de incienso para convocarlos y guiarlos, para que se vean libres de las ataduras del mundo."

En la penumbra cargada de inciensos del templo, las vacilantes lámparas de manteca proyectaban sombras animadas detrás de las imágenes doradas. El aire se ponía tenso con la concentración de los monjes telepáticos mientras luchaban por mantener contacto con quienes habían salido de este mundo y todavía estaban atados a él.

Monjes con túnicas bermejas estaban sentados en hileras, frente a frente, y entonaban la Letanía de los Muertos, mientras tambores escondidos repicaban al ritmo del corazón humano. Desde otras partes del templo, como en el cuerpo humano, llegaba el ruido sordo de los órganos internos, el fluir de los líquidos, y el suspiro del aire en los pulmones. Mientras seguía la ceremonia, con instrucciones para quienes habían muerto, cambiaba el tiempo de los sonidos del cuerpo, se hacía más lento, hasta que por fin se oía el sonido del espíritu abandonando al cuerpo. Una boqueada susurrante, temblorosa y... silencio. El silencio llega con la muerte. En ese silencio, hasta los menos psíquicos tenían un presentimiento, una impresión de estar rodeados por otros seres que aguardaban y escuchaban. Gradualmente, a medida que continuaban las instrucciones telepáticas, disminuía la tensión mientras los espíritus inquietos pasaban a la etapa siguiente de su viaje.

Creemos firmemente que volvemos a nacer después de un tiempo. Pero no sólo en esta tierra. Hay millones de mundos, y sabemos que la mayoría están habitados. Esos habitantes pueden tener formas muy distintas de las que conocemos, pueden ser superiores a los humanos. En Tibet jamás nos hemos aferrado a la idea de que el Hombre es la forma más alta y más noble de evolución. Creemos que en otra parte se pueden encontrar formas mucho más altas, que no arrojan bombas atómicas. En Tibet he visto extraños aparatos en el aire. La mayoría los llama "Carrozas de los Dioses". El lama Mingyar Dondup me dijo que un grupo de lamas había establecido contacto telepático con esos "dioses", que dijeron haber estado observando la Tierra, aparentemente del mismo modo que los humanos observan a los animales salvajes y peligrosos en un zoológico.

Se ha escrito mucho sobre la levitación. Es posible, como ya he dicho, pero exige mucha práctica. No hay necesidad alguna de practicarla, dado que hay un sistema mucho más fácil. Los viajes astrales son más fáciles y más seguros. La mayoría de los lamas los practican, y cualquiera que esté dispuesto a tener un poco de paciencia puede entregarse a este arte útil y agradable.

Durante las horas de vigilia nuestro Ego está confinado al cuerpo físico, y a menos que se tenga un adiestramiento especial no es posible separarlos. Cuando dormimos, es sólo el cuerpo físico el que necesita descanso, el espíritu se desprende y generalmente va al reino espiritual de un modo muy semejante al del niño que regresa a su hogar después de la escuela. El ego y el cuerpo físico mantienen contacto por medio de la "cuerda de plata", que es capaz de extenderse de modo ilimitado. El cuerpo permanece vivo mientras la cuerda está intacta; al morir, la cuerda se corta cuando el espíritu nace a otra vida en el mundo espiritual, del mismo modo como se corta el cordón umbilical para separar a la criatura de la madre. Cuando un niño nace, muere la vida protegida que llevaba dentro del cuerpo de la madre. Para el espíritu, la muerte es volver a nacer en el mundo más libre del espíritu. Mientras la cuerda de plata se mantiene intacta, el ego está en libertad de vagar durante el sueño, o conscientemente, como en el caso de quienes han sido adiestrados. Ese andar errante del espíritu provoca los sueños, que son las impresiones transmitidas a través de la cuerda de plata. Cuando las recibe la mente física, las "racionaliza" para que estén de acuerdo con nuestras creencias terrenas. En el mundo del espíritu no existe el tiempo —el "tiempo" es un concepto puramente físico— y así hay casos en que sueños largos y complicados parecen ocurrir en una fracción de segundo. Probablemente todos hemos tenido un sueño en el cual nos hemos encontrado y hemos hablado con una persona que está muy lejos, tal vez más allá de los océanos; puede habernos dado algún mensaje, y al despertar generalmente tenemos la fuerte impresión de que *hay algo* que tenemos que recordar. Con frecuencia nos queda el recuerdo de haber encontrado algún amigo o pariente que está muy lejos, y no nos sorprende tener noticias de esa persona al poco tiempo. A menudo el sueño se deforma en aquellos que no están adiestrados, y el resultado es un sueño ilógico o una pesadilla.

En Tibet viajamos mucho por proyección astral —no por levitación— y todo el proceso está bajo nuestro control. Se hace que el ego abandone el cuerpo físico, aunque sigue conectado a él por medio de la cuerda de plata. Se puede viajar a donde uno lo desee, con la rapidez del pensamiento. La mayoría de las personas tienen la habilidad de hacer viajes astrales. Muchos han comenzado a viajar de ese modo, y como no están adiestrados, experimentaron un shock. Probablemente todos han tenido la sensación de flotar a la ventura hacia el sueño, y de pronto, sin razón aparente, despiertan violentamente ante un tirón poderoso. Eso es provocado por una exteriorización demasiado rápida del ego, una separación violenta de los cuerpos físico y astral. Provoca una contracción de la cuerda de plata y el astral es arrastrado de golpe hacia su vehículo físico. La sensación es mucho peor cuando se ha viajado y regresa. El astral flota a muchos metros encima del cuerpo, como un globo en el extremo de una cuerda. Algo, tal vez un ruido externo, hace que el astral regrese al cuerpo con excesiva rapidez. El cuerpo despierta de súbito y se tiene la horrible sensación de que se ha estado cayendo de una montaña y de que se ha despertado justo a tiempo.

El viaje astral, bajo nuestro completo control, y mientras se está absolutamente consciente, es algo que casi todos pueden lograr. Necesita práctica, pero sobre todo, en sus primeros pasos, exige aislamiento, donde se pueda estar solo sin temor a interrupciones. Éste no es un libro de texto de metafísica, de modo que no hay motivo para que dé instrucciones sobre viajes astrales, pero hay que destacar con todo énfasis que puede ser una experiencia muy inquietante a menos que se tenga un maestro adecuado. No ofrece ningún peligro, pero siempre se corre el riesgo de sufrir un shock o alguna perturbación emocional si se permite que el cuerpo astral abandone el cuerpo físico o regrese a él cuando están en la misma fase o coincidencia. Quienes tienen el corazón débil *nunca* deben practicar la proyección astral. Si bien no hay daño alguno en la proyección en sí misma, *hay* grave daño —para quienes tienen el corazón débil— si otra persona entra en la habitación y perturba el cuerpo o la cuerda. El shock resultante puede ser fatal, lo que puede ser muy inconveniente dado que el ego tendría que renacer para terminar ese período particular de vida antes de que pueda progresar a otra etapa.

Los tibetanos creemos que todos, antes de la Caída del Hombre, tenían la habilidad de viajar en lo astral, ver por clarividencia, eran telepáticos y podían practicar la levitación. Nuestra versión de esa Caída es que el Hombre abusó de los poderes ocultos y los usó en su propio interés en vez de hacerlo para el progreso de la humanidad en su conjunto. En aquellos días remotos todos podían comunicarse por medio de la telepatía. Las tribus locales tenían sus propias versiones del idioma hablado, que usaban exclusivamente entre ellos. El idioma telepático, por supuesto, era por pensamiento, y todos lo comprendían, sea cual fuere el idioma local. Cuando se perdió el poder de la telepatía, por abuso, se produjo... ¡una Babel!

No tenemos un día sabático en sí mismo: los nuestros son "Días Sagrados" y se observan el día octavo y decimoquinto de cada mes. Se realizan ceremonias especiales y esos días se consideran sagrados y normalmente no se trabaja. Nuestras festividades anuales, según me han dicho, corresponden en cierto modo a las festividades cristianas, pero mi conocimiento de estas últimas es muy insuficiente para que pueda comentarlo. Nuestras festividades son: Primer mes, que corresponde aproximadamente a febrero, desde el día primero al tercero celebramos Logsar. Esta fiesta, en el mundo occidental, podría llamarse el Año Nuevo. Es una gran ocasión para celebrar juegos y ceremonias religiosas. La ceremonia más grande de todo el año se realiza desde el cuatro hasta el quince, que son los "Días de Rogativas". La llamamos *Mon-lam*. Esa ceremonia es en realidad el acontecimiento descollante del año religioso y secular. El día quince de ese mismo mes tenemos el Aniversario de la Concepción de Buda. Ésa no es época para juegos, sino para solemne acción de gracias. Para completar el mes, el veintisiete hay una celebración que es en parte religiosa y en parte mística. Es la Procesión de la Daga Sagrada. Con eso terminan los acontecimientos del primer mes.

El segundo mes, que podría compararse a marzo, está casi completamente libre de ceremonias. El día veintinueve se realiza la Caza y Expulsión del Demonio de la Mala Suerte. Durante el tercer mes, abril, también hay pocas ceremonias públicas. El día quince se celebra el Aniversario de la Revelación.

Cuando llega el día ocho del cuarto mes, mayo por el calendario occidental, celebramos el Aniversario de la Renuncia al mundo de Buda. Esto, por lo que creo comprender, es similar a la cuaresma cristiana. Durante la Renunciación tenemos que vivir aun con más austeridad. El día quince es el Aniversario de la Muerte de Buda. Lo consideramos el aniversario de todos quienes han abandonado esta vida. También se lo llama "Día de todos los muertos". Durante ese día quemábamos nuestras pajuelas de incienso para convocar los espíritus de quienes andaban errantes, atados a la tierra.

Debe comprenderse que éstas son simplemente las festividades mayores. Hay muchos otros días menores que había que respetar, en los cuales se realizaban ceremonias, pero que no tienen tanta importancia para enumerarlas aquí.

Junio era el mes en el que nosotros, los "lamas médicos", teníamos que asistir a ceremonias especiales en nuestros lamasterios, el día cinco. Las ceremonias eran en Acción de Gracias por los Servicios de los Monjes Médicos, de los cuales Buda era el fundador. Ese día no podíamos equivocarnos, ¡pero al día siguiente nos pedían cuentas por lo que nuestros superiores imaginaban habíamos hecho!

El día cuarto del sexto mes, julio, era el del Aniversario del Nacimiento de Buda. También celebrábamos la Primera Prédica de la Ley.

El día ocho del octavo mes, octubre, se realizaba el Festival de la Siega. Como Tibet es un país árido, muy seco, dependíamos de los ríos mucho más que otros países. En Tibet llueve muy poco, de modo que combinábamos El Festival de la Siega con el Festival del Agua, dado que sin el agua de los ríos no podía haber cosechas en la tierra.

El veintidós del noveno mes, noviembre, se celebraba el Milagroso Descenso de Buda desde el Paraíso. Al mes siguiente, el décimo, celebrábamos la Fiesta de las Lámparas el día veinticinco.

Los últimos sucesos religiosos del año se celebraban del veintinueve al treinta del duodécimo mes, que es la unión de enero y febrero de acuerdo con el calendario occidental. En esa época celebrábamos la Expulsión del Año Viejo, y nos preparábamos para el nuevo.

Nuestro calendario es en realidad muy distinto del occidental. Usamos un ciclo de sesenta años y cada ciclo está indicado por doce animales y cinco elementos en varias combinaciones. El Año Nuevo es en febrero. Aquí está el calendario del presente ciclo que comenzó en 1927:

1927 el Año de la Liebre de Fuego;
1928 el Año del Dragón de Tierra;
1929 el Año de la Serpiente de Tierra;
1930 el Año del Caballo de Hierro;
1931 el Año de la Oveja de Hierro;
1932 el Año del Mono de Agua;
1933 el Año del Pájaro de Agua;
1934 el Año del Perro de Madera;
1935 el Año del Cerdo de Madera;
1936 el Año del Ratón de Fuego;
1937 el Año del Buey de Fuego;
1938 el Año del Tigre de Tierra;
1939 el Año de la Liebre de Tierra;
1940 el Año del Dragón de Hierro;
1941 el Año de la Serpiente de Hierro;
1942 el Año del Caballo de Agua;

1943 el Año de la Oveja de Agua;
1944 el Año del Mono de Madera;
1945 el Año del Pájaro de Madera;
1946 el Año del Perro de Fuego;
1947 el Año del Cerdo de Fuego;
1948 el Año del Ratón de Tierra;
1949 el Año del Buey de Tierra;
1950 el Año del Tigre de Hierro;
1951 el Año de la Liebre de Hierro;
1952 el Año del Dragón del Agua;
1953 el Año de la Serpiente del Agua;
1954 el Año del Caballo de Madera;
1955 el Año de la Oveja de Madera;
1956 el Año del Mono de Fuego;
1957 el Año del Pájaro de Fuego;
1958 el Año del Perro de Tierra;
1959 el Año del Cerdo de Tierra;
1960 el Año del Ratón de Hierro;
1961 el Año del Buey de Hierro;
y así sucesivamente.

Forma parte de nuestra fe creer que es posible predecir las probabilidades del futuro. Para nosotros, la adivinación, por cualquier medio, es una ciencia y es segura. Creemos en la astrología. Para nosotros las "influencias astrológicas" no son más que rayos cósmicos "coloreados" o alterados por la naturaleza del cuerpo que lo refleja a la Tierra. Todos se mostrarán de acuerdo en que se puede tener una cámara y una luz blanca y tomar una fotografía de algo. Si ponemos varios filtros sobre la lente de la cámara —o sobre la luz— podemos arreglar ciertos efectos sobre la fotografía terminada. Podemos tener efectos ortocromáticos, pancromáticos o infrarrojos, para mencionar sólo tres. Del mismo modo las personas se ven afectadas por la radiación cósmica que choca con su propia personalidad química y eléctrica.

Buda dice: "La observación de las estrellas y la astrología, pronosticar por signos sucesos buenos o malos, predecir el bien o el mal, todas esas cosas están prohibidas". Pero, un decreto posterior en uno de nuestros Libros Sagrados dice: "Ese poder que a unos pocos da la naturaleza y por el cual ese individuo soporta dolores y sufrimientos, eso puede usarse. Ningún poder psíquico puede usarse para beneficio personal, para satisfacer ambiciones mundanas o como prueba de la realidad de tales poderes. Únicamente así pueden estar protegidos quienes no han recibido el don". Mi logro del Tercer Ojo había sido penoso, y había aumentado el poder con el cual nací. Pero en otro capítulo hablaremos más del Tercer Ojo. Éste es un buen momento para hablar más de la astrología y mencionar los nombres de tres ingleses eminentes que escucharon una profecía astrológica que se hizo cierta.

Desde 1907, todas las decisiones de más importancia han sido tomadas en Tibet con la ayuda de la astrología. La invasión de mi país por los británicos en 1904, fue correctamente predicha. En la página siguiente se ve una reproducción de la profecía en idioma tibetano. Dice: "En el Año del Dragón de Madera. La primera parte del año protege al Dalai Lama, después de eso avanzan ladrones peleadores. Hay muchos enemigos, surgirán muchos pesares por las armas y el pueblo luchará. Al finalizar el año un conciliador terminará con la guerra". Eso fue escrito antes del año 1850 y se refiere al año 1904, el "Año del Dragón de Madera". El Coronel Younghusband estaba al mando de las Fuerzas Británicas. Él vio la predicción en Lhasa. Un señor L. A. Waddell, también del ejército británico, vio la predicción impresa en el año 1902. El señor Charles Bell, que después fue a Lhasa, también la vio. Otros acontecimientos correctamente predichos fueron: 1910, invasión china en Tibet; 1911, revolución china y formación del Gobierno Nacionalista; fines de 1911, retiro de los chinos de Tibet; 1914, guerra entre Inglaterra y Alemania; 1933, el Dalai Lama abandona esta vida; 1935, regreso de una nueva encarnación del Dalai Lama; 1950, "fuerzas del mal invadirán el Tibet". Los comunistas invadieron Tibet en octubre de 1950. El señor Bell, que después sería Sir Charles Bell, vio estas predicciones en Lhasa. En mi propio caso, todo lo predicho a mi respecto se hizo cierto. En especial las penalidades.

(Pág. 148 del libro)
LA PROFECIA
(Sigue texto en tibetano)

La ciencia —pues ciencia es— de preparar un horóscopo, no puede ser tratada en unas pocas páginas de un libro de esta naturaleza. En pocas palabras, consiste en preparar un mapa de los cielos como eran en el momento de la concepción y en el momento del nacimiento. Debe conocerse la hora exacta del nacimiento, y esa hora tiene que ser trasladada a "horas de las estrellas", que es muy distinta de todas las horas de zona del mundo. Como la velocidad de la Tierra en su órbita es de treinta kilómetros por segundo, se comprenderá que la falta de exactitud hace una diferencia tremenda. En el Ecuador la velocidad de rotación de la Tierra es de más o menos mil seiscientos kilómetros por hora. El mundo está inclinado mientras gira, y el Polo Norte está más o menos a cinco mil kilómetros adelante del Polo Sur en el otoño, pero en primavera la posición es a la inversa. Por lo tanto, la longitud del lugar de nacimiento es de vital importancia.

Una vez preparados los mapas, quienes tienen los conocimientos necesarios pueden interpretar su significado. Hay que establecer la interrelación de cada uno y todos los planetas, y el efecto sobre el mapa calculado. Preparamos un Mapa de Concepción para conocer las influencias en acción durante los primeros momentos de la existencia de una persona. El Mapa de Nacimiento indica las influencias que ejercían su fuerza en el momento en que el individuo entra en un mundo insospechado. Para conocer el *futuro* preparamos un mapa de la época que se desea conocer y lo comparamos con el Mapa Natal. Algunos dicen:

—Pero, ¿pueden *verdaderamente predecir* quién va a ganar la carrera tal?

¡La respuesta es *no!* No puede hacerse sin el horóscopo de cada hombre, cada caballo y cada dueño de caballo que interviene en la carrera. Allí el mejor método es cerrar los ojos y pinchar un alfiler. Lo que *sí* podemos decir es si una persona se recobrará de una enfermedad, o si Tom casará con Mary y vivirán felices, pero en ese caso se trata de personas. También podemos decir que si Inglaterra y América no reprimen el comunismo, estallará una guerra en el Año del Dragón de Madera, que en este ciclo es 1964. Entonces, en ese caso, hacia fines del siglo habrá una atrayente exhibición de fuegos artificiales para deleite de los observadores de Marte o de Venus, siempre que los comunistas no sean reprimidos.

Otra cosa que parece dejar siempre perplejos a los occidentales es el asunto de trazar las vidas pasadas. Quienes no tienen habilidad en la materia dicen que no puede hacerse, del mismo modo que un sordo podría decir: "No oigo sonido alguno, por lo tanto, el sonido *no* existe". Es posible descubrir las vidas pasadas. Lleva tiempo, mucho trabajo sobre mapas y cálculos. Una persona puede hallarse en un aeropuerto y preguntarse cuáles habrán sido las últimas escalas de un avión a punto de llegar. Los observadores tal vez podrán adivinarlo, pero el personal de la torre de control. con su conocimiento especializado, *lo sabe* con exactitud. Si cualquier observador común tiene una lista con los números y letras de registro de los aviones, y un buen horario, también él puede descubrir por sí mismo los puntos de escala. Lo mismo ocurre con las vidas pasadas. Necesitaría un libro completo por lo menos para indicar claramente el proceso, de modo que es inútil insistir en el asunto. Pero puede ser interesante decir qué puntos cubre la astrología tibetana. Usamos nueve símbolos en las doce Casas de Astrología. Esos símbolos indican:

 personalidad y propio interés;
 finanzas, cómo se puede ganar o perder dinero;
 relaciones, viajes cortos, habilidad mental y para escribir;
 propiedades y las condiciones en los últimos años de vida;
 niños, placeres y especulaciones;
 enfermedades, trabajo y animales pequeños;
 sociedades, matrimonio, enemigos y juicios legales;
 herencias;
 viajes largos y asuntos psíquicos;

profesión y honores;
amistades y ambiciones;
preocupaciones, restricciones y penas ocultas.

También podemos decir aproximadamente en qué momento o bajo qué condiciones, ocurrirán los siguientes incidentes:

amor, el tipo de persona y el momento del encuentro; tro;
matrimonio, cuándo, y cómo resultará;
pasión, del tipo del "humor irritable";
catástrofe, cuándo ocurrirá, y *si* ocurrirá;
fatalidad;
muerte; cuándo y cómo;
prisión u otras formas de limitación de libertad;
discordia, generalmente familiar o discusiones de negocios;
espíritu, el grado de evolución alcanzado.

Aunque practico bastante la astrología, la psicometría y la "observación por el cristal" me resultan mucho más rápidas y no menos exactas. ¡También es más fácil cuando se es malo con los números! La psicometría es el arte de recibir leves impresiones de sucesos pasados por medio de un objeto. Todos tienen esta habilidad hasta cierto punto. La gente entra en un templo antiguo, santificado por el paso de los años, y dirá:

—¡Qué atmósfera tan tranquilizadora!

Pero si esa misma gente visita el lugar donde se ha cometido algún crimen atroz, exclamará:

—¡Oh, no me gusta este sitio, es pavoroso, vámonos!

La observación por medio del cristal es algo distinto. El "cristal" —como ya he dicho— es sencillamente un foco para los rayos del Tercer Ojo, de un modo muy semejante al que los rayos X son enfocados en una pantalla y muestran un cuadro fluorescente. Allí no hay magia alguna, es sencillamente cuestión de usar las leyes naturales.

En Tibet tenemos monumentos a las "leyes naturales". Nuestros chortens, que varían de tamaño del metro y medio a los quince, son símbolos que pueden compararse con un crucifijo o un icono. Esos chortens se levantan en todo el territorio de Tíbet. En el mapa de Lhasa se señalan cinco, el Pargo Kalin es el más grande y es al mismo tiempo uno de las puertas de la ciudad. Los chortens siempre tienen la forma indicada en la ilustración. El cuadrado indica el sólido cimiento de Tierra. Sobre él descansa el Globo de Agua, coronado por un Cono de Fuego. Encima de éste está un Platillo de Agua y más arriba el Espíritu irresoluto (Éter) que está aguardando para abandonar el mundo del materialismo. A cada elemento se llega por los Escalones del Logro. El conjunto simboliza la fe tibetana. Durante nuestra vida subimos, o tratamos de subir, por medio de los Escalones del Logro. Eventualmente nos falla el aliento y entramos en el espíritu. Después, al cabo de un intervalo variable, renacemos para aprender otra lección.

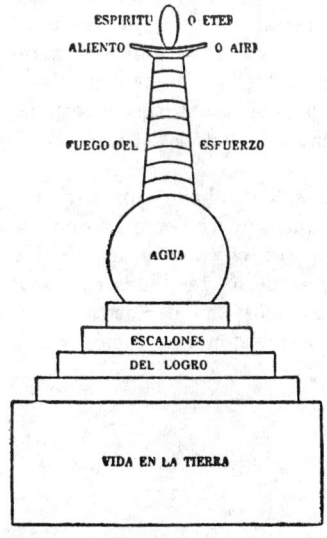

La Rueda de la Vida simboliza el interminable círculo de nacimiento-vida-muerte-espíritu-nacimiento-vida, y así sucesivamente. Muchos estudiosos cometen el serio error de pensar que *creemos* en esos infiernos horrendos que a veces están pintados en la Rueda. Pueden creer en ellos unos pocos salvajes analfabetos, pero no quienes poseen cultura. ¿Creen verdaderamente los cristianos que cuando mueren Satán y Cía. tienen mucha tarea con el potro de tormento y los hornos? ¿Creen que si van al Otro Sitio (¡siendo de la minoría!), se sientan en una nube en camisa de dormir y toman lecciones de arpa? Nosotros creemos que aprendemos *en la Tierra*, y que *en la Tierra* pasamos por "el potro de tormento y los hornos". El Otro Sitio, para nosotros, es adonde vamos cuando salimos del cuerpo, donde encontramos entidades que también están fuera del cuerpo. Esto no es espiritismo. Es en cambio una creencia de que durante el sueño, o después de la muerte, nos vemos libres para vagar por los planos astrales. Nuestra palabra para designar las partes más altas de esos planos es "La Tierra de la Luz Dorada". *Tenemos la seguridad* de que cuando estamos en lo astral, después de la muerte o durante el sueño, podemos encontrar a quienes amamos, porque estamos en armonía con ellos. No podemos encontrar a quienes nos disgustan, porque eso sería un estado de desarmonía, y esa condición no puede existir en la Tierra de la Luz Dorada.

Todo esto ha sido probado con el tiempo, y en realidad es una lástima que en Occidente la duda y el materialismo hayan impedido que la Ciencia sea *debidamente* investigada. Muchas cosas fueron recibidas con burlas en el pasado, y al cabo de los años han demostrado ser ciertas. El teléfono, la radio, la televisión, la aviación y muchas más.

CAPÍTULO ONCE

TRAPPA

Con todo el impulso de mi juventud, decidí dedicarme a pasar los exámenes de primer intento. A medida que se acercó la fecha de mi duodécimo cumpleaños, fui disminuyendo gradualmente los estudios, pues los exámenes comenzaban el día después de mi cumpleaños. Los últimos años se habían visto llenos de estudios intensos. Astrología, herborística, anatomía, ética religiosa y hasta la manera correcta de hacer incienso. Idiomas chino y tibetano, con especial referencia a una correcta caligrafía, y matemáticas. Hubo muy poco tiempo para juegos, y el único "juego" que podíamos practicar era el yudo, porque teníamos un examen muy severo de esa materia. Más o menos tres meses antes, el lama Mingyar Dondup había dicho:

—No tanta revisión, Lobsang; con eso no haces más que desordenar la memoria; quédate tranquilo, como ahora, y recordarás todo.

Y llegó el día. A las seis de la mañana, yo y otros quince candidatos nos presentamos en el salón de examen. Asistimos a una corta ceremonia para mejorar el estado de ánimo, y después, para asegurarse de que ninguno de nosotros había cedido a una tentación muy poco digna de sacerdotes, tuvimos que desnudarnos para que nos registraran, y nos dieron túnicas limpias. El Jefe de Examinadores abrió la marcha desde el pequeño templo del salón de exámenes hasta los cubículos cerrados. Eran cajas de piedra de más o menos dos metros ochenta por tres y más de seis metros de alto. Monjes policías estaban de guardia constante fuera de las cajas. Cada uno de nosotros fue conducido a un cubículo y nos hicieron entrar. Cerraron la puerta, le echaron cerrojo y lo sellaron. Cuando todos quedamos encerrados dentro de nuestros pequeños cubículos, monjes nos trajeron material para escribir y la primera serie de preguntas que nos pasaron por una pequeña trampa en la pared. También nos trajeron té mantecado y tsampa. El monje que trajo eso dijo que podíamos comer tsampa tres veces al día, y té tantas veces como quisiéramos. Después nos dejaron para arreglárnoslas con el primer papel. Un tema por día durante seis días, y teníamos que trabajar desde la primera luz de la mañana hasta que era demasiado oscuro para ver en la noche. Nuestros cubículos no tenían techo, de modo que recibíamos toda la luz que entraba en el salón de exámenes.

Teníamos que permanecer todo el tiempo en nuestras cajas, que no podíamos abandonar por ningún motivo. Cuando comenzaba a desvanecerse la luz, aparecía un monje en la trampa y nos pedía los papeles. Entonces nos dejaban dormir hasta la mañana siguiente. Por mi propia experiencia puedo decir que un examen sobre un tema que hay que desarrollar en catorce horas, es una buena prueba de conocimientos y lo es también para los nervios. La noche del sexto día terminaron mis exámenes escritos. Esa noche, también tuvimos que permanecer en nuestros cubículos porque al día siguiente teníamos que limpiarlos y dejarlos como los habíamos encontrado. El resto del día era nuestro para pasarlo como quisiéramos. Tres días después, cuando ya habían sido corregidos los escritos, y se conocían nuestros puntos débiles, teníamos que comparecer ante los examinadores, uno por vez. Nos formulaban preguntas basadas únicamente en nuestros puntos débiles, y el interrogatorio llevaba todo el día.

A la mañana siguiente los dieciséis aspirantes tuvimos que ir la salón donde nos enseñaban yudo. Esta vez el examen sería sobre nuestros conocimientos de tomas de dominio completo, llaves, caídas, tiros y autodominio. Cada uno de nosotros tenía que luchar contra otros tres candidatos. Pronto fueron segregados los menos hábiles. Gradualmente quedaron eliminados los demás, y al fin, debido únicamente a mi temprano adiestramiento bajo la dirección de Tzu, quedé sólo. ¡Yo, por lo menos, había sido el primero en

¡yudo! Pero sólo debido a mi temprano adiestramiento, que en su momento me había parecido brutal e injusto.

Nos dieron el día siguiente libre para recuperarnos de los duros días de los exámenes, y al día siguiente fuimos informados de los resultados. Yo y otros cuatro habíamos pasado. Nos convertiríamos en trappas, o sacerdotes médicos. El lama Mingyar Dondup, a quien no había visto durante todo el tiempo que duraron los exámenes, me mandó llamar a su habitación. Cuando entré me recibió con una amplia sonrisa:

—Te portaste muy bien, Lobsang. Eres el primero de la lista. El Abad ha enviado un informe especial al Más Recóndito. Quería sugerir que te hicieran lama inmediatamente, pero yo me opuse.

Vio mi expresión un tanto apenada y me explicó:

—Es mucho mejor estudiar y pasar por tus propios méritos. Si te ordenan ahora, perderás muchos estudios que luego te resultarán vitales. Sin embargo, puedes mudarte a la habitación contigua a la mía, porque *pasarás* el examen cuando llegue el momento.

Eso me pareció bastante bien; estaba dispuesto a hacer cuanto mi Guía creyera mejor. Me emocionaba pensar que mi éxito era su éxito, que él recibiría el encomio por haberme preparado para pasar el primero en todos los temas.

Durante esa semana llegó un mensajero sin aliento, con la lengua afuera, y casi a punto de morir —¡aparentemente!— con un mensaje del Más Recóndito. Los mensajeros siempre usaban sus talentos histriónicos para impresionar por la velocidad con que habían viajado y las penalidades que habían soportado para entregar el mensaje que les habían confiado. Como el Potala estaba sólo a una milla pensé que su "acto" resultaba un poco exagerado.

El Más Recóndito me felicitaba por mi éxito y decía que desde ese entonces se me debía considerar lama. Debía vestir ropajes de lama y se concedían todos los derechos y los privilegios del estado. Estaba de acuerdo con mi Guía en que tendría que rendir los exámenes cuando tuviera dieciséis años "dado que así estudiarás esas cosas que de otro modo tratarías de evitar, y tus conocimientos se verán acrecentados por ese estudio".

Ahora que era lama tendría más libertad para estudiar sin que me atrasaran las clases. También significaba que cualquiera con conocimientos especializados tenía la libertad de enseñarme, de modo que podía aprender con tanta rapidez como quisiera.

Una de las primeras cosas que tuve que aprender fue el arte de la relajación, sin la cual no puede realizarse ningún verdadero estudio de la metafísica. Un día el lama Mingyar Dondup vino a la habitación donde yo estaba estudiando. Me miró y dijo:

—Lobsang, estás muy tenso. No progresarás en la contemplación serena a menos que te relajes. Te enseñaré cómo hacerlo.

Me dijo que para empezar me acostara, pues aunque es posible relajarse estando sentado o aun de pie, es mejor aprender estando supino.

—Imagina que te has caído de una montaña —dijo—. Imagina que estás en el suelo, una figura deshecha con todos los músculos blandos, con las piernas en la misma posición en que cayeron y la boca un poco abierta, pues únicamente así pierden tensión los músculos de las mejillas.

Me moví hasta quedar en la posición que él quería.

—Ahora imagina que tienes las piernas y los brazos llenos de enanitos que te hacen trabajar tironeándote los músculos. Dile a esos enanitos que se vayan de tus pies, así desaparece la sensación, el movimiento, la tensión. Deja que tu mente examine los pies para estar seguro de que no usas un solo músculo.

Me puse a pensar, tratando de imaginar enanitos. ¡Piensa en Tzu, tironeándote los dedos desde adentro! ¡Oh, me alegraría mucho de verme libre de él!

—Después haz lo mismo con las piernas. Las pantorrillas; debes tener un montón de gente trabajando allí, Lobsang. Esta mañana estuvieron muy ocupados mientras saltabas. Ahora déjalos descansar. Hazlos subir a la cabeza. ¿Se han ido todos? ¿Estás *seguro*? Búscalos con la mente.

Haz que abandonen tus músculos, así quedan blandos y fláccidos.

De pronto se calló y señaló:

—¡Mira! —dijo—. Olvidaste a alguien en el muslo. Un hombrecito te tiene un músculo tenso en el muslo. Hazlo salir, Lobsang, hazlo salir.

Finalmente mis piernas quedaron relajadas a su satisfacción.

—Ahora haz lo mismo con los brazos —dijo— comenzando por los dedos. Haz que se vayan hacia arriba, que pasen por las muñecas, empújalos a los codos, a los hombros. Imagina que estás echando a todos esos hombrecitos, para que cese la tensión y la sensación.

Cuando llegué hasta allí dijo:

—Ahora vamos al cuerpo mismo. Imagina que tu cuerpo es un lamasterio. Piensa en todos los monjes que te están tironeando los músculos para hacerte trabajar. Diles que se vayan. Fíjate que primero salgan de la parte inferior del cuerpo, después de haber ablandado todos los músculos. Que dejen lo que están haciendo y *que se vayan*. Haz que suelten los músculos, todos los músculos, hasta que tu cuerpo quede sostenido solamente por la cubierta exterior, para que todo cuelgue y se desparrame y encuentre su propio nivel. Entonces te habrás relajado.

Aparentemente quedó sastifecho con mi progreso, porque siguió:

—La cabeza es tal vez la parte más importante para la relajación. Veamos qué podemos hacer con ella. Mírate la boca, tiene un músculo tenso en cada comisura. Ablándalos, Lobsang, ablándalos. No vas a hablar ni a comer, de modo que, por favor nada de tensión, Tienes los ojos torcidos. No hay ninguna luz que te moleste, cierra suavemente los párpados, suavemente, sin tensión.— Se volvió y miró por la ventana abierta—. Nuestro mejor exponente de relajación está allí fuera, tomando el sol. Puedes tomar lecciones de un gato, no hay quien sepa relajarse mejor.

Lleva mucho tiempo escribir esto y parece difícil al leerlo pero con un poco de práctica es algo muy sencillo relajarse en un segundo. El sistema de relajación nunca falla.

Quienes viven tensos con los problemas de la civilización harían muy bien en practicarlo según estas normas, así como el sistema mental que sigue. Para este último me aconsejaron que procediera de un modo distinto. El lama Mingyar Dondup dijo:

—No se gana nada relajándose físicamente si mentalmente estás tenso. Mientras estás con los músculos relajados, deja que por un momento la mente se detenga en tus pensamientos. Síguelos y fíjate que son. Verás que son muy triviales. Entonces detenlos, no permitas que sigan fluyendo pensamientos. Imagina un cuadrado negro de la nada absoluta, con los pensamientos que tratan de saltar de un lado al otro. Al principio saltarán algunos. Persíguelos, y hazlos saltar otra vez por el cuadrado negro. Imagínalo verdaderamente, visualízalo con fuerza, y en muy poco tiempo "verás" la negrura sin esfuerzo y disfrutarás de la verdadera relajación mental y física.

Aquí también es más difícil explicar que hacer. En realidad es un asunto muy sencillo con un poco de práctica, y debemos relajarnos. Mucha gente jamás ha cerrado la mente y los pensamientos, y son como los que tratan de seguir andando físicamente día y noche. Si una persona tratara de caminar sin descanso varios días y noches seguidos, pronto sufriría un colapso, y sin embargo no se da descanso a la mente ni al cerebro.

Se nos enseñaba yudo para ejercitar el autodominio. El lama que nos enseñaba podía rechazar y vencer a diez atacantes al mismo tiempo. Sentía pasión por el yudo y hacía todo cuanto estaba a su alcance para que nos resultara una materia interesante. Las llaves paralizadoras pueden parecer salvajes y crueles a la mentalidad occidental, pero una impresión semejante sería completamente errónea. Como ya lo he dicho, al ejercer un poco de presión en el cuello, se podía dejar inconsciente a una persona en una fracción de segundo, antes de que se diera cuenta de estar perdiendo el conocimiento. Esa pequeña presión paralizaba el cerebro sin provocarle daño alguno. En Tibet, donde no hay anestésicos, a menudo usábamos esa presión para extraer un diente o para arreglar huesos. El paciente no se daba cuenta de nada ni sufría. También se usa en iniciaciones cuando el ego se separa del cuerpo para realizar los viajes astrales.

Con ese entrenamiento éramos casi inmunes a las caídas. Parte del yudo es saber caer suavemente, y para los muchachos era un ejercicio común saltar desde lo alto de una pared de tres o cinco metros, sólo por divertirnos.

Día por medio, antes de comenzar la práctica de yudo, teníamos que recitar los Peldaños del Medio Sendero, las claves del budismo, que son:

Opiniones justas: son opiniones y puntos de vista libres de engaños y egoísmos.

Aspiraciones justas: por las cuales se deben tener intenciones y opiniones elevadas y valiosas.

Palabras justas: por las cuales se es considerado, amable y veraz.

Conducta justa: que nos hace pacíficos, honestos y desinteresados.

Vida justa: obedeciendo esta regla, hay que evitar lastimar a hombres o animales, y se debe otorgar a estos últimos sus derechos como seres.

Esfuerzo justo: se debe tener autodominio, y sobrellevar una autoeducación constante.

Cuidados justos: al tener los pensamientos justos y al tratar de hacer lo que se sabe está bien.

Arrobamiento justo: éste es el placer que deriva de meditar sobre las realidades de la vida y del Súper Yo.

Si cualquiera de nosotros procedía contra los Peldaños, teníamos que yacer de bruces a lo largo de la entrada principal del templo, de modo que todos cuantos entraban debían pisarnos. Allí nos quedábamos desde el amanecer hasta el ocaso, sin movernos, y sin comer ni beber. Se consideraba una gran deshonra.

Ya era lama. Uno de la élite. Uno de los "Superiores". Me parecía muy bien. Pero había trampas: antes tenía que obedecer el pavoroso número de treinta y cinco Reglas de Conducta Sacerdotal. Como lama, para mi horror y desazón, descubrí que el total era doscientos cincuenta y tres.

¡Y en Chakpori el lama avisado *no* transgredía ninguna de esas Reglas! Me parecía que el mundo estaba lleno de cosas que aprender, y pensé que me iba a estallar la cabeza. Pero era muy agradable sentarse en el techo y observar al Dalai Lama cuando llegaba al Norbu Linga o al Parque Enjoyado, justamente debajo. Tenía que mantenerme oculto mientras así observaba al Más Amado, pues nadie debía mirarlo desde lo alto. Allá abajo, también, pero al otro lado de nuestra Montaña de Hierro, podía ver dos hermosos parques, el Khati Linga y frente al arroyo llamado el Khating Chu, el Dodpal Linga. *Linga* significa parque, o por lo menos es la ortografía más semejante de acuerdo al alfabeto occidental. Más hacia el norte alcanzaba a ver la Puerta Occidental, el Pargo Kaling. Ese gran chorten cruzaba el camino que salía de Drepung, pasaba por la villa de Shö y llegaba al corazón de la ciudad. Más cerca, casi al pie del Chakpori, había un chorten que conmemoraba a uno de nuestros héroes históricos, el Rey Kesar, que vivió en los días de la guerra antes de que el budismo y la paz llegaran al país.

¿Trabajo? Teníamos bastante, pero también teníamos nuestras compensaciones y nuestros placeres. Era una compensación más que completa, alternar con hombres como el lama Mingyar Dondup. Hombres cuyo único pensamiento era la paz y ayudar a los demás. También era una compensación poder mirar ese hermoso valle tan verde y poblado de árboles tan queridos. Ver las aguas azules que describían sus meandros entre las montañas, ver los chortens resplandecientes, los lamasterios y las ermitas pintorescas encaramadas en riscos inaccesibles. Mirar con reverencia las cúpulas doradas del Potala, que estaba tan cerca de nosotros, y los techos brillantes del Jo-Kang, un poco más hacia el Este. La camaradería de los demás, el compañerismo rudo de los monjes de menos rango, y el aroma familiar del incienso que se elevaba en los templos —esas cosas completaban nuestra vida—, y era una vida que valía la pena vivirse. ¿Penalidades? Sí, había muchas. Pero valía la pena; en cualquier comunidad existen aquellos de poca comprensión, de poca fe: pero allí, en Chakpori, eran la minoría.

CAPÍTULO DOCE

HIERBAS Y COMETAS

Las semanas volaron. Había tanto que hacer, que aprender, que planear. Ya podía sondear más hondamente en lo oculto y recibir enseñanza especial. Un día, a principios de agosto, mi Guía dijo:

—Este año iremos con los recolectores de hierbas. Aprenderás muchas cosas útiles sobre las hierbas en su estado natural, y conocerás qué es remontar cometas *realmente*.

Durante dos semanas todos estuvieron muy ocupados, había que hacer bolsas de cuero, y limpiar bien las viejas. Había que remendar las tiendas de campaña y revisar cuidadosamente a los animales para ver si todos estaban en condiciones de realizar el largo viaje. Nuestra partida sería de doscientos monjes y tendríamos nuestra base en el viejo lamasterio de Tra Yerpa. de donde diariamente saldrían grupos para buscar hierbas en las cercanías. Hacia fines de agosto partimos entre muchos gritos y mucho ruido. Los que se quedaban se amontonaron, envidiosos de quienes iban a pasar unas vacaciones muy aventureras. En mi calidad de lama, cabalgué un caballo blanco. Unos pocos íbamos a apresurarnos con el mínimo de equipo para pasar algunos días en Tra Yerpa antes de que llegaran los demás. Nuestros caballos hacían de quince a veinte millas diarias, pero los yacs muy pocas veces andaban más de ocho o diez. Llevábamos muy poca carga, pues nuestro equipo se redujo al mínimo, dado que queríamos llegar con rapidez. La caravana de yacs que nos seguía con más lentitud llevaba cada animal cargado con los setenta y cinco kilos de costumbre. Los veintisiete que formábamos el grupo de avanzada nos alegramos muchísimo de llegar al lamasterio varios días antes. El camino había sido difícil, y a mí no me hacía ninguna gracia montar a caballo. Ya podía mantenerme bastante bien montado cuando el caballo galopaba, pero ahí terminaban mis progresos. Nunca pude ponerme de pie en la montura, como algunos de los otros: yo me sentaba y me pegaba a la montura, y si no resultaba muy gracioso, por lo menos era seguro. Nos habían visto acercarnos a la ladera de la montaña y los monjes que vivían allí de modo permanente prepararon enormes cantidades de té mantecado, tsampa y verduras. No era absolutamente desinteresado de parte de ellos, pues estaban ansiosos por tener noticias de Lhasa y de recibir los regalos acostumbrados que les llevábamos. En lo alto del techo plano del templo, braseros de incienso arrojaban densas columnas de humo. Cabalgamos hasta el patio, con nuevas energías al pensar que terminaba el viaje. Todos parecían conocer al lama Mingyar Dondup. El tropel de gente que salió a recibirnos lo rodeó en tal forma que no lo vi más, y pensé que otra vez me encontraba solo en el mundo, pero al cabo de unos pocos minutos, oí:

—Lobsang, Lobsang, ¿dónde estás?

Respondí de inmediato, y antes de comprender lo que estaba ocurriendo, la muchedumbre se abrió y me envolvió. Mi Guía estaba hablando con un viejo abad, que se volvió y dijo:

—¿De modo que es éste? ¡Bueno, bueno, bueno, y tan joven!

Mi principal preocupación, como siempre, era la comida, y sin perder más tiempo, todos se dirigieron al refectorio, donde nos sentamos y comimos en silencio, como si todavía estuviéramos en Chakpori. Existían ciertas dudas, pues no se sabía bien si Chakpori era una sucursal de Tra Yerpa, o al revés. Lo que era seguro era que los dos lamasterios se contaban entre los más viejos de Tibet. Tra Yerpa era famoso por tener ciertos manuscritos muy valiosos que trataban de curas con hierbas, y a mí me permitirían leerlos y tomar cuantas notas quisiera. También había un informe sobre la primera expedición a las tierras altas de Chang Tang, escrito por los diez hombres que realizaron ese extraño viaje. Pero lo que me ofrecía más interés por el momento era la meseta cercana desde la cual íbamos a remontar nuestras cometas.

Allí la tierra era extraña. Inmensos picos sobresalían de un terreno que se elevaba continuamente. Mesetas chatas, como jardines en terraza, se extendían desde el pie de los picos como amplios escalones que subían cada vez más. Algunos de los escalones más bajos eran ricos en hierbas. Una clase de musgo que allí crecía tenía más poder absorbente que el sphagnum. Una plantita que daba bayas amarillas tenía asombrosas propiedades analgésicas. Los monjes y los muchachos recolectaban esas hierbas y las ponían a secar. Yo, en mi calidad de lama, podría supervisarlo, pero para mí ese viaje tenía por motivo principal recibir instrucciones prácticas del lama Mingyar Dondup y de otros especialistas en hierbas. Por el momento, mientras miraba a mi alrededor, mi único pensamiento eran las *cometas*, cometas capaces de sostener a una persona. Guardadas en el edificio del lamasterio había varillas de abeto traídas de un país lejano, tal vez de Assam, pues ese árbol no crece en Tibet, y se consideraba ideal para la construcción de cometas, pues soportaba fuertes golpes sin quebrarse y era fuerte y liviano. Cuando ya no se remontaban más las cometas, se examinaba cuidadosamente la madera y se guardaba hasta la próxima vez.

La disciplina no era tan floja, nosotros todavía teníamos que asistir a la ceremonia de medianoche, y a las demás a intervalos regulares. Pensándolo bien, ése era el método más inteligente, pues nos hubiera resultado muy penoso cumplir nuestro horario después si mientras estábamos en ese lamasterio descuidábamos nuestras costumbres. Todo el tiempo de estudios estaba dedicado a recolectar hierbas y a remontar cometas.

Allí, en ese lamasterio pegado a la ladera de una montaña, disfrutábamos de la luz del día mientras abajo la tierra estaba envuelta en sombras purpúreas, y se podía oir al viento de la noche que murmuraba al pasar por la escasa vegetación. El sol se hundía detrás de los lejanos picos y nosotros también quedábamos en la oscuridad. Debajo de nosotros el país parecía un lago negro. En ninguna parte se veía el menor destello de luz. En ninguna parte, hasta donde alcanzaba la vista, había una criatura viviente a excepción de los que vivían en ese grupo de edificios sagrados. Al ponerse el sol, soplaba el viento y realizaba la tarea de los dioses, quitar el polvo a los rincones de la Tierra. Mientras barría el valle de abajo, quedaba encerrado por la ladera de la montaña y se elevaba por entre las fallas de las rocas, para emerger a nuestra altura con un estampido plañidero, como el de una valva gigante que llamara a ceremonia. Alrededor de nosotros se oían los chasquidos de las rocas que se movían y se contraían cuando pasaba el calor más intenso del día. Encima de nosotros, las estrellas se destacaban en el cielo oscuro. Los antiguos decían que las Legiones de Kesar habían dejado caer sus lanzas en el Piso del Paraíso al llamado de Buda, y que las estrellas no eran más que los reflejos de las luces del Salón Paradisíaco que brillaba por los agujeros.

De pronto se oyó un nuevo sonido por encima del ruido del viento: eran las trompetas del templo que marcaban el cierre de otro día. Al mirar hacia arriba, alcancé a discernir en el techo las siluetas de monjes con las túnicas flotando al viento, que realizaban sus tareas sacerdotales. Para nosotros, el llamado de las trompetas significaba dormir hasta medianoche. Desparramados en los salones y templos había grupitos de monjes que comentaban los asuntos de Lhasa. Comentaban a nuestro amado Dalai Lama, la más grande encarnación de todos los Dalai Lama. Al sonar el Cierre del Día se dispersaron para ir a acostarse. Gradualmente cesaron los sonidos de vida en el lamasterio, y reinó una atmósfera de paz. Yo estaba acostado de espaldas, mirando por una pequeña ventana. Pues aquella noche estaba demasiado interesado para dormir o querer dormir. Las estrellas allá arriba, y toda mi vida por delante. Algo sabía de ellas, lo que habían predicho. Pero muchas cosas no habían sido dichas. Las predicciones sobre Tibet, ¿por qué, *por qué* teníamos que ser invadidos? ¿Qué habíamos hecho *nosotros*, un país amante de la paz sin otra ambición que perfeccionarse espiritualmente? ¿*Por qué* otras naciones codiciaban nuestra tierra? No queríamos más que lo **nuestro**;

¿por qué, entonces, otros querían conquistarnos y esclavizarnos? Todo lo que queríamos era que nos dejaran en paz, para seguir nuestro propio Modo de Vivir. Y se esperaba que yo fuera a vivir con aquellos que más tarde iban a invadirnos, a curar a sus enfermos y a ayudar a sus heridos en una guerra que aún no había comenzado. Conocía las predicciones, conocía los incidentes y los hechos principales, y sin embargo tenía que seguir como un yac el sendero, conociendo todas las paradas, sabiendo dónde era malo el pasto, y con todo tenía que continuar hasta un destino conocido. Pero tal vez un yac al llegar al Cerro de la Postración Reverente pensaba que valía la pena cuando veía por primera vez la Ciudad Sagrada...

El repique de los tambores del templo me despertó de golpe. ¡Ni siquiera me había dado cuenta que estaba dormido! Con un pensamiento muy poco digno de un sacerdote me levanté tambaleante, buscando con manos torpes por el sueño la túnica esquiva. ¿Medianoche? No podré quedarme despierto, espero no caer en la escalera. ¡Oh! ¡Qué frío en este lugar! ¿Doscientas cincuenta y tres reglas tengo que obedecer siendo lama? Bueno, ya está desobedecida una, pues me excedí con la violencia de mis pensamientos al ser despertado de este modo. Salí tambaleando para unirme a los demás, que también estaban medio dormidos, pues habían llegado ese día. Entramos en el templo para unir nuestras voces al canto y contracanto de la ceremonia.

Se me ha preguntado:

—Muy bien, si conocía todas las penurias y los contratiempos que habían sido pronosticados, ¿por qué no puedo evitarlos?

La respuesta más obvia es:

—Si hubiera podido evitar las predicciones, el simple hecho de evitarlas hubiera probado que eran falsas.

Las predicciones son probabilidades, no *significan* que el Hombre no tenga libre albedrío. Lejos de ello. Un hombre quiere ir de Darjeeling a Washington. Conoce el punto de partida y el destino. Si se toma el trabajo de consultar un mapa, verá ciertos lugares por los cuales tendrá que pasar para llegar a destino. Mientras es posible evitar esos "ciertos lugares", no siempre es prudente hacerlo, pues como resultado el viaje puede ser más largo o más caro. Del mismo modo, alguien puede querer ir en auto de Londres a Inverness. El conductor inteligente consulta un mapa y se consigue un itinerario de ruta de alguna organización especializada. Al proceder así, el conductor puede evitar los caminos malos, o, donde no puede *evitar* las superficies desiguales, estará preparado y conducirá a menor velocidad. Así ocurre con las predicciones. No siempre *compensa* seguir el camino más suave. Como budista, creo en la reencarnación; creo que venimos a la Tierra a aprender. Cuando estamos en la escuela todo nos parece amargo y duro. Las lecciones de historia, geografía, aritmética o lo que sea, son aburridas, innecesarias e inútiles. Así nos parece mientras estamos estudiando. Cuando tenemos que abandonarla, posiblemente suspiramos por la buena vieja escuela. Podemos estar tan orgullosos de ella que tal vez usaremos un distintivo, una corbata o un color especial en la túnica de monje. Así ocurre con la vida. Es dura, amarga, y las lecciones que tenemos que aprender tienen el fin de probarnos, a *nosotros* y a nadie más. Pero cuando abandonamos la escuela, o esta Tierra, tal vez usaremos con orgullo nuestro distintivo escolar. ¡Sin duda alguna, yo pienso usar *mi* halo con mucho garbo más adelante! ¿Escandalizados? Ningún budista lo estaría. Morir es solamente abandonar nuestro estuche viejo y vacío, y renacer en un mundo mejor.

Con la luz de la mañana nos levantamos ansiosos de explorar. Los más ancianos querían saludar a aquellos que no habían visto la noche anterior. Yo, más que nada, quería ver esas enormes cometas capaces de levantar a un hombre de las que había oído hablar tanto. Primero tenían que mostrarnos el lamasterio, para que pudiéramos más tarde conocer bien nuestro camino. Desde el alto techo recorrimos con la mirada los picos elevadísimos, y allá abajo las quebradas pavorosas. Allí lejos alcancé a ver un río hinchado, cargado de agua amarilla de greda. Más cerca, los arroyos eran del mismo celeste del cielo rizado. En momentos de calma alcanzaba a oir el murmullo feliz de un arroyito que detrás de nosotros bajaba rápidamente por la ladera, ansioso de partir y unirse a las aguas desordenadas de otros ríos que, en la India, se convertirían en el poderoso Brahmaputra, que después se une al Ganges sagrado y desemboca en la Bahía de Bengala. El sol se elevó sobre las montañas y pronto desapareció el aire fresco. Lejos vimos un buitre solitario que descendía rápidamente en busca de la comida de la mañana. A mi lado un lama respetuoso me señalaba puntos de interés. "Respetuoso" porque yo era discípulo del bien amado Mingyar Dondup, y respetuoso, también, porque yo tenía el "Tercer Ojo" y era una Encarnación Probada, o Trüllku, como lo llamamos nosotros.

Tal vez sea interesante dar breves detalles para reconocer una encarnación. Los padres de un niño pueden pensar, por su conducta, que tiene mayores conocimientos que los comunes a su edad, o que tiene ciertos "recuerdos" que no pueden explicarse por medios normales. Los padres consultan con el abad de un lamasterio local para que se reúna una comisión que examine al niño. Se hacen horóscopos preliminares de pre-vida, y se examina físicamente al niño en busca de ciertas señales en el cuerpo. Debe tener, por ejemplo, ciertas marcas peculiares en las manos, o en los omoplatos o en las piernas. Si aparecen esas señales, se investiga quién era el niño en su vida previa. Puede ser que un grupo de lamas lo reconozcan (como en mi caso), y entonces se estará en posesión de ciertos objetos que poseyó en su vida anterior. Esos objetos se mezclan con otros que tengan idéntica apariencia, y el niño tiene que reconocerlos *todos*, tal vez nueve artículos, que fueron suyos en una vida previa. El niño debe estar en condiciones de hacer esto cuando tiene tres años de edad.

Se considera que a los tres años el niño es demasiado joven para que influya en él la descripción que sus padres puedan hacer de los artículos. Si el niño es más joven, mucho mejor. En realidad no tiene ninguna importancia que los padres traten de decirle al niño qué debe hacer Ellos no están presentes durante el momento de la elección, y el niño tiene que seleccionar tal vez nueve artículos de entre treinta. Si se equivoca con dos artículos, fracasa. Si el niño triunfa, se lo educa como a una Encarnación Previa, y se intensifican sus estudios. Cuando cumple siete años se leen los pronósticos de su futuro, y a esa edad se considera que es capaz de comprender todo lo que se dice e implica. ¡Por mi propia experiencia sé que entiende!

El "respetuoso" lama a mi lado, sin duda pensaba todo eso mientras me señalaba las características del distrito. Allá arriba, a la derecha de la cascada, había un lugar muy indicado para recoger *Noli me-tangere*, cuyo jugo se utiliza para quitar callos y verrugas, y para aliviar la hidropesía y la ictericia. Más allá, en aquel laguito, se podía recoger *Polygorum Hydropiper*, una maleza de espinas caídas y flores rosadas que crece bajo el agua. Usábamos las hojas para curar los dolores reumáticos y para aliviar el cólera. Allí juntábamos los tipos de hierbas comunes, sólo en las tierras altas se conseguían las plantas raras. Como hay personas interesadas en hierbas, daré detalles de algunos de nuestros tipos más comunes y del uso que les dábamos. Ignoro los nombres ingleses, si los hay, de modo que daré los nombres latinos.

Allium sativum es un buen antiséptico, y se usa mucho para el asma y para otras enfermedades del pecho. Otro buen antiséptico, usado solamente en pequeñas dosis, es *Balsamodendron myrrha*. Se usaba particularmente para las encías y las membranas mucosas. Por vía interna alivia la histeria.

Una planta alta, con flores color crema tenía un jugo que impedía que picaran los insectos. El nombre latino de la planta es *Becconia cordata*. ¡Tal vez los insectos lo conocían y era el nombre lo que los asustaba! También usábamos una planta que provocaba la dilatación de las pupilas de los ojos. *Ephedra sinica* tiene una acción similar a la de la atropina, y es también muy útil en caso de baja presión sanguínea además de ser una de las grandes curas para el asma utilizadas en Tibet. Usábamos el polvo de las ramas y las raíces una vez secas.

El cólera a menudo era desagradable para el paciente y para el médico por el olor de las superficies ulceradas. *Ligusticum levisticum* hacía desaparecer completamente el olor.

Una nota especial para las damas: ¡Los chinos usan los pétalos de *Hibiscus rosasinenis* para ennegrecer las cejas y el cuero de los zapatos! Nosotros usábamos una loción preparada con las hojas hervidas para refrescar el cuerpo de los pacientes afiebrados. Otra vez para las señoras: *Lilium tigrinun* cura verdaderamente la neuralgia ovárica, mientras que las hojas de *Flacourtia indica* ayudan a las mujeres a sobrellevar muchas otras de sus "peculiares" incomodidades.

En en el grupo *Sumachs Rhus*, la *vernicifera* provee a chinos y japoneses de la laca "china". Nosotros usábamos la *glaba* para aliviar la diabetes, mientras que la *aromatica* es útil en los casos de enfermedades de la piel, urinarias y cistitis. Otro astringente muy poderoso para usar en ampollas ulceradas se hacía con las hojas de *Arctestaphylos uva ursi*. Los chinos prefieren *Bignonia grandiflora*, con cuyas hojas preparan un astringente para uso general. Años después, en los campos de prisioneros, descubrí que *Polygonum bistorta* era muy útil en los casos de disentería crónica, para lo cual lo usábamos en Tibet.

Las damas que habían amado con imprudencia, pero bien, a menudo hacían uso del astringente preparado con *Polygonum erectum*. Era un método muy seguro de provocar abortos. A los quemados podíamos aplicarles una "piel nueva". *Siegesbeckia orientalis* es una planta alta, de un metro veinte más o menos. Las flores son amarillas. El jugo aplicado a heridas y quemaduras forma una piel nueva, de un modo muy semejante al colodio. Por vía interna, el jugo tiene un efecto similar a la manzanilla. Coagulábamos la sangre de las heridas con *Piper augustifolium*. La parte inferior de esas hojas en forma de corazón es muy eficaz para ese fin. Todas estas son hierbas muy comunes, la mayoría de las otras no tienen nombres en latín porque son desconocidas en el mundo occidental que así las designa. Las menciono aquí solamente para indicar que teníamos algún conocimiento en el uso de hierbas.

Desde nuestro aventajado punto de mira, podíamos ver en aquel día brillante, lleno de sol, los valles y los lugares protegidos donde crecían las plantas. Más lejos, al mirar más allá de esa pequeña zona, la tierra era cada vez más desolada. Me dijeron que del otro lado del pico contra cuyo costado se apoyaba el lamasterio, había una región verdaderamente árida. Todo esto lo vería cuando en el curso de la semana volara en una cometa.

Más tarde, esa misma mañana, el lama Mingyar Dondup me llamó y me dijo:

—Ven, Lobsang, iremos con los demás a inspeccionar el lugar desde el cual se remontarán las cometas. ¡Éste será tu Gran Día!

No necesité nada más para ponerme de pie, dispuesto a partir. En la entrada nos aguardaba un grupo de monjes de túnicas rojas, y juntos bajamos los escalones y nos dirigimos a la meseta ventosa.

Allá arriba no había mucha vegetación, el suelo era de tierra apisonada sobre la roca sólida. Unos pocos arbustos se aferraban a la ladera como si temieran resbalar y caer a la hondonada. Encima nuestro, en el techo del lamasterio, las banderas de oraciones se mantenían rígidas por el viento, y de vez en cuando los mástiles crujían y lanzaban quejidos por el esfuerzo como lo venían haciendo de antiguo, y no cedían. Cerca, un joven novicio golpeó la tierra con la bota y la fuerza del viento arrastró el polvo como una bocanada de humo. Caminamos hasta un borde rocoso de la meseta, el borde desde el cual el pico se elevaba en una pendiente suave. El viento nos apretaba las túnicas contra la espalda, y las hinchaba en el pecho, empujándonos, haciéndonos difícil la marcha pues no queríamos echar a correr. A más o menos ocho metros del borde había una grieta en el suelo. De allí subía el viento con fuerza de huracán, arrojando a veces pequeñas piedras y trozos de líquenes como si fueran flechas. El viento que soplaba en el valle, más abajo, quedaba encerrado por las formaciones rocosas y al chocar contra ellas por falta de salida, subía con gran fuerza por la falla de la roca, para emerger finalmente en la meseta con un chasquido poderoso al verse nuevamente libre. Nos dijeron que a veces, durante la época de los vendavales, el ruido era como el bramido de demonios escapados del pozo más profundo, hambrientos de víctimas. El viento embravecido que soplaba en ráfagas en la hondonada más baja alteraba la presión en la falla y la nota subía y bajaba.

Pero aquella mañana la corriente de aire era constante. Muy bien pude creer las historias que se contaban de chiquillos levantados del suelo por una ráfaga de aire, para ir a caer tal vez a sesenta metros de profundidad sobre las rocas en la base de la grieta. Era un lugar muy adecuado para remontar cometas, sin embargo, porque la fuerza del viento era tal que permitía que se elevara directamente. Esto nos fue demostrado con cometas pequeñas, muy similares a las que yo había usado en mi casa de niño. Resultaba sorprendente sostener la cuerda y descubrir que una fuerza muy grande nos tiraba del brazo, aun cuando la cometa fuera pequeña.

Nos condujeron a lo largo de toda la saliente de roca y los hombres muy experimentados que nos acompañaban nos señalaron los peligros que había que evitar, picos que eran conocidos por alguna traidora corriente de aire descendente, u otros que llevaban de costado. Nos dijeron que cada monje que volara debía llevar una piedra a la que iba atada un khata en el que estaban inscriptas oraciones a los Dioses del Aire, para que dieran su bendición a ese recién llegado a sus dominios. Había que arrojar la piedra "a los vientos" cuando se estaba a altura suficiente. Entonces los "Dioses de los Vientos" leían la oración a medida que la tela se desenrollaba y así —se esperaba— protegerían de todo daño al jinete de la cometa.

De vuelta en el lamasterio, se produjo un gran bullicio cuando buscamos los materiales para construir las cometas. Todo fue inspeccionado cuidadosamente. Las estacas de abeto se revisaron pulgada a pulgada para asegurarse de que no tuvieran el menor defecto. Se desplegó sobre un piso limpio y pulido la seda con que se cubrirían las cometas. Los monjes, sobre pies y manos revisaron cada pie de tela. Satisfechos los examinadores, se colocó el marco en posición y se insertaron las pequeñas cuñas. Esta cometa tenía forma de caja, y medía más o menos ocho pies cuadrados y tres metros de largo. Desde los dos lados "horizontales" se extendían las alas, de cerca de tres metros de largo. En los extremos había que fijar dos medios aros de bambú que actuaban como patines y protegían las alas al levantar vuelo y al aterrizar. En el "piso" de la cometa, que era reforzado, había un largo patín de bambú que rematalla en punta hacia arriba, como nuestras botas tibetanas. Esa varilla era gruesa como mi muñeca y estaba colocada de tal manera que aun estando la cometa apoyada, la seda no tocaba para nada el suelo, pues lo impedían el patín y los protectores de las alas. Cuando por primera vez vi la soga de yac no me sentí nada feliz. Me pareció endeble. Estaba atada en forma de V, desde donde arrancaban las alas hasta la parte anterior del patín. Dos monjes tomaron la cometa y la llevaron al extremo de la meseta. Fue toda una lucha arrastrarla contra la corriente de aire ascendente, y muchos monjes tuvieron que aferrarla para conseguir cruzar.

Primero se haría una prueba, para lo cual nosotros mismos íbamos a tomar la soga y empujar en vez de usar caballos. Un grupo de monjes sostuvo la soga mientras el Maestro de Cometas observaba cuidadosamente. A su señal se echaron a correr, arrastrando la cometa tras ellos. Golpeó la corriente de aire que subía de la fisura de la roca, y se elevó en el aire como un pájaro enorme. Los monjes que manejaban la soga eran muy expertos, y enseguida aflojaron la soga para que la cometa pudiera subir cada vez más. Sostuvieron firmemente la soga y un monje, atándose la túnica a la cintura, trepó a la cuerda más o menos hasta tres metros de altura para probar su resistencia. Otro lo siguió y los dos subieron un poco más para que pudiera trepar un tercer monje. El ascensor aéreo era suficiente para elevar a dos hombres y un muchacho, pero no a tres hombres. Eso no dejó satisfecho al Maestro de Cometas, de modo que los monjes recobraron la soga, asegurándose bien de que la cometa evitaba las corrientes de aire ascendente. Todos nos alejamos de la zona de aterrizaje, a excepción de los monjes que sostenían la soga y de otros dos que afirmarían a la cometa cuando aterrizara. Bajó como de mala gana, como si no quisiera volver a la tierra después de haber gozado de la libertad de los cielos. Con un suave "shissh" se deslizó hasta quedar inmóvil, con dos monjes sosteniéndole los patines de las alas.

Siguiendo las instrucciones del Maestro de Cometas estiramos la seda en todas partes por medio de pequeñas cuñas de madera que insertamos en las varas hendidas para asegurarla firmemente. Quitamos las alas para volver a colocarlas en distinto ángulo, y se probó otra vez la cometa. Esta vez sostuvo cómodamente a los tres hombres y casi levantó también al chiquillo. El Maestro de Cometas dijo que la prueba era satisfactoria y que podíamos probarla con una piedra del peso de un hombre.

Una vez más el gran grupo de monjes luchó para dominar la cometa cuando pasó por la corriente de aire ascendente. Otra vez los monjes soltaron soga y al aire saltaron cometa y piedra. El aire era turbulento y la cometa se sacudió y se meció. Tuve una sensación rara en el estómago al mirarla y pensar en estar allá arriba. Bajaron la cometa y la llevaron al punto de partida. Un lama experimentado me habló:

—Yo iré primero, después será tu turno. Mírame cuidadosamente.

Me llevó hasta la cometa.

—Fíjate cómo coloco los pies en esta madera. Entrelaza los dos brazos sobre esta barra cruzada detrás tuyo. Cuando estés en el aire baja a la V y siéntate en esta parte más gruesa de la soga. Cuando aterrices, estando a dos o tres metros de altura, salta. Es lo más seguro. Ahora voy a volar y tú observa bien.

Esta vez se habían enganchado los caballos a la soga. Cuando el lama dio la señal, se largaron los caballos al galope, la cometa se deslizó hacia adelante, llegó a la corriente ascendente y se elevó en el aire. Cuando estuvo a treinta metros encima de nosotros y a ochenta o noventa metros encima de las rocas del fondo, el lama se deslizó por la soga hasta la V, donde quedó meciéndose. Subió cada vez más; un grupo de monjes soltaban más soga para que alcanzara cada vez más altura. Después el lama que estaba en la cometa pateó vigorosamente la soga como señal, y los hombres comenzaron a recobrar cuerda. Comenzó a bajar gradualmente, con el vaivén de todas las cometas. Seis metros, tres metros, y el lama se colgó de las manos. Se dejó caer y al llegar a tierra dio un salto mortal y cayó de pie. Sacudiéndose la túnica con las manos, se volvió a mí y me dijo:

—Ahora te toca a ti, Lobsang, muéstranos qué eres capaz de hacer.

Ahora que había llegado el momento, ya no me resultaba tan interesante volar en una cometa. Idea estúpida, pensé. Peligrosa. Qué manera de terminar una carrera promisoria. Aquí es donde vuelvo a las oraciones y a las hierbas. Pero después me consolé, pero sólo muy levemente, recordando las predicciones a mi respecto. Si yo moría, los astrólogos habrían estado equivocados, ¡y nunca se equivocaban *tanto*! La cometa estaba otra vez en el punto de partida, y caminé hasta ella con piernas que no eran tan firmes como yo hubiera querido. A decir verdad, no eran nada firmes. Ni mi voz parecía muy convencida cuando me paré en el patín, entrelacé los brazos en la vara —apenas la alcancé — y dije:

—Estoy listo.

Nunca estuve menos listo. Me pareció que el tiempo se detenía. La soga se puso tensa con una lentitud agónica cuando los caballos salieron galopando. Un suave temblor en la armazón y de pronto un tirón potente que casi me arrojó de la cometa. Mi último momento en la Tierra, pensé, de modo que cerré los ojos, ya que no tenía objeto seguir mirando. El horrible bamboleo me provocó una sensación desagradable en el estómago. ¡Ah! ¡Mala partida a lo astral!, pensé. Con mucha cautela abrí los ojos. El susto me los hizo cerrar otra vez. Estaba a más de treinta metros en el aire. Renovadas protestas del estómago me hicieron temer una inminente indisposición gástrica, de modo que abrí una vez más los ojos para saber mi ubicación exacta en caso de necesidad. Con los ojos abiertos, el espectáculo fue tan soberbio que olvidé las incomodidades y desde entonces no las he vuelto a sufrir. La cometa se bamboleaba, se mecía y cada vez subía más alto. Muy lejos, sobre la cumbre de la montaña, vi la tierra casi fisurada con las heridas del tiempo que no cicatrizan. Más cerca estaban las montañas con las cicatrices abiertas de los aludes, algunas ocultas a medias por los líquenes piadosos. Lejos, muy lejos, el sol de la tarde tocaba un lago distante y convertía sus aguas en oro líquido. Encima mío, las inclinaciones graciosas de la cometa en los errantes remansos de aire me hacía pensar en los dioses que jugaban en los cielos mientras que los pobres mortales atados a la Tierra tenían que bregar y luchar para mantenerse vivos, para poder aprender nuestras lecciones y finalmente partir en paz.

Ante un violento vaivén tuve la impresión de que el estómago se me había quedado en el picacho. Miré hacia abajo, por primera vez, Las motitas marrón rojizas eran monjes. Aumentaban de tamaño. Me estaban bajando. A unos cuantos metros más abajo, el arroyito de la hondonada burbujeaba en su curso. Yo había estado, por primera vez, a trescientos metros o más sobre la Tierra. El arroyito era todavía más importante; seguiría su curso, y crecería, hasta que finalmente ayudaría a llenar la Bahía de Bengala, a muchas millas de allí. Los peregrinos beberían sus aguas sagradas, pero en ese momento yo volaba sobre el lugar donde nacía y me sentía unido a los dioses.

La cometa se mecía salvajemente, de modo que los monjes se pusieron a cobrar soga con más rapidez. ¡De pronto recordé que había olvidado deslizarme hasta la V! Había estado todo el tiempo de pie en la cometa. Soltando los brazos, me senté, enrosqué brazos y piernas en las cuerdas y me deslicé. Golpeé la V con tanta fuerza que creí cortarme en dos. En ese momento el suelo estaba a seis metros, de modo que no perdí más tiempo, así la cuerda con las manos y cuando la cometa estuvo a dos metros de altura, me solté y caí dando un salto mortal.

—Jovencito —dijo el Maestro de Cometas— te portaste muy bien. Hiciste bien en recordar que tenías que colocarte en la V, de otro modo te hubiera costado dos piernas rotas. Ahora dejaremos que vuelen otros, y después podrás subir tú otra vez.

El próximo en subir, un joven monje, estuvo mejor que yo, pues recordó deslizarse a la V sin demora. Pero cuando el pobre aterrizó, lo hizo perfectamente, aunque en seguida cayó de bruces, aferrándose al suelo, con la cara verde, y un tremendo mareo. El tercer monje que voló lo hizo con entera seguridad, pero no era muy popular porque continuamente se jactaba de su habilidad. Hacía tres años que volaba y se consideraba el mejor de todos los tiempos. Al aire se fue, y llegó a los ciento cincuenta metros. En vez de deslizarse a la V, se enderezó, subió a la caja de la cometa, perdió pie y cayó por el extremo de cola: con una mano se aferró a la estructura, y se mantuvo varios segundos colgando de una mano. Vimos que con la otra mano trataba en vano de aferrarse a algo, después la cometa se meció violentamente, y el monje se soltó y cayó dando vueltas hasta las rocas que estaban a mil quinientos metros. La túnica, que flameaba parecía una nube rojo sangre.

El accidente enfrió un poco el entusiasmo, pero no lo suficiente como para no seguir volando. Se trajo a tierra la cometa para ver si había sufrido algún daño, después volvió a subir. Esta vez me deslicé a la V en cuanto estuve a treinta metros de altura. Debajo mío vi a un grupo de monjes que bajaban por la ladera de la montaña para rescatar el cuerpo que no era más que una masa roja contra las rocas. Miré hacia arriba y pensé que un hombre de pie en la caja de la cometa podría alterar un poco la posición y la altura. Recordé el incidente en el que había aterrizado en el techo del campesino, y cómo había ganado altura tironeando de la cuerda de la cometa.

—Debo discutir el asunto con mi Guía —pensé.

En ese momento sentí la horrible sensación de caer, tan rápida y tan inesperada que casi me solté. Allá abajo los monjes estaban cobrando cuerda desesperadamente. Al aproximarse la noche y enfriarse las rocas, había disminuído el viento en el valle, y había cesado casi completamente la corriente ascendente de la fisura. Ya había poca fuerza para elevarme, y cuando a tres metros salté a tierra, la cometa dio un brinco y cayó encima mío. Quedé sentado en el suelo. Con la cabeza había atravesado el fondo de seda de la caja de la cometa. Me quedé tan quieto, hundido en mis pensamientos, que los demás creyeron que estaba herido. El lama Mingyar Dondup se acercó corriendo.

—Si pusiéramos un puntal aquí —dije— podríamos pararnos en él y de ese modo alterar levemente el ángulo de la caja, con lo que tendríamos cierto control sobre la fuerza que nos eleva.

El Maestro de Cometas me había oído:

—Sí, jovencito, tienes razón, pero ¿quién haría la prueba?

—Yo, si mi Guía me lo permite.

Otro lama se volvió a mí con una sonrisa.

—Eres lama, Lobsang, no tienes que pedir permiso a nadie ahora.

—Oh, sí, tengo que pedirlo —fue mi respuesta—. El lama Mingyar Dondup me enseñó todo lo que sé, y sigue enseñándome, de modo que a él corresponde decidir.

El Maestro de Cometas vigiló mientras se llevaban la cometa, después me llevó a su cuarto. Allí tenía pequeños modelos de varias cometas. Una era alargada, en cierto modo parecía un pájaro.

—Hace muchos años remontamos una como ésta, con un hombre dentro. Voló más o menos veinte millas, hasta que chocó contra la montaña. Desde entonces no hemos vuelto a hacer nada con cometas de este tipo. Aquí tienes una como la que imaginas. Un puntal acá, una viga para sostenerse allá. Ya tenemos una terminada, con toda la armazón de madera; está en un depósito en desuso en un extremo del edificio. No conseguí que nadie la probara, y yo me excedo un poco en el peso.

Como pesaría ciento treinta kilos, la última observación no era necesaria. El lama Mingyar Dondup había entrado mientras conversábamos.

—Esta noche haremos un horóscopo, Lobsang, y veremos qué dicen las estrellas de todo esto —dijo.

El estruendo de los tambores nos despertó para la ceremonia de media noche. Mientras ocupaba mi lugar una figura enorme se deslizó a mi lado, descollando como una montaña pequeña entre la nube de incienso. Era el Maestro de Cometas.

—¿Lo hiciste? —murmuró.

—Sí —le respondí en igual tono— puedo volar pasado mañana.

—Bien —susurro— estaré listo.

Allí en el templo, con las lámparas de llama vacilante, y las figuras sagradas junto a las paredes, resultaba difícil pensar en el tonto monje que había caído de su vida actual. Si no hubiera sido tan jactancioso, yo no habría pensado en tratar de pararme dentro del cuerpo de la cometa y en controlar hasta cierto punto la elevación.

Allí, dentro del templo, con las paredes tan brillantemente pintadas con imágenes sagradas, nos sentábamos en la actitud del loto, cada uno de nosotros como una estatua viviente de Buda. Nuestros asientos eran los almohadones cuadrados demasiado altos, que nos elevaban veinticinco centímetros o más del suelo. Estábamos sentados en hileras dobles, dos frente a frente, dos espalda a espalda. Primero se realizó nuestra ceremonia de costumbre; el Jefe de los Cánticos, elegido por su conocimiento musical y voz profunda, entonó los primeros pasajes; al final de cada uno, bajaba cada vez más la voz, hasta que le quedaban los pulmones vacíos de aire. Nosotros cantábamos con voz monótona las respuestas, ciertos pasajes de las cuales estaban marcados por el repique de los tambores o el retintín de nuestras campanas de tono suave. Teníamos que poner extremo cuidado en la articulación de las palabras, pues creíamos que la disciplina de un lamasterio podía calcularse por la claridad de los cantos y la exactitud de la música. A un occidental le resultaría difícil seguir la escritura musical tibetana: consiste en curvas. Dibujamos las subidas y las bajadas de la voz. Ésa es la "curva básica". Quienes desean improvisar, añaden sus "arreglos" en forma de curvas más pequeñas dentro de la grande. Cuando terminó la ceremonia ordinaria, nos dieron diez minutos de descanso antes de comenzar el Servicio de los Muertos por el monje que había partido del mundo ese día.

Volvimos a reunirnos a una señal. El Conductor, en su trono elevado, entonó el pasaje del Bardo Thödol, el Libro Tibetano de los Muertos.

—¡Oh! Fantasma errante del monje Kumphel-la que en este día caíste de la vida de este mundo. No andes errante entre nosotros, pues hoy te has separado de nosotros. ¡Oh!

fantasma errante del monje Kumphel-la, encendemos esta pajuela de incienso para guiarte, para que puedas recibir instrucciones en tu sendero hasta las Tierras Perdidas y hasta la Realidad Más Grande.

Luego uníamos nuestros cánticos para invitar al fantasma a venir y recibir instrucciones, los jóvenes con nuestras voces agudas y los monjes más ancianos en tonos muy profundos. Monjes y lamas estaban sentados en el salón formando hileras, frente a frente, mientras elevaban y bajaban símbolos religiosos siguiendo un rito antiquísimo.

—¡Oh! Fantasma errante, ven a nosotros para que podamos guiarte. No ves nuestros rostros, no hueles nuestro incienso, por lo tanto estás muerto. ¡Ven! ¡Para que podamos guiarte!

La orquesta de instrumentos de madera, tambores, valvas y platillos tocaba en las pausas. Se llenó de agua roja, para simular sangre, un cráneo humano, y se pasó para que todos los monjes lo tocaran.

—Tu sangre se ha derramado en la tierra, oh monje que no eres más que un fantasma errante, ven para que te liberemos.

Se arrojaron al este, al oeste, al norte y al sur, granos de arroz, teñidos de azafrán.

—¿Dónde está el fantasma errante? ¿En el este? O en el norte. ¿En el oeste? O en el sur. Se arroja alimento de los dioses a los cuatro rincones de la Tierra, y no lo comes, por lo tanto estás muerto. Ven, oh fantasma errante, para que podamos liberarte y guiarte.

El profundo tambor de bronce palpitó al ritmo de la vida misma, con el latido común del corazón humano. Otros instrumentos imitaron todos los ruidos del cuerpo. El susurro suavísimo de la sangre por venas y arterias, el murmullo quedo del aliento en los pulmones, el gorgoteo de los flúidos del cuerpo al moverse, y los distintos chasquidos, crujidos y murmullos que constituyen la música de la vida misma. Todos los ruidos suaves de la humanidad. Una trompeta que comenzó a sonar en tiempo común, lanzó un grito asustado, y aumentó el latir del corazón. Un golpe y silencio. El fin de la vida, de una vida terminada violentamente.

—¡Oh! monje que fuiste, fantasma errante que eres, nuestros monjes telepáticos te guiarán. No temas, vacía la mente. Recibe nuestras enseñanzas para que podamos liberarte. No existe la muerte, fantasma errante, sino sólo la vida interminable. Morir es nacer y te llamamos para liberarte a una nueva vida.

Durante siglos los tibetanos han desarrollado la ciencia de los sonidos. Conocemos todos los sonidos del cuerpo y podemos reproducirlos claramente. Cuando se los oye, no se los olvida jamás. ¿Habéis apoyado la cabeza en la almohada, a punto de dormiros, y habéis oído el latido del corazón, la respiración de los pulmones? En el Lamasterio del Oráculo del Estado ponen al médium en trance por medio de algunos de estos sonidos, y el médium es invadido por un espíritu. El soldado Younghusband, que dirigía las Fuerzas Británicas que invadieron Lhasa en 1904, atestiguó el poder de estos sonidos, y el hecho de que el Oráculo cambiaba de aspecto cuando estaba en trance.

Al terminar la ceremonia nos apresuramos a regresar a nuestros cuartos para dormir. Con la emoción de volar y el aire tan distinto, yo estaba casi dormido de pie. Cuando llegó la mañana el Maestro de Cometas me envió un mensaje en el que decía que estaría trabajando en la cometa "controlable", y me invitaba a unirme a él. Con mi Guía, fui a su taller, que había instalado en el viejo depósito. En el suelo había pilas de maderas extranjeras y en las paredes aparecían muchos diagramas de cometas. El modelo especial que yo iba a usar estaba colgado del techo abovedado. Ante mi asombro, el Maestro de Cometas tiró de una cuerda y la cometa bajó a nivel del suelo —estaba suspendida de una especie de polea. Me invitó a subir. El piso de la caja tenía muchas vigas sobre las que podía pararme, y otra viga a la altura de la cintura brindaba una barrera satisfactoria en la que apoyarse. Examinamos la cometa palmo a palmo. Quitaron la seda y el Maestro de Cometas dijo que él mismo iba a cubrirla con seda nueva. Las alas de los costados no eran derechas, como en la otra máquina, sino curvadas, como una mano ahuecada con la palma hacia abajo.

Medían más o menos tres metros y me dio la impresión de que tendrían mucho poder de elevación.

Al día siguiente llevaron la máquina al aire libre, y los monjes tuvieron mucho trabajo para mantenerla al nivel del suelo cuando la pasaron por la grieta con la corriente de aire ascendente. Finalmente la colocaron en posición y yo, dándome mucha cuenta de la importancia de mi papel, subí a la caja. Esta vez los monjes iban a remontar la cometa en lugar de usar caballos, como era más común. Se consideraba que los monjes podían controlarla mejor. Satisfecho, grité:

—*Tra-di, them-pa.* Listo, arrastren.

Después, cuando el primer temblor pasó por la estructura, grité:

—*O-na dö-a.* Adiós.

Un súbito tirón y la máquina salió disparada a lo alto como una flecha. Por suerte estaba bien agarrado, pensé, o habrían buscado *mi* fantasma errante esta noche, y estoy muy satisfecho con este cuerpo por el momento.

Abajo, los monjes manejaban hábilmente la soga, y la cometa se elevaba cada vez más. Arrojé la piedra con la oración a los Dioses del Viento, y por muy poco no golpeó a un monje; después pudimos usar otra vez la tela, que cayó a los pies del monje. El maestro de Cometas bailaba impaciente porque comenzara las pruebas, por lo que me pareció mejor ponerme a la tarea. Moviéndome con mucha cautela descubrí que podía alterar considerablemente la "elevación" y la "actitud" de la cometa.

Adquirí mayor confianza y me descuidé. Me coloqué en la parte posterior de la caja..., y la cometa descendió como una piedra. Resbalé de la barra en que me apoyaba y quedé colgando de las manos. Con gran esfuerzo, mientras la túnica me envolvía la cabeza, conseguí elevarme y trepar otra vez a la posición normal. Se detuvo la caída y la cometa partió hacia arriba. Para ese entonces, ya tenía la cabeza libre de la túnica y miré hacia afuera. Si no hubiera sido un lama de cabeza rapada, se me hubieran parado los cabellos: estaba a menos de sesenta metros sobre el suelo. Más tarde, cuando aterricé, me dijeron que había llegado a menos de quince metros del suelo, antes de detenerse la caída de la cometa, que después se elevó.

Me mantuve un tiempo aferrado a la barandilla, respirando con dificultad por el esfuerzo. Al mirar las millas y millas de terreno, vi en la distancia algo que me pareció una línea de puntos que se movía. La miré fijamente un rato, sin comprender, y después me di cuenta. ¡Por supuesto! Era el resto de nuestro grupo que marchaba lentamente por el paisaje desolado. Había puntos grandes, puntos chicos y puntos largos. Hombres, chicos y animales, pensé. Se movían con tanta lentitud, avanzaban de un modo tan dolorosamente vacilante. Tuve un gran placer, al aterrizar, cuando dije que el grupo estaría con nosotros al cabo de un día.

Era realmente fascinante mirar desde arriba el azul grisáceo de las rocas, y el tibio ocre rojizo de la tierra y los lagos que brillaban en la distancia. Muy bajo, en la grieta, donde el aire era más tibio y protegido de los vientos fuertes, musgos, líquenes y plantas formaban una alfombra que me recordó la que había en el estudio de mi padre. A través de ella corría el arroyito que me cantaba en la noche. Corría a través de ella, sí, y eso también me recordó— dolorosamente— aquella vez en que dejé caer una jarra de agua sobre la alfombra de mi padre. ¡Sí, mi padre tenía la mano muy pesada!

A espaldas del lamasterio el terreno era montañoso, pico tras pico se elevaban en sus cordilleras aserradas, hasta que en el horizonte distante se destacaban sus siluetas negras contra la luz del sol.

El cielo de Tibet es el más claro del mundo, se puede ver hasta donde lo permiten las montañas, y no hay brumas de calor que provoquen distorsiones. Hasta donde alcanzaba a ver, nada se movía en toda la vasta distancia, a excepción de los monjes debajo de mí, y aquellos puntos apenas visibles que marchaban laboriosa e interminablemente hacia nosotros. Tal vez pudieran verme. Pero la cometa comenzó a sacudirse; los monjes me hacían bajar. Con infinito cuidado me hicieron aterrizar de modo de no dañar la valiosa máquina experimental.

Una vez en tierra, el Maestro de Cometas me miró con afecto, y me puso el brazo poderoso alrededor de los hombros con tanto entusiasmo, que tuve la *seguridad* de que me había destrozado todos los huesos. Nadie podía decir una sola palabra, durante años enteros había tenido sus "teorías", pero no podía experimentarlas porque su inmenso tamaño le impedía volar. Cuando tomaba aliento, yo le repetía que *me gustaba* hacerlo, que experimentaba tanto placer al volar como él al diseñar, experimentar y observar.

—Sí, sí, Lobsang; ahora, si movemos esto hasta aquí, y ponemos este soporte allá. Sí, eso es lo que hay que hacer. Hummm, la llevaremos adentro y comenzaremos a trabajar ahora mismo. ¿Y dices que se bamboleaba hacia los costados cuando hacías esto?

Y así siguió la cosa. Volar y alterar, volar y alterar. Y yo disfrutaba de cada segundo. A nadie se le permitía volar —ni siquiera poner un pie— en esa cometa especial. Cada vez que la usaba había algunas modificaciones, alguna mejora. ¡La más grande mejora, pensé, sería una correa para mantenerme dentro!

Pero la llegada del resto del grupo hizo que suspendiéramos los vuelos durante un día o dos. Teníamos que organizar a los recién llegados en grupos de recolectores y de empaquetadores. Los monjes de menos experiencia tenían que recoger sólo tres clases de plantas, y se los enviaba a zonas donde esas plantas abundaban. Cada grupo estaba fuera una semana, recorriendo las fuentes de provisión. Al octavo día regresaban con las plantas, que se desparramaban en el piso muy limpio de un depósito. Lamas muy experimentados examinaban cada planta para ver que no tuvieran pulgones y si eran del tipo indicado. De algunas plantas se arrancaban los pétalos, que se ponían a secar. A otras se les molía la raíz, que luego se guardaba. Otras se exprimían en cuanto llegaban, porque lo que se utilizaba era el jugo, que se guardaba en jarras herméticamente cerradas. Semillas, hojas, tallos, pétalos, todo se lavaba y se guardaba en bolsas de cuero cuando estaba bien seco. Se anotaba el contenido de las bolsas en la parte exterior, se retorcía el cuello para que no entrara agua, y se sumergía rápidamente el cuero en agua y luego se exponía al sol más fuerte. Al cabo de un día el cuero quedaba tan seco como un trozo de madera. Las bolsas se ponían tan duras, que para abrir el extremo retorcido era necesario cortarlo. En el aire seco de Tibet, las plantas guardadas de este modo se conservan años enteros.

Después de los primeros días dividí mi tiempo entre recolectar hierbas y volar en cometa. El viejo Maestro de Cometas era hombre de mucha influencia y, como él decía, en vista de las predicciones referentes a mi futuro, mi conocimiento de las máquinas en el cielo era tan importante como la habilidad de recoger hierbas y clasificarlas. Durante tres días a la semana volaba en cometas. El resto lo dedicaba a cabalgar de grupo en grupo para aprender lo más posible en el menor tiempo. A menudo, cuando me hallaba muy alto en una cometa, miraba el paisaje que ya me resultaba familiar y veía las tiendas negras de cuero de yac que usaban los recolectores de hierbas. Alrededor de ellas pacían los yacs, compensando el tiempo perdido, el tiempo al finalizar la semana cuando tendrían que acarrear las hierbas. La mayoría de esas plantas eran muy famosas en muchos países orientales, pero otras no han sido "descubiertas" por el mundo occidental y por lo tanto no tienen nombres en latín. El conocimiento de las hierbas me resultó muy útil, pero no menos el de volar.

Tuvimos otro accidente: un monje me había estado observando con bastante interés, y cuando le llegó el turno de volar, en una cometa común, pensó que podía hacerlo tan bien como yo. Estando en el aire, la cometa comenzó a portarse de un modo extraño. Vimos que el monje se estaba meciendo de un lado a otro, en un intento de controlar la posición de la máquina. Un tirón especialmente fuerte, y la cometa se movió de lado. Se quebró la madera, y el monje cayó por un lado. Al caer dio varios saltos mortales, con la túnica arremolinada en la cabeza. Cayó una lluvia de artículos, cuenco de tsampa, taza de madera, rosario y varios amuletos. Ya no los necesitaría. Dando vueltas, finalmente desapareció en la hondonada. Después, nos llegó el ruido del impacto.

Todo lo bueno llega a su fin. Los días estuvieron llenos de trabajo, intenso trabajo, pero demasiado pronto terminó nuestra visita de tres meses. Ésa fue la primera de una serie de placenteras visitas a las montañas y a otro Tra Yerpa más cercano de Lhasa. A disgusto empacamos nuestras pocas cosas. El Maestro de Cometas me regaló un hermoso modelo de cometa para vuelo humano, que hizo especialmente para mí. Al día siguiente partimos. Como a la ida, unos pocos regresamos a marcha forzada, mientras el grueso de los monjes, acólitos y animales de carga nos seguían con más lentitud. Nos alegramos de estar de vuelta en la Montaña de Hierro, pero lamentamos de veras separarnos de los nuevos amigos y de la mayor libertad de las montañas.

CAPÍTULO TRECE

LA PRIMERA VISITA A MI HOGAR

Habíamos llegado a tiempo para las ceremonias del Log-sar o Año Nuevo. Había que limpiar todo, todo debía estar en orden. El día quince el Dalai Lama fue a la Catedral para una serie de ceremonias. Cuando terminaron, salió para realizar su gira por el Bakhor, el camino circular que pasa por el Jo-Kang y el Consejo, por el mercado y completa el circuito entre las grandes casas de negocios. A esta altura de las celebraciones, la solemnidad era reemplazada por la jovialidad. Los dioses habían sido aplacados, y era el momento del placer y la alegría. Enormes armazones de madera, de nueve a doce metros de altura, sostenían imágenes hechas de manteca coloreada. Varias armazones tenían "pinturas de manteca" en relieve, de varias escenas de los Libros Sagrados. El Dalai Lama hacía el camino a pie, y las examinaba a todas. La más atrayente de todas le valía al lamasterio que la había hecho, el título de los mejores modeladores en manteca del año. A nosotros, los de Chakpori, no nos interesaban en lo más mínimo estos carnavales, que nos parecían infantiles y poco divertidos. Tampoco nos interesaban las otras exhibiciones, cuando caballos sin jinete cruzaban a galope la planicie de Lhasa, en abierta competencia. Nos interesaban más las figuras gigantes que representaban personajes de nuestras leyendas. Estas figuras se construían sobre una armazón liviana de madera que representaba el cuerpo a la que se insertaba una cabeza enorme y muy realista. Dentro de la cabeza se colocaban lámparas de manteca que brillaban por los ojos, y al titilar, daban la impresión de que los ojos se movían de un lado a otro. Dentro de la armazón de la figura iba un monje en zancos, que miraba indiferentemente al exterior por una abertura en la cintura del gigante. A esos monjes les ocurrían los accidentes poco comunes. Podía ocurrir que el pobre desdichado pusiera un zanco en un agujero, con lo cual quedaba balanceándose sobre un solo zanco, o que pisara alguna sustancia resbaladiza en el suelo. Una de las peores cosas que podían ocurrir era que las lámparas se soltaran en algún movimiento brusco... con lo cual prendían fuego a toda la figura.

Una vez, años más tarde, me convencieron de que llevara la figura del Buda, Dios de la Medicina. Medía siete metros y medio de altura. Las vestiduras flotantes golpeaban mis piernas enzancadas, las polillas también me golpeaban, pues la túnica había estado guardada. Mientras avanzaba a los saltos por la calle, se sacudía el polvo de la túnica, y estornudaba, estornudaba, estornudaba. Cada estornudo provocaba un nuevo salto, y a mi incomodidad añadía la manteca caliente que salpicaba de las lámparas encima de mi cabeza afeitada y sufriente. El calor era terrible. Un montón de ropa vieja y mohosa, enjambres de polillas aturdidas, y manteca caliente. Normalmente la manteca se mantiene sólida en las lámparas, con excepción de un charquito que se forma alrededor de la mecha. Pero con aquel calor sofocante, se había derretido toda la manteca. La pequeña mirilla en la cintura de la figura no estaba en la misma línea que mis ojos, y no podía soltar los zancos para arreglarla. Todo lo que alcanzaba a ver era la espalda de la figura que marchaba delante mío, y por la manera cómo se mecía y saltaba, el pobre desdichado que iba dentro la estaba pasando tan mal como yo. A pesar de todo, con el Dalai Lama mirando, no había otro remedio que seguir andando, sofocado por los trapos y medio asado en manteca. ¡Con el calor y el esfuerzo, estoy seguro de haber perdido kilos de peso! Esa noche, un alto lama me dijo:

—¡Oh, Lobsang! ¡Tu actuación de hoy fue *buena*, hubieras sido un excelente *comediante!*

De ningún modo le dije que las "cabriolas" que tanto lo habían divertido fueron involuntarias. ¡Desde entonces jamás volví a llevar una figura!

No mucho después de eso, creo que habrían pasado cinco

o seis meses, hubo una tremenda tempestad de viento, que levantaba nubes de polvo y arena. Yo estaba en el techo de un depósito, donde me enseñaban a colocar oro laminado para hacer impermeables los techos. Una ráfaga me barrió del techo y me arrojó a otro, tres metros más abajo. Otra ráfaga me levantó y me arrojó sobre la baranda, para caer por la ladera de la Montaña de Hierro hasta el camino de Lingkhor, cien metros más abajo. El terreno era pantanoso y caí de cara en el agua. Algo chasqueó, otra rama, pensé. Aturdido, traté de levantarme del barro, pero el dolor fue intensísimo cuando traté de mover el hombro o el brazo izquierdo. De algún modo logré ponerme de rodillas, después de pie, y tambaleándome anduve por el camino seco. Creí indisponerme de dolor, y no podía pensar con claridad, mi único pensamiento era subir la montaña lo más rápidamente posible. A ciegas seguí mi camino tambaleándome hasta que, hallándome a media altura, encontré un grupo de monjes que bajaban velozmente a averiguar que me había pasado, a mí y a otro muchacho. El había caído sobre rocas, y estaba muerto. Me llevaron en andas el resto del camino, hasta la habitación de mi Guía, quién me examinó rápidamente.

—¡Oé, Oé, pobres muchachos, no debieron hacerlos salir con semejante ventarrón!

Me miró.

—Bueno, Lobsang, tienes roto un brazo y una vértebra cervical. Tendremos que arreglarlas. Va a dolerte mucho, pero no más de lo que pueda evitar.

Mientras hablaba, y casi antes de que me diera cuenta, había arreglado la vértebra y me había entablillado para que los huesos rotos quedaran en su sitio. El brazo fue más doloroso, pero eso también quedó pronto arreglado y entablillado. El resto del día no hice más que estar acostado. Cuando amaneció el siguiente día, el lama Mingyar Dondup me dijo:

—No podemos permitir que te atrases en los estudios, Lobsang, de modo que estudiaremos los dos juntos aquí. Como a todos nosotros, te disgusta un poco aprender cosas nuevas, de modo que voy a quitarte ese "antagonismo al estudio" por medio del hipnotismo.

Cerró las persianas y el cuarto quedó a oscuras, iluminado sólo por la luz muy débil de las lámparas del altar. De alguna parte tomó una cajita que colocó en un estante, frente a mí. Me pareció ver luces brillantes, luces de colores, bandas y vetas de color y luego todo pareció terminar en un silencioso estallido de brillo.

Debí despertarme al cabo de muchas horas. La ventana estaba abierta otra vez, pero las sombras púrpura de la noche comenzaban a invadir el valle. Desde el Potala parpadeaban algunas lucecitas, dentro y alrededor de los edificios, mientras la guardia nocturna efectuaba su recorrida. Miré la ciudad donde también comenzaba la vida de la noche. En ese momento entró mi Guía:

—¡Oh! —dijo—. Por fin regresaste a nosotros. Pensamos que los campos astrales te parecían tan hermosos que querías quedarte un rato. Ahora supongo que, como de costumbre, tendrás hambre.

Cuando lo mencionó comprendí que tenía hambre, definitivamente. Pronto trajeron comida, y mientras comía, él habló.

—Según las leyes comunes, debiste abandonar tu cuerpo, pero tus estrellas dicen que vivirás para morir en la Tierra de los Pieles Rojas (América) dentro de muchos años. Ahora se está celebrando una ceremonia por el que no se quedó. Murió instantáneamente.

A mí me parecía que los que habían muerto eran los afortunados. Mis propias experiencias en viajes astrales me habían enseñado que era muy agradable. Pero después recordé que en realidad no nos gustaba la escuela, pero teníamos que acudir para aprender cosas, ¿y qué otra cosa era la vida en la Tierra, sino una escuela? ¡Y una muy severa, por añadidura! ¡Aquí estoy yo, pensé, con dos huesos rotos, y tengo que seguir *aprendiendo*!

Durante dos semanas se enseñaron con más intensidad que de costumbre, y me dijeron que no pensara en mis huesos rotos, al finalizar las dos semanas ya se habían soldado, pero estaba tieso y me dolían mucho el cuello y el brazo. Una mañana fui al cuarto del lama Mingyar Dondup, y lo encontré leyendo una carta. Levantó la vista cuando entré.

—Lobsang —dijo— tenemos un paquete de hierbas para tu Honorable Madre. Puedes llevárselo mañana por la mañana y quedarte todo el día.

—Estoy seguro que mi padre no querrá verme —respondí—. Me ignoró completamente cuando pasó a mi lado en los escalones del Potala.

—Claro que te ignoró. Sabía que salías de ver al Más Amado, sabía que habías recibido un favor especial, y por lo tanto no *podía* hablar a menos que yo estuviera contigo, porque ahora estás bajo mi tutela por orden del mismo Dalai Lama. Me miró y se le formaron arrugas en los ojos al reir. De todos modos, tu padre no estará allí mañana. Ha ido a Gyangtse por varios días.

A la mañana siguiente mi Guía me miró y dijo.

—Humm, sí, estás un poco pálido, pero estás limpio ¡y esto cuenta mucho para una madre! Aquí tienes una chalina, no olvides que eres un lama y que tienes que obrar de acuerdo a los Reglamentos. Viniste aquí a pie. Hoy cabalgarás uno de nuestros mejores caballos blancos. Lleva el mío, necesita ejercicio.

Al partir me entregaron la bolsa de cuero con las hierbas. Estaba envuelta en una chalina de seda, como señal de respeto. La miré con muchas dudas, preguntándome cómo podría mantener limpia la condenada. Por fin quité la chalina y la puse en mi túnica hasta estar más cerca de casa.

Bajamos la cuesta, el caballo y yo. A mitad del camino el caballo se detuvo, volvió la cabeza y me echó una buena mirada. Aparentemente no le impresionó mucho lo que vio, porque lanzó un fuerte relincho, e inició una marcha apresurada, como si no pudiera soportar verme. ¡Lo comprendí perfectamente, porque mis sentimientos eran idénticos a su respecto! En Tibet los lamas más ortodoxos cabalgan en mulas, dado que se suponen son seres asexuados. Los lamas que no son tan puntillosos cabalgan caballos machos o ponies. En cuanto a mí, prefería caminar mientras fuera posible. Al pie de la montaña doblamos a la derecha. Suspiré aliviado; el caballo había estado de acuerdo conmigo en doblar a la derecha. Probablemente porque *siempre* se atraviesa el camino de Lingkhor en el sentido de las agujas del reloj, por motivos religiosos. De modo que doblamos *a la derecha* y cruzamos el camino de Drepung-City para continuar por el circuito de Lingkhor. Pasamos junto al Potala, que no parecía comparable con nuestro Chakpori en cuanto a atracción, y cruzamos el camino a la India, dejando el Kaling Chu a la izquierda y el Templo de la Serpiente a la derecha. En la entrada de mi antiguo hogar, a cierta distancia, los sirvientes me vieron llegar y se apresuraron a abrir los portales. Cabalgué derecho al patio, con un bamboleo y la esperanza de no caer. Un sirviente sostuvo al caballo, afortunadamente, mientras yo desmontaba.

El mayordomo y yo intercambiamos gravemente nuestras chalinas ceremoniales.

—Bendice esta casa y todo lo que hay en ella, Honorable Lama Médico —dijo el mayordomo.

—Que la bendición de Buda, el Puro, el que todo lo ve, caiga sobre ti y te dé salud —repliqué.

—Honorable Señor, la Señora de la Casa me ordena que te lleve ante ella.

De modo que fuimos juntos (¡como si yo no hubiera conocido el camino!) mientras yo chapuceaba para atar nuevamente la bolsa de hierbas con la condenada chalina, arriba en el cuarto mejor de mi madre.

—Nunca me permitieron entrar aquí cuando era solamente un hijo —pensé.

¡Mi pensamiento secreto fue salir corriendo, el cuarto estaba lleno de mujeres!

Antes de que pudiera huir, mi madre avanzó hasta mí y me hizo una reverencia.

—Honorable Señor e Hijo, mis amigas están aquí para oir del honor que te confirió el Muy Amado.

—Honorable Madre —repliqué— los Reglamentos de mi Orden me prohiben decir lo que el Muy Amado me dijo. El lama Mingyar Dondup me indicó que te trajera esta bolsa de hierbas y que te la entregara con su chalina de Saludo.

—Honorable Lama e Hijo, estas damas han viajado desde muy lejos para conocer lo que ocurre en la Casa Más Secreta y saber del Muy Amado que vive en ella. *¿De veras*

lee revistas hindúes? Y es cierto que tiene un vidrio con el
que puede ver a través de las paredes de las casas?

—Señora —respondí— no soy más que un pobre Lama
Médico que acaba de regresar de las montañas. No corresponde a alguien tan mísero como yo hablar de lo que ocurre
en la Casa del Orden. He venido sólo como mensajero.

Una muchacha se acercó a mí y dijo:

—¿No me recuerdas? ¡Soy Yaso!

A decir verdad, mal podía reconocerla, había crecido
tanto, ¡y era tan... ornamental! Tuve dudas. Ocho, no, nueve mujeres eran demasiado para mí. Hombres, sí, sabía
cómo tratarlos, pero ¡*mujeres!* Me miraban como si fuera
un bocado apetitoso y ellas lobos hambrientos de las praderas. No quedaba sino una línea de acción: retirarse.

—Honorable Madre —dije—, he entregado mi mensaje
y ahora debo regresar a mis deberes. He estado enfermo y
tengo mucho que hacer.

Con eso, hice una reverencia, me volví y salí con toda la
rapidez que me permitían las buenas maneras. El mayordomo había regresado a su oficina, y el asistente me trajo el
caballo.

—Ayúdame a montar —dije— porque hace poco se me
rompió un brazo y el cuello y no puedo hacerlo solo.

El asistente abrió los portales, y salí precisamente en el
momento en que mi madre salía al balcón y gritaba algo.
El caballo blanco dobló a la izquierda para que otra vez
pudiéramos viajar en el sentido de las agujas del reloj por
el camino de Lingkhor. Cabalgué lentamente. Lentamente,
pues no quería regresar *demasiado* pronto, pasamos por
Gyü-po Linga, por Muru Gompa y completamos el círculo.

Una vez en casa, en la Montaña de Hierro, fui a ver al
lama Mingyar Dondup. Me miró.

—¡Como Lobsang! ¿Te han perseguido por la Ciudad los
fantasmas errantes? ¡Estas temblando!

—¿Temblando? —contesté—. ¿*Temblando?* Mi madre
estaba con una cantidad de *mujeres* y todas querían saber
del Más Recóndito y de lo que me dijo. Les dije que los
Reglamentos de la Orden no me permitían repetirlo. ¡Salí

en cuanto pude, y todas esas mujeres que no hacían más que mirarme!...

Mi Guía se sacudía de la risa. Cuanto más asombrado lo miraba yo, más reía él.

—El Muy Amado quería saber si ya te habías acostumbrado a estar aquí, o si todavía seguías pensando en tu hogar.

La vida del Lamasterio había confundido mis valores "sociales", las mujeres eran criaturas extrañas para mí (¡todavía lo son!) y...

—Pero *éste* es mi hogar. ¡Oh, no!, no quiero regresar a Casa de mi Padre. Esas mujeres pintadas, con cosas en el pelo, y la forma como me miraban, como si yo fuera un carnero premiado y ellas carniceros de Shö. Voces chillonas y —temo que *mi* voz haya bajado hasta ser un susurro— ¡sus *colores astrales!* ¡Espantosos! ¡Oh, Honorable Lama Guía, no hablemos más de ello!

No me permitieron olvidarlo durante días enteros.

—Lobsang, quiero que vayas a ver a tu Honorable Madre. Hoy ofrece una reunión y necesita alguien que las entretenga.

Pero al cabo de una semana me dijeron nuevamente que el Dalai Lama estaba muy, muy interesado en mí, y que había dispuesto que yo fuera a mi casa cuando mi madre ofrecía una de sus numerosas reuniones sociales. Nadie se oponía al Muy Amado, todos lo amábamos, no sólo como a un Dios en la Tierra, sino como al Hombre veraz que era. Tenía un genio pronto, pero yo también, y él nunca permitía que su opinión personal interfiriera con los deberes del Estado. Y tampoco estaba de mal humor más que unos minutos. Era el Supremo Dirigente del Estado y de la Iglesia.

CAPÍTULO CATORCE

USO EL TERCER OJO

Una mañana, cuando me encontraba en paz con el mundo, y me preguntaba cómo llenaría la media hora que restaba hasta la próxima ceremonia, el lama Mingyar Dondup se acercó a mí:

—Vamos a caminar un poco, Lobsang. Tengo una idea para ti.

Me puse de pie de un salto, contento de salir con mi Guía. No tardamos mucho en estar listos, y partimos. Cuando salimos del Templo uno de los gatos dio muestras de profundo afecto y no pudimos dejarlo hasta que cesó el estruendoso ronroneo y la cola comenzó a sacudirse. Era un gato muy grande, lo llamábamos "gato"; en tibetano, por supuesto, que es *shi-mi*. Satisfecho al ver que su afecto era correspondido, caminó solemnemente a nuestro lado hasta que estuvimos a mitad de camino en la montaña. Después, aparentemente recordó de pronto que había dejado sin guardianes a las joyas, y salió corriendo con gran prisa.

Los gatos del templo no eran un adorno solamente, eran feroces guardianes de las masas de gemas sin tallar amontonadas junto a las figuras sagradas. En las casas, los guardianes eran perros, inmensos mastines que echaban un hombre a tierra y lo masacraban. Esos perros podían ser amansados y alejados. No así los gatos. Una vez que atacaban, sólo la muerte los detenía. Eran del tipo que a veces se llama Siamés. Tibet es frío, de modo que los gatos eran casi negros. En países cálidos, me han dicho, son blancos, pues la temperatura afecta el color de la piel. Tenían ojos azules y las patas traseras muy largas, lo que les daba un aspecto "diferente" cuando caminaban. Eran de cola larga, parecida a un látigo, ¡y sus voces!... Ningún gato ha tenido jamás las voces de éstos. El volumen y el alcance tonal eran increíbles.

Cuando estaban de guardia, esos gatos recorrían los templos, silenciosos y alertas, como sombras negras de la noche. Si alguien trataba de tocar las joyas, que no tenían otra protección, un gato emergía de las sombras y saltaba al brazo del hombre. A menos que soltara inmediatamente lo que tenía en la mano, saltaba otro gato, tal vez desde la Imagen Sagrada, directamente a la garganta del ladrón. Y esos gatos tenían garras dos veces más grandes que las del gato "común" —y *nunca* soltaban su presa. Era posible golpear a los perros para alejarlos, o tal vez dominarlos o envenenarlos. No así los gatos. Ponían en fuga a los mastines más feroces. Únicamente hombres que los conocían personalmente podían acercarse a ellos cuando estaban de guardia.

Seguimos bajando. Una vez en el camino doblamos a la derecha, por el Pargo Kaling y pasamos por la villa de Shö. Cruzamos el Puente de Turquesa y doblamos otra vez a la derecha en la Casa de Doring. Así llegamos a un costado de la Misión China. Mientras caminábamos, el lama Mingyar Dondup me hablaba.

—Llegó una misión china, como te dije. Vamos a echarles una mirada, a ver cómo son.

Mi primera impresión fue muy desfavorable. Dentro de la casa, varios hombres de aspecto muy arrogante, estaban desempacando cajas y valijas. Tenían armas suficientes para proveer a un ejército pequeño. Como yo no era muy grande podía "investigar" de una manera completamente inadecuada a una persona mayor. Me arrastré por el terreno que rodeaba la casa y silenciosamente me acerqué a una ventana. Me quedé observando un rato, hasta que uno de los hombres levantó la mirada y me vio. Lanzó un juramento en chino que arrojó grandes dudas sobre mis antepasados, pero que no dejó ninguna sobre mi futuro. Hizo ademán de tomar algo, de modo que me alejé antes de que pudiera arrojarlo.

Otra vez en el camino del Lingkhor, dije a mi Guía:

—¡Oh! ¡Cómo se pusieron rojas sus caras! Y no hacen más que agitar cuchillos.

Durante el resto del camino el lama Mingyar Dondup estuvo muy pensativo. Después de cenar me dijo:

—Estuve pensando mucho en esos chinos. Voy a sugerirle al Muy Amado que hagamos uso de tus habilidades. ¿Crees que podrás observarlos protegido por un biombo, si podemos arreglarlo así?

Todo lo que pude decir fue:

—Si usted cree que puedo, entonces podré.

Al día siguiente no vi a mi Guía, pero al otro me dio lecciones por la mañana y después de la comida de mediodía dijo:

—Esta tarde vamos a dar un paseo, Lobsang. Aquí tienes una chalina de la mejor calidad, de modo que no necesitas ser clarividente para saber adonde vamos. Tienes diez minutos para estar listo, y después ve a buscarme a mi cuarto. Primero tengo que ver al Abad.

Otra vez marchamos por el sendero que entre precipicios bajaba por la montaña. Tomamos un sendero que acortaba el camino hacia el sudoeste de la montaña, y después de muy poco caminar llegamos a Norbu Linga. Al Dalai le gustaba mucho este Parque Enjoyado, y allí pasaba la mayor parte de su tiempo libre. El Potala era hermoso, por fuera, pero dentro el aire era sofocante por la ventilación insuficiente y demasiadas lámparas de manteca que estaban encendidas demasiado tiempo. Con el paso de los años, mucha manteca se había derramado en los pisos, y no era nuevo para ningún lama muy digno caminar solemnemente por un camino descendente, pisar un trozo de manteca cubierto de tierra, y llegar al pie de la rampa con una exclamación de sorpresa cuando parte de su anatomía golpeaba el suelo de piedra. El Dalai Lama no quería correr el riesgo de dar un espectáculo tan poco digno, de modo que pasaba el mayor tiempo posible en Norbu Linga.

Este Parque Enjoyado estaba rodeado de una pared de piedra de más de tres metros de altura. El Parque tiene sólo cien años. El Palacio que está dentro tenía torrecillas de oro y estaba formado por tres edificios que se usaban para tareas oficiales y del estado. Un Recinto Cerrado, que también tenía una pared alta, era usado por el Dalai Lama como jardín de recreo. Algunas personas han escrito que los funcionarios tienen prohibida la entrada a ese recinto. No es así, de ningún modo. Tenían prohibido realizar cualquier tarea oficial dentro del recinto. Yo estuve allí más de treinta veces y lo conozco bien. Había un hermosísimo lago artificial con dos islas, en las cuales había dos casas de verano. En el extremo noroeste un amplio sendero de piedra permitía llegar a las islas y a las casas de verano. El Dalai Lama pasaba gran tiempo en una u otra isla, y allí meditaba muchas horas al día. Dentro del Parque había barracas donde vivían alrededor de quinientos hombres que eran guardias de corps. A ese palacio me llevaba el lama Mingyar Dondup. Ésa era mi primera visita. Atravesamos un hermoso jardín y pasamos por un portal muy adornado que llevaba al Recinto Cerrado. Toda clase de pájaros picoteaban su comida en el suelo cuando entramos, y no nos prestaron la menor atención. ¡*Nosotros* tuvimos que alejarnos de su camino! El lago era plácido, como un espejo de metal muy pulido. El sendero de piedra había sido blanqueado recientemente, y marchamos hasta la isla más alejada donde el Más Recóndito estaba sentado en profunda meditación. Cuando nos aproximamos levantó la vista y sonrió. Nos arrodillamos, dejamos nuestras chalinas a sus pies y nos dijo que nos sentáramos frente a él. Tocó una campanilla para que trajeran el té mantecado sin el cual ningún tibetano puede conversar. Mientras esperábamos que lo trajeran, me habló de los distintos animales que tenía en el Parque y me prometió que los vería más tarde.

Cuando llegó el té y se fue el lama asistente, el Dalai Lama me miró y dijo:

—Nuestro buen amigo Mingyar me dice que no te gustan los colores áuricos de esta delegación china. Dice que llevan muchas armas. En todas las pruebas, secretas o no, que se han hecho de tu clarividencia, nunca has fallado. ¿Qué opinas de estos hombres?

Eso no me hizo nada feliz; no me gustaba decir a los demás —exceptuando al lama Mingyar Dondup— lo que veía en los "colores" y el significado que tenían para mí. Según yo razonaba, si una persona no podía verlo por sí misma, entonces no tenía que saberlo. ¿Pero cómo se le decía eso al Dirigente del Gobierno? Particularmente a un Dirigente que no era clarividente.

Mi respuesta al Dalai Lama fue:

—Honorable y Preciado Protector, no tengo la menor habilidad para leer auras extranjeras. No soy digno de expresar mi opinión.

Su respuesta no me llevó a ninguna parte. El Más Recóndito respondió:

—Dado que posees talentos especiales, aumentados por las Artes Antiguas, es tu deber decirlo. Para eso se te ha educado. Ahora di lo que viste.

—Honorable y Preciado Protector, esos hombres tienen malas intenciones. Los colores de sus auras muestran traición.

Eso fue todo lo que dije.

El Dalai Lama pareció satisfecho.

—Bien, has repetido lo que dijiste a Mingyar. Mañana te esconderás detrás de un biombo y observarás mientras los chinos estén aquí. Debemos estar *seguros*. Escóndete ahora, y veremos si el escondite es bueno.

No era bueno, por lo que se llamaron varios asistentes, y los leones chinos se cambiaron de sitio, para que yo quedara completamente escondido. Vinieron lamas, como si fueran la delegación visitante. Trataron de descubrir mi escondite. Sorprendí el pensamiento de uno:

—¡Ah! ¡Tendré un ascenso si consigo verlo!

Pero no logró el ascenso, porque estaba mirando para otro lado. Por fin el Más Recóndito quedó satisfecho, y me hizo salir. Habló unos minutos y nos dijo que regresáramos al día siguiente, dado que la delegación china iría a visitarlo en una tentativa de firmar un tratado con Tibet. Con ese pensamiento, nos despedimos del Más Recóndito e iniciamos la marcha hasta nuestra Montaña de Hierro.

Al día siguiente, hacia las once, otra vez bajamos la cuesta rocosa y entramos en el Recinto Cerrado. El Dalai Lama me sonrió y me dijo que debía comer —¡Yo estaba muy dispuesto a hacerlo!— antes de esconderme. A su orden trajeron algunos alimentos muy sabrosos, para el lama

Mingyar Dondup y para mí, importados de la India en latas. No sé cómo se llamaban, lo único que supe en ese momento fue que eran un cambio muy bienvenido, después de tanto té, tsampa y nabos. Bien fortificado, pude considerar con más alegría la perspectiva de pasar varias horas de inmovilidad. La inmovilidad completa era algo muy sencillo para mí y para todos los lamas: teníamos que mantenernos muy quietos para meditar. Desde muy temprana edad, desde los siete años, para ser exacto, me habían enseñado a sentarme inmóvil durante horas enteras. Me colocaban una lámpara de manteca en la cabeza y tenía que permanecer sin moverme en la actitud del loto hasta que se terminaba la manteca. Eso podía durar hasta doce horas. De modo que en ese momento, tres o cuatro horas obligadas no eran penosas.

Directamente frente a mí se sentó el Dalai Lama en la actitud del loto, en su trono a casi dos metros del suelo. Él y yo nos mantuvimos inmóviles. De fuera llegaron gritos roncos, y muchas exclamaciones en chino. Después supe que los chinos tenían bultos sospechosos bajo sus túnicas y por eso tuvieron que palparlos de armas. Finalmente les permitieron entrar en el Recinto Cerrado. Los vimos llegar, conducidos por los Guardias de Corps; cruzaron el sendero y llegaron al porche del pabellón. Un alto lama entonó:

—¡Om! Ma-ni pad-me Hum.

Y los chinos, en vez de repetir el mismo mantra por cortesía, usaron la forma china:

—O-mi-t' o-f (que significa: Escuchamos, oh, Amida Buda).

Bueno, Lobsang, pensé, tu trabajo es fácil; muestran sus verdaderos colores.

Al mirarlos desde mi escondite observé el resplandor de sus auras, el brillo opalescente atravesado de lóbregas líneas rojas. El pomposo torbellino de los pensamientos cargados de odio. Bandas y estrías de colores desagradables, no los matices claros, puros de los altos pensamientos, sino los tonos malsanos, contaminados de aquellos cuya fuerza vital está dedicada al materialismo y al daño. Eran esas personas de quienes se dice: Sus palabras eran buenas, pero sus pensamientos eran malos.

También observé al Dalai Lama. Sus colores indicaban tristeza, porque recordaba el pasado cuando había estado en China. Todo lo que vi del Más Recóndito me gustó, pues fue el mejor Dirigente de Tibet. Tenía mal genio, muy mal genio, y entonces sus colores relampagueaban de rojo, pero la historia dirá que nunca hubo un Dalai Lama mejor, que se dedicara tan completamente a su país. Pensaba en él con mucho afecto, y en mi consideración venía después que el lama Mingyar Dondup por quien sentía más afecto.

Pero la entrevista continuó penosamente hasta su inútil fin, inútil porque aquellos hombres no vinieron como amigos, sino como enemigos. Su único pensamiento era lograr lo que se proponían, sin prestar mucha atención a los métodos que emplearan. Querían territorios, y querían guiar la política de Tibet, y... ¡querían *oro!* Esto último había sido una tentación para ellos durante los últimos años. En Tibet hay millares de toneladas de oro, que consideramos un metal sagrado. De acuerdo a nuestro credo, el suelo se profana cuando se extrae el oro, de modo que no lo tocamos. De algunos ríos y arroyos se pueden sacar pepitas que han bajado de las montañas. En la región de Chiang Tang he visto oro en los bancos de ríos torrentosos, igual que se ve la arena en las orillas de los ríos comunes. Fundimos esas pepitas o "arena", y hacemos ornamentos para los templos, metal sagrado para usos sagrados. Hasta las lámparas de manteca se hacen de oro. Desgraciadamente el metal es tan blando que los ornamentos pierden su forma fácilmente.

Tibet es ocho veces más grande que las Islas Británicas. Hay grandes áreas prácticamente inexploradas, pero por mi experiencia en los viajes con el lama Mingyar Dondup sé que hay oro, plata y uranio. Nunca hemos permitido que los occidentales exploraran —¡a pesar de sus apasionados intentos!— porque la vieja leyenda dice: "Adonde van los Hombres del Oeste, va la guerra". Debe recordarse, cuando se lee "trompetas de oro', "fuentes de oro", "cuerpos cubiertos de oro", que el oro no es un metal raro en Tibet, sino sagrado. Tibet podría ser uno de los grandes depósitos del mundo si la humanidad trabajara unida en la paz en vez de luchar tan inútilmente por el poder.

Una mañana el lama Mingyar Dondup vino hasta donde yo estaba copiando un viejo manuscrito listo para los talladores.

—Lobsang, tendrás que dejar eso por ahora. El Muy Amado nos ha mandado llamar. Tenemos que ir a Norbu Linga y juntos, ocultos, tenemos que analizar los colores de un extranjero del mundo occidental. *Debes* apresurarte, pues el Muy Amado quiere vernos primero a nosotros. ¡Nada de chalinas, nada de ceremonias, sólo prisa!

Y así fue. Lo miré boquiabierto un momento y después me puse de pie de un salto.

—Una túnica limpia, Honorable Lama Maestro, y estoy listo.

No me llevó tiempo quedar pasablemente limpio. Juntos bajamos al pie de la cuesta, pues sólo teníamos que recorrer media milla. Al pie de la montaña, justamente en el lugar donde había caído para romperme los huesos, subimos a un puentecito y llegamos al camino de Lingkhor. Lo cruzamos y alcanzamos los portales de Norbu Linga, o Parque Enjoyado, como se traduce algunas veces. Los guardias estuvieron a punto de impedirnos el paso, pero cuando vieron que el lama Mingyar Dondup estaba conmigo su actitud cambió completamente; nos hicieron pasar de inmediato al Jardín Interior donde el Dalai Lama estaba sentado en una galería. Me sentí un poco tonto, sin chalina que ofrecer, y sin saber cómo conducirme sin ella. El Más Recóndito levantó la mirada y sonrió:

—¡Oh! Siéntate, Mingyar, y tú también, Lobsang. Os habéis dado mucha prisa.

Nos sentamos y aguardamos a que hablara. Meditó unos instantes, aparentemente ordenando sus pensamientos.

—Hace algún tiempo —dijo—, el ejército de los Bárbaros Rojos (los británicos), invadió nuestra tierra sagrada. Fui a la India y desde allí viajé extensamente. En el Año del Perro de Hierro (1910) los chinos nos invadieron como resultado directo de la invasión británica. Otra vez fui a la India y allí conocí al hombre a quien veremos esta tarde. Todo esto lo digo para ti, Lobsang, puesto que Mingyar estaba conmigo. Los británicos hicieron promesas que no cumplieron. Ahora quiero saber si éste habla o no con dos lenguas. Tú, Lobsang, no comprenderás su idioma, de modo que no estarás influido por ello. Desde este biombo enrejado tú y otro observarán sin que nuestro visitante los vea. Escribirás las impresiones de los colores astrales como te ha enseñado tu Guía, que habla tan bien de ti. Ahora muéstrale su sitio, Mingyar, pues está más acostumbrado a ti que a mí... y me parece que considera al lama Mingyar Dondup superior al Dalai Lama.

Detrás del biombo enrejado me cansé de recorrer el jardín con la mirada. Me cansé de mirar los pájaros y el movimiento de las ramas de los árboles. De vez en cuando mordiscaba subrepticiamente el tsampa que llevaba en la bolsita. Nubes vagabundas cruzaban el cielo y pensé qué lindo sería sentir el bamboleo y el estremecimiento de una cometa a mis pies, con el viento impetuoso silbando entre la tela y rascando la soga como si fuera la cuerda de una guitarra. Salté de pronto al oir un estrépito. ¡Por un momento pensé que *estaba* en una cometa y que había caído al suelo al quedarme dormido! Pero no, habían abierto el portal del Jardín Cerrado y lamas con túnicas doradas de la Casa escoltaban a un espectáculo extraordinario. Me costó un enorme trabajo guardar silencio; quería estallar en carcajadas. Un hombre alto y delgado. Pelo blanco, cara blanca, cejas escasas y ojos hundidos. Una boca muy dura. ¡Pero *la ropa!* Tela azul de cierta clase con toda una hilera de perillas en la parte delantera, perillas brillantes. Aparentemente el traje se lo había hecho un sastre muy malo, pues el cuello era tan grande que había tenido que doblarlo. También estaba plegado sobre ciertos remiendos en los costados. Pensé que los occidentales debían tener ciertos remiendos simbólicos, como los que nosotros usamos imitando a Buda. En aquellos días los bolsillos no me decían nada, como así tampoco los cuellos plegados. En Tibet, quienes no tienen necesidad de realizar tareas manuales llevan mangas muy largas que ocultan completamente las manos. Este hombre tenía mangas cortas, que le llegaban sólo a las muñecas. Sin embargo, no puede ser un obrero, pensé, porque tiene las manos muy suaves. Tal vez no sabe cómo vestir. Pero la túnica de aquel individuo terminaba donde las piernas se unen con el cuerpo. Pobre, muy pobre, pensé. Los pantalones eran demasiado ajustados a las piernas y demasiado largos, porque tenían los bordes *doblados hacia arriba*. Cómo debe sentirse de incómodo —pensé—, mostrándose así ante el Más Recóndito. ¿No habrá nadie de su tamaño que le preste la ropa adecuada? Después le miré los pies. Muy extraños, muy extraños. Llevaba puestas unas cosas muy curiosas, de color negro. Cosas brillosas, como si estuvieran cubiertas de hielo. No eran botas de fieltro como las que usamos nosotros, no. Decidí que nunca vería nada más extraño. Automáticamente escribía los colores que veía y anotaba mis propias interpretaciones de ellos. A veces el hombre hablaba en tibetano, muy bien por ser extranjero, después se entregaba a la más extraordinaria colección de sonidos que yo había oído. Era inglés, me dijeron después cuando volví a ver al Dalai Lama.

El hombre me dejó pasmado cuando metió la mano en uno de los remiendos del costado y sacó un trozo de tela blanca. Ante mis ojos azorados se cubrió la boca y la nariz con la tela y emitió un sonido semejante al de una trompetita. Debe ser un saludo al Muy Amado —pensé. Terminado el saludo, con todo cuidado guardó la tela en el mismo remiendo. Estuvo jugando con otros remiendos de los que sacó unos papeles de un tipo que nunca había visto. Papel blanco, delgado, suave. No como el nuestro, que era color de ante, grueso y áspero. ¿Cómo puede alguien escribir en eso? —pensé.— ¡No tiene nada que raspe la tiza, lo que escriba tiene que salirse! De uno de los remiendos el hombre sacó una varilla de madera pintada que tenía en el centro algo que parecía hollín. Con eso hizo los garrapateos más extraños que es posible imaginar. Pensé que no sabía escribir y que estaba fingiendo al hacer esas marcas. ¿Hollín? ¿Quién ha oído jamás que alguien escriba con un trozo de hollín? ¡Que lo sople, a ver cómo el hollín vuela!

Evidentemente era inválido, porque tuvo que sentarse en un marco de madera que descansaba sobre cuatro bastones. Se sentó en el marco, con las piernas colgando. Pensé que tendría rota la columna vertebral porque la apoyaba en otros dos bastones que emergían del marco en que estaba sentado. Para ese entonces, yo le tenía mucha lástima; ropa que no le quedaba bien, inhabilidad para escribir, ostentoso al soplar una trompetilla que llevaba en el bolsillo, y ahora, para hacerlo todo más raro, no podía sentarse como es debido, sino que tenía que tener la espalda apoyada y las piernas colgando. Estaba muy inquieto, cruzando y descruzando las piernas. En un momento, para mi horror, colocó el pie izquierdo de tal modo que la suela apuntaba al Dalai Lama, insulto terrible de haber sido cometido por un tibetano, pero el hombre lo recordó en seguida y volvió a descruzar las piernas. El Más Recóndito honró grandemente a este hombre, pues él también se sentó en uno de esos marcos de madera y dejó las piernas colgando. El visitante tenía un nombre muy peculiar, se llamaba "Instrumento Musical Femenino", y dos decoraciones precedían a ese apellido. De ahora en adelante me referiré a él como a "C. A. Bell"[1]. Por sus colores áuricos juzgué que tenía una salud débil, casi seguramente causada por la vida en un clima que no le sentaba. Parecía sincero en su deseo de ayudar, pero por sus colores era obvio que temía enojar a su gobierno, con lo cual quedaría afectada su jubilación. *Él* quería seguir un curso de acción, pero su gobierno no era de la misma idea, de modo que tenía que decir una cosa y esperar que el tiempo se encargara de probar que sus opiniones y sugerencias eran correctas.

Sabíamos mucho del señor Bell. Estábamos en posesión de todos los datos, la época de su nacimiento, y varios puntos sobresalientes en su carrera con los cuales se podía seguir el curso de sus acontecimientos. Los astrólogos descubrieron que había vivido antes en Tibet y que durante su última vida expresó el deseo de reencarnar en Occidente en la esperanza de ayudar a un entendimiento entre Oriente y Occidente. Recientemente me han dado a entender que él mismo lo menciona en cierto libro que ha escrito. Tuvimos la impresión de que si hubiera podido influir sobre su gobierno del modo que deseaba, Tibet no habría sido invadido

[1] Bell significa campana.

por los comunistas. Sin embargo, los pronósticos decretaron que habría tal invasión, y las predicciones nunca se equivocan.

Aparentemente el gobierno británico tenía sus sospechas: creían que Tibet estaba haciendo tratados con Rusia. Esto no les caía bien. Inglaterra no haría un tratado con Tibet, ni quería que Tibet fuera amigo de ningún otro país. En Sikkin, en Bhutan, en todas partes se podían hacer tratados, menos en Tibet. De modo que los ingleses se acaloraron mucho bajo sus peculiares cuellos en una tentativa de invadirnos o estrangularnos... no les importaba cuál. Este señor Bell, que estaba en el asunto, vio que no deseábamos tomar partido por ninguna nación; queríamos seguir siendo nosotros mismos, vivir a nuestro modo, y no tener nada que ver con extranjeros que, en el pasado, no nos habían traído más que preocupaciones, pérdidas y penurias.

El Más Recóndito se mostró muy satisfecho con mis observaciones después que se fue ese señor Bell. ¡Pero al pensar en mí, pensó en más trabajo!

—¡Sí, sí! —exclamó—. Tenemos que desarrollarte aun más, Lobsang. Te será de la mayor utilidad cuando vayas a los países lejanos. Recibirás más tratamiento hipnótico, tenemos que amontonar en esa cabeza todo cuando podamos. —Tocó la campana y ordenó a uno de sus asistentes—; ¡Quiero que Mingyar Dondup venga *en seguida!*

A los pocos minutos apareció mi Guía que se acercó a nosotros con toda comodidad. ¡Por nadie se apresuraría aquel lama! Y el Dalai Lama sabía que era su amigo de modo que no trató de darle prisa. Mi Guía se sentó a mi lado, frente al Muy Amado. Un asistente fue de uno a otro con más té mantecado y "cosas de la India" para comer. Cuando nos instalamos cómodamente, el Dalai Lama dijo:

—Mingyar, tenías razón, este muchacho *tiene* habilidad. Puede evolucionar todavía mucho más, Mingyar, y *tiene* que hacerlo. Toma todas las medidas que creas necesarias para que se intensifique su instrucción tan completa y rápidamente como sea posible. Utiliza todos nuestros medios, pues como tantas veces hemos sido avisados, llegarán tiempos muy malos para nuestro país y debemos contar con alguien que pueda compilar el Registro de las Artes Antiguas. Así fue como aumentó el ritmo de mis días. Desde entonces a menudo me enviaba a "interpretar" los colores de alguien, tal vez de un cultísimo abad de algún lamasterio distante, o de un dirigente civil de alguna provincia remota. Me convertí en un conocido visitante del Potala y del Norbu Linga. En el primero pude hacer uso de los telescopios que tanto me gustaban, particularmente de un modelo astronómico sobre un pesado trípode. Con ese artefacto, bien entrada la noche, pasaba horas enteras observando la luna y las estrellas.

Con el lama Mingyar Dondup íbamos a menudo a la Ciudad de Lhasa a observar visitantes. Sus poderes de clarividencia, que eran considerables, y su amplio conocimiento de la gente le permitían revisar y desarrollar mis propias observaciones. Era muy interesante acudir al quiosco de un comerciante y oírlo alabar sus mercaderías, y comparar sus palabras con sus pensamientos, que para nosotros no eran tan privados. También se desarrolló mi memoria, y pasé horas enteras escuchando pasajes muy complicados que después tenía que repetir. Pasé períodos de tiempo cuyo alcance ignoro, en trance hipnótico, mientras me leían pasajes de nuestras Escrituras más antiguas.

CAPÍTULO QUINCE

EL NORTE SECRETO...
Y YETIS

En esa época fuimos a las tierras altas de Chang-Tang. En este libro sólo puedo mencionar brevemente esta región. Para hacer justicia a la expedición necesitaría varios volúmenes. El Dalai Lama había bendecido a cada uno de los quince que formábamos la expedición, y habíamos partido con mucho ánimo, montados en mulas: las mulas llegan hasta donde no van los caballos. Marchamos lentamente por Tengri Tso, hasta los enormes lagos de Zilling Nor, y aun más al norte. Subimos lentamente el tangla y penetramos en territorio inexplorado. Es difícil decir cuánto tiempo empleamos, porque el tiempo no significaba nada para nosotros; no había motivo alguno para apresurarse, avanzábamos a paso cómodo y ahorrábamos las energías para esfuerzos posteriores.

Mientras nos internábamos cada vez más en las tierras altas, cuyo suelo se eleva constantemente, recordé la cara de la luna como la había visto con el telescopio desde el Potala. Inmensas cordilleras y profundas hondonadas. En las tierras altas el paisaje era el mismo. Las montañas interminables, eternas, y precipicios que parecían no tener fondo. Avanzábamos penosamente por aquel "paisaje lunar", en el que las condiciones eran cada vez más duras. Por fin las mulas no pudieron seguir avanzando. Se fatigaban rápidamente por el aire rarificado y no podían cruzar algunos de los barrancos en los que nosotros quedábamos colgados de una soga de pelo de yac. En el lugar más protegido que pudimos encontrar dejamos las mulas y con ellas se quedaron los cinco miembros más débiles de la expedición. Estaban al abrigo de las ráfagas peores de esa región desnuda, barrida por los vientos, junto a una saliente rocosa que emergía como el colmillo mellado de un lobo. En la base había una cueva de roca más blanda, erosionada por el tiempo. Un sendero muy empinado bajaba al valle donde había vegetación rala para alimentar a las mulas. Un arroyo murmurante corría rápidamente por la meseta y se precipitaba por el borde de una quebrada para caer a cientos de metros más abajo, tan abajo que ni siquiera se oía el ruido que hacía al llegar.

Allí descansamos dos días antes de seguir subiendo lentamente. Nos dolía la espalda por el peso de la carga que llevábamos, y nos parecía que los pulmones iban a estallar por la falta de aire. Pero seguimos andando, sobre precipicios y quebradas. Para cruzar muchos de ellos tuvimos que arrojar ganchos de hierro atados a una soga. Arrojar el gancho y esperar que hubiera algún lugar seguro donde se agarrara en la otra orilla. Nos turnábamos para arrojar la soga con el gancho y para cruzar aferrados a la cuerda cuando estaba asegurada. Una vez enfrente teníamos el otro extremo de la soga para que cuando el grupo hubiera cruzado el cañón pudiéramos recuperarla tirando de un extremo. A veces no encontrábamos asidero para el gancho. Es ese caso uno de nosotros se ataba la soga a la cintura y desde el punto más alto al que lograba llegar, trataba de mecerse como un péndulo, aumentando el momento con cada vaivén. Cuando llegaba al otro lado, trataba de trepar como podía, para alcanzar un punto desde el cual la soga quedara más o menos horizontal. Todos lo hacíamos por turno, pues era una tarea dura y peligrosa. Un monje se mató realizándola. Había trepado muy alto en nuestra parte del cañón, y se dejó caer. Aparentemente juzgó muy mal el impulso, pues se estrelló contra la pared opuesta con una fuerza tremenda, y dejó cara y cerebro en las puntas de las rocas melladas. Recobramos el cuerpo y celebramos una ceremonia por él. No había medio ni manera de enterrar el cuerpo en la roca sólida, de modo que lo dejamos para el viento, la lluvia y los pájaros. El monje a quien le tocó reemplazarlo, no pareció muy feliz, de modo que tomé su lugar. Me parecía obvio que en vista de las predicciones a mi respecto, estaría perfectamente a salvo, y mi fe tuvo recompensa. Pero me balanceé con mucha cautela —¡a pesar de la predicción!— y con dedos no muy firmes alcancé el borde de la roca más cercana. Apenas logré sostenerme lo suficiente para levantarme. La respiración me raspaba la garganta y tenía la impresión de que el corazón me iba a estallar. Me eché en el suelo un momento, agotado, y logré trepar penosamente la ladera. Los demás, los mejores compañeros que se puede tener, arrojaron el otro extremo de la soga tratando de darme la mejor posibilidad de alcanzarla. Con los dos extremos en la mano, los aseguré en las rocas y di fuertes tirones para probarlos. Cruzaron uno a uno, con los pies y las manos aferrados a la soga, las túnicas flotando por efectos de la suave brisa, la brisa que nos molestaba y no nos ayudaba en absoluto a respirar.

En lo alto de la escarpa descansamos un rato y preparamos té, aunque a esa altura el punto de ebullición era bajo y el té no nos dió calor. Un poco menos cansados, cargamos otra vez nuestras cosas y a los tumbos seguimos internándonos en el corazón de esa región terrible. Pronto llegamos a una sabana de hielo, tal vez un glaciar, y la marcha se nos hizo más difícil. No teníamos botas claveteadas, ni hachas de hielo, ni equipo de montaña; nuestro único "equipo" consistía en las botas comunes de fieltro con las suelas atadas con cuerdas para evitar hasta cierto punto que resbaláramos, y sogas.

De paso, la mitología tibetana tiene un Infierno Frío. El calor es una bendición para nosotros, de ahí el infierno frío. ¡Esa expedición a las tierras altas me demostró lo que es el frío!

Después de tres días de penosa marcha ascendente por esa sabana de hielo, temblando de frío y deseando no haber visto jamás el lugar, el glaciar nos condujo hacia abajo entre rocas de gran altura. Bajamos cada vez más, cayendo y resbalando, hasta una profundidad desconocida. Varias millas más adelante rodeamos una montaña y vimos delante de nosotros una densa niebla blanca. A distancia no supimos si era niebla o nube, tan blanca y uniforme era. Cuando nos aproximamos, vimos que era realmente niebla, cuyos zarcillos se disipaban y marchaban sin rumbo.

El lama Mingyar Dondup, el único del grupo que había estado antes allí, sonrió satisfecho.

—¡Parecéis un grupo muy tristón! Pero ahora recibiréis una sorpresa muy agradable.

No vimos nada agradable delante de nosotros. Niebla. Frío. Hielo congelado bajo nuestros pies y cielo congelado sobre nuestras cabezas. Rocas puntiagudas como los colmillos de un lobo, rocas contra las que nos lastimábamos. ¡Y mi Guía decía que íbamos a tener una sorpresa agradable!

Nos hundimos en la niebla fría y pegajosa, avanzando penosamente hacia no sabíamos dónde. Tratando de arroparnos en nuestras túnicas para tener la ilusión de tibieza. Jadeando y temblando de frío. Adelante, cada vez más adelante. Y nos detuvimos, petrificados de asombro y miedo. La niebla se estaba poniendo *tibia*, el suelo se estaba poniendo *caliente*. Los que venían detrás de nosotros, que no habían llegado hasta allí, y no podían ver, nos llevaron por delante. Nos recobramos un poco de nuestro absoluto asombro ante la risa del lama Mingyar Dondup, y nos abrimos camino otra vez, a ciegas, extendiendo los brazos para tocar al hombre que iba delante, y el que guiaba también con los brazos extendidos para palpar el camino. Bajo nuestros pies las piedras amenazaban hacernos caer, los guijarros rodaban. ¿Piedras? ¿Guijarros? Entonces, ¿dónde estaba el glaciar, el hielo? De pronto la niebla se hizo menos espesa, y la atravesamos. Uno por uno seguimos tambaleándonos hasta..., bueno, cuando miré a mi alrededor creí haber muerto de frío y que me habían transportado a los Campos del Paraíso. Me froté los ojos con manos calientes; me pellizqué y golpeé los nudillos contra una roca para ver si era carne o espíritu. Pero después volví a mirar a mi alrededor: conmigo estaban mis ocho compañeros. ¿Podía ser que a *todos* nos hubieran transportado tan de súbito? Y si era así, ¿dónde estaba el décimo miembro del grupo, el que se había matado contra la roca? ¿Y éramos *todos* dignos del paraíso que teníamos ante nuestra vista?

Treinta latidos antes habíamos estado temblando de frío del otro lado de la cortina de niebla. ¡Ahora estábamos a punto de sufrir un colapso por el calor! El aire resplandecía débilmente, la tierra estaba saturada de vapor. Un arroyo a nuestros pies burbujeaba de la tierra misma, impulsado por el vapor. A nuestro alrededor había pasto verde, más verde que el que había visto antes. Pasto de hoja ancha se levantaba hasta la altura de nuestras rodillas. Estábamos pasmados y asustados. Allí había magia, algo que estaba más allá de nuestra experiencia. Entonces habló el lama Mingyar Dondup:

—Sí, yo tenía ese aspecto la primera vez que estuve aquí, ¡entonces sí que debí ser todo un espectáculo! Cualquiera diría que creéis que los Dioses del Hielo os están gastando una broma.

Seguimos observando todo, casi demasiado asustados para movernos, y mi Guía volvió a hablar:

—Vamos a saltar sobre el arroyo, *a saltar*, porque el agua está hirviendo. Dentro de unas cuantas millas llegaremos a un lugar realmente hermoso donde podremos descansar.

Tenía razón, como siempre. Tres millas más adelante nos echamos en la tierra cubierta de musgo, completamente desnudos, pues nos parecía que hervíamos. Allí había árboles de los más extraños, nunca los había visto antes y probablemente nunca los volveré a ver. Todo estaba cubierto de flores de vivos colores. Enredaderas se entrelazaban a los troncos de los árboles y colgaban de las ramas. Hacia la derecha el lago en cuya superficie se formaban ondas y círculos que indicaban la presencia de vida dentro. Seguíamos sintiéndonos embrujados, estábamos seguros de que nos había vencido el calor que habíamos pasado a otro plano de existencia. ¿O nos había vencido el frío? ¡No lo sabíamos!

El follaje era exuberante; ahora que he viajado diría que era tropical. Había pájaros de una especie que hasta hoy me es desconocida. Era terreno volcánico. De la tierra surgían fuentes calientes, y se sentía olor a azufre. Mi Guía nos dijo que, según sabía, existían sólo dos lugares como ése en las tierras altas. Dijo que el calor interno y las fuentes calientes derretían el hielo, y las altas paredes rocosas del valle encerraban el aire caliente. La densa niebla blanca que habíamos penetrado era el lugar de encuentro de las corrientes cálida y fría. También nos dijo que había visto esqueletos de animales gigantescos, esqueletos que, vivos, debieron ser de seres de seis o nueve metros de altura. Después yo mismo los vi.

Allí vi por primera vez un yeti. Estaba inclinado recogiendo hierbas cuando algo me hizo levantar la cabeza. Allí, a diez metros de mí, estaba esa criatura de la que tanto había oído hablar. Los padres tibetanos a menudo amenazan a sus hijos con esta fórmula: Pórtate bien, o te llevará un yeti. En ese momento, pensé, un yeti me había alcanzado a mí. No me sentí muy feliz. Nos miramos, ambos inmóviles de terror durante un lapso que me pareció infinito. Aquel ser me señalaba y emitía un curioso grito, semejante al maullido de un gatito. La cabeza parecía carente de lóbulos frontales, y se inclinaba hacia atrás casi directamente desde las cejas espesas. El mentón era casi inexistente y los dientes eran largos y prominentes. Con todo, la capacidad craneana parecía similar a la del hombre moderno, con excepción de la frente que no existía. Las manos y los pies eran grandes y pesados. Era patizambo y los brazos parecían mucho más largos que lo normal. Observé que el individuo caminaba sobre la parte exterior de los pies, como los humanos. (Los grandes monos y otros individuos de ese orden no caminan sobre la superficie exterior.)

Mientras lo miraba, tal vez salté hacia atrás de miedo o por otro motivo, el yeti chilló, y se volvió y se alejó a los saltos. Parecía saltar a la pata coja y el resultado eran unos pasos gigantescos. Mi propia reacción fue también volverme, ¡en la dirección opuesta! Después, pensando en ello, llegué a la conclusión de que debía romper el record tibetano de velocidad para altitudes superiores a los cinco mil metros.

En los días que siguieron vi algunos yetis a la distancia. Se apresuraban a esconderse en cuanto nos veían y nosotros no los provocábamos. El lama Mingyar Dondup nos dijo que esos yetis eran una reversión de la raza humana que habían seguido un sendero distinto en la evolución y que sólo podían vivir en los lugares más escondidos. Con mucha frecuencia oíamos cuentos de yetis que habían abandonado las tierras altas y se habían visto saltar y merodear cerca de las regiones habitadas. Se cuenta que algunas mujeres solas fueran "raptadas" por yetis machos. Ése podría ser un medio por el cual continuar su línea. Algunas monjas confirmaron esa historia, cuando nos dijeron que una de ellas había sido llevada por un yeti, una noche. Sin embargo, no tengo competencia para escribir sobre ello. Sólo puedo decir que he visto yetis en pleno desarrollo y niños. También he visto esqueletos de ellos.

Ciertas personas han dudado de la veracidad de mis afirmaciones en lo que concierne a los yetis. Aparentemente se han escrito libros de adivinanzas sobre ellos, pero ni uno solo de esos autores los ha visto, como ellos mismos admiten. Yo los vi. Hace pocos años, Marconi fue objeto de burlas cuando dijo que iba a enviar un mensaje por radio a través del Atlántico. Los médicos occidentales afirmaron solemnemente que el hombre no podía viajar a más de cincuenta millas por hora, porque moriría por efecto de la velocidad del aire. Hubo muchas historias sobre un pez que según se decía era un "fósil viviente". Los hombres de ciencia los han visto, los han capturado, los han disecado. Y si el hombre occidental lograra su capricho, nuestros pobrecitos yetis serían capturados, disecados y preservados en espíritu. Creemos que los yetis han sido obligados a buscar refugio en las tierras altas y que en cualquier otra parte, a excepción de alguno que otro, están extinguidos. La primera vez que se ve un yeti se siente terror. La segunda vez, uno se siente invadido de compasión por esas criaturas de una edad pasada que están condenadas a la extinción por el fárrago de la vida moderna.

Cuando los comunistas sean arrojados de Tibet, estoy dispuesto a acompañar a cualquier expedición de escépticos y *mostrarles* los yetis de las tierras altas. Valdrá la pena ver las caras de esos grandes hombres de negocios cuando se enfrenten con algo que está más allá de su experiencia comercial. Pueden usar oxígeno y faquines, yo sólo llevaré mi vieja túnica de monje. Las cámaras fotográficas probarán la verdad. En aquellos días no teníamos equipo fotográfico en Tibet.

Nuestras viejas leyendas relatan que hace siglos Tibet tenía costas bañadas por el mar. Lo cierto es que se encuentran fósiles de peces y de otros seres marinos en la superficie de la tierra, con poco que se cave. Los chinos creen lo mismo que nosotros. La Tablilla de Yü que antes estuvo en el pico de Kou-lou del Monte Heng en la provincia de Hu-pei dice que el Gran Yü descansó en el solar (en el año 227 a C.), después de su labor de drenar "las aguas del diluvio" que en esa época sumergió a toda China, con excepción de las tierras más altas. Tengo entendido que la tablilla original ha sido sacada de ese sitio, pero hay imitaciones en Wuch'ang-Fu, un lugar cerca de Hankow. En el templo de Yulin, cerca de Shao-hsing en Chekiang hay otra copia. Según nuestra creencia, Tibet fue una vez una tierra llana, junto al mar, y por razones que están más allá de nuestro conocimiento hubo terribles convulsiones terrestres durante las cuales muchas tierras se hundieron bajo las aguas, y otras se elevaron como montañas.

Las tierras altas de Chang Tang eran ricas en fósiles y en pruebas de que toda esa área estuvo alguna vez junto al mar. Conchas gigantes de vivos colores, curiosas esponjas de piedra y escollos de coral eran muy comunes. También había mucho oro, pepitas que se podían recoger con la misma rapidez que los pedruscos. Las aguas que afloraban de la profundidad de la tierra tenían todas las temperaturas, desde los vapores de ebullición hasta casi congeladas. Era una región de contrastes fantásticos. Aquí había una atmósfera cálida, húmeda, tal como nunca habíamos experimentado antes. Unos pocos metros más allá, al otro lado de la cortina de niebla, el frío intensísimo que podía sorber la vida y dejar un cuerpo frágil como el vidrio. Allí crecían las más raras de todas las hierbas, y sólo por ellas habíamos hecho el viaje. También había frutas que no habíamos visto nunca. Las probamos, nos gustaron, nos saciamos..., el castigo fue duro. Durante la noche y todo el día siguiente estuvimos demasiado ocupados para recoger hierbas. Nuestros estómagos no estaban acostumbrados a esos alimentos. ¡Después de eso dejamos a las frutas tranquilas!

Nos cargamos hasta el límite con hierbas y plantas, y rehicimos el camino entre la niebla. El frío era terrible del otro lado. Probablemente todos sentimos la tentación de volvernos atrás para vivir en aquel valle exuberante. A un lama le resultó imposible soportar nuevamente el frío. A las pocas horas de pasar la cortina de niebla sufrió un colapso, y aunque hicimos campamento en un esfuerzo por ayudarlo, no pudimos asistirlo, y durante la noche se fue a los Campos del Paraíso. Hicimos todo lo posible, toda la noche nos echamos a su lado tratando de calentarlo, pero el frío terrible de aquella región árida era excesivo. Quedó dormido, y no despertó. Repartimos la carga entre todos, aunque antes habíamos considerado que íbamos cargados al límite. Rehicimos penosamente el camino por aquel resplandeciente hielo antiquísimo. Parecía que el confortante calor del valle escondido nos había restado fuerzas y no teníamos bastante para comer. Durante los dos últimos días de nuestro viaje de regreso a donde estaban las mulas, no probamos bocado..., no nos quedaba nada, ni siquiera té.

Cuando nos quedaban sólo unas pocas millas por recorrer, uno de los hombres que marchaban delante cayó al suelo y no volvió a levantarse. El frío, el hambre y las penurias nos habían robado a otro. Y aun había otro extinto. Cuando llegamos al campamento sólo nos aguardaban cuatro monjes. Cuatro monjes que salieron corriendo a nuestro encuentro para ayudarnos a recorrer los pocos metros hasta la base. Cuatro. El quinto se había aventurado a alejarse del campamento en medio de una tormenta de viento, que lo arrastró hasta el borde del cañón, desde donde cayó. Poniéndome de bruces, mientras me sujetaban de los pies para que no resbalara, lo vi tirado a muchos metros de profundidad, cubierto con su túnica rojo sangre, que estaba, literalmente, roja de sangre.

Durante los tres días siguientes descansamos y tratamos de recobrar fuerzas. No sólo el cansancio y el agotamiento nos impedían seguir la marcha. El viento bramaba entre las rocas, levantaba guijarros, e invadía nuestra cueva en fuertes ráfagas cargadas de arena. El pequeño arroyo tenía las aguas revueltas, que el viento levantaba como una espuma. Durante la noche el viento bramaba a nuestro alrededor como demonios hambrientos de nuestra carne. Oímos el ruido de algo que se precipitaba hacia abajo, y luego un golpe que conmovió la tierra. Otra piedra inmensa se había desprendido de las montañas por la acción del viento y del agua y había provocado un alud. Temprano en la mañana del segundo día, antes de que la primera luz llegara al valle, mientras todavía estábamos en la luminosidad del preamanecer, una roca enorme se desprendió del pico que teníamos encima. La oímos llegar y nos apretujamos para ocupar el menor espacio posible. Se deslizó con gran estrépito, como si los demonios, en sus carrozas, bajaran hasta nosotros de los cielos. Siguió bramando hacia abajo, acompañada de una lluvia de piedras. Se produjo un estallido horrible y un temblor cuando golpeó la meseta rocosa que teníamos enfrente. El borde se conmovió y tembló, y cedieron uno o dos metros de tierra. Desde abajo, pasado un larga rato, llegó el eco y la reverberación de los escombros que habían caído. Así fue enterrado nuestro compañero.

El tiempo se ponía cada vez peor. Decidimos partir temprano a la mañana siguiente antes de que nos resultara imposible salir. Revisamos cuidadosamente el equipo. Probamos las sogas y examinamos las mulas por si estaban lastimadas. Al amanecer del día siguiente el tiempo parecía más calmo. Partimos con el agradable pensamiento de saber que nos dirigíamos a casa. Ahora éramos un grupo de once en vez de los quince que habíamos partido con tanta alegría. Avanzamos penosamente día a día, con los pies doloridos y cansados, pues las mulas llevaban nuestra carga de hierbas. La marcha era lenta. El tiempo no tenía significado alguno para nosotros. Nos movíamos con dificultad, atontados de cansancio. Nos manteníamos a media ración y constantemente sentíamos hambre.

Por fin llegamos nuevamente a los lagos, y para nuestra infinita alegría vimos que una caravana de yacs pastaba cerca. Los mercaderes nos recibieron muy bien, nos obligaron a aceptar té y comida, e hicieron todo cuanto estuvo a su alcance para que descansáramos. Estábamos lastimados y con la ropa hecha jirones. Pero... ¡habíamos estado en las tierras altas y regresado... algunos! Mi Guía ya había estado dos veces con ésa, y era tal vez el único hombre en el mundo que había hecho *dos* viajes semejantes.

Los mercaderes cuidaron muy bien de nosotros. En cuclillas, alrededor del fuego de estiércol de yac, en la oscuridad de la noche, sacudían la cabeza asombrados cuando les contamos nuestras experiencias. A nosotros nos encantaron *sus* relatos de viajes a la India, y de encuentros con otros mercaderes del Kush hindú. Lamentamos dejar a esos hombres y nos habría gustado que viajaran en nuestra dirección. Hacía muy poco que habían salido de Lhasa; nosotros regresábamos allá. Así, a la mañana, nos despedimos con mutuas expresiones de buena suerte.

Muchos lamas no hablan con los mercaderes, pero el lama Mingyar Dondup creía que todos los hombres son iguales: raza, color o credo no significan nada. Sólo cuentan las intenciones y las acciones de un hombre.

Ahora teníamos fuerzas renovadas, íbamos *a casa*. El paisaje se hizo cada vez más verde, más fértil y por fin llegamos a ver el techo resplandeciente del Potala y de nuestro Chakpori, un poco más alto que el Pico. Las mulas son animales inteligentes, las nuestras tenían prisa por llegar a su casa, en Shö, y tiraban con tanta fuerza que nos costaba sostenerlas. ¡Cualquiera hubiera creído que *ellas* habían estado en Chang Tang y no nosotros!

Con gran alegría subimos por el camino rocoso de la Montaña de Hierro. Alegría de regresar del Chambala, como llamamos al Norte helado.

Entonces comenzaron las recepciones, pero antes teníamos que ver al Más Recóndito. Su reacción fue esclarecedora:

—Habéis hecho lo que yo querría hacer, habéis visto lo que yo deseo ardientemente ver. Aquí tengo "todo el poder", y sin embargo soy un prisionero de mi pueblo. Cuanto más grande el poder, menor es la libertad; cuando más alto el rango, mayor la servidumbre. Y lo daría todo por ver lo que habéis visto.

El lama Mingyar Dondup, en su carácter de guía de la expedición, recibió la Chalina de Honor, con los tres nudos púrpura. Yo, por ser el más joven, fui honrado en la misma forma. ¡Sabía muy bien que un premio "a dos puntas" alcanzaban a todos los que estaban entremedio!

Durante las semanas que siguieron viajamos a los otros lamasterios, para dar conferencias, distribuir hierbas especiales y para que yo tuviera oportunidad de ver otros distritos. Primero tuvimos que visitar "Los Tres Asientos", Drepung, Sera y Ganden. De allí nos alejamos más, a Dorjethag y a Samye, ambos en el Río Tsangpo, a sesenta kilómetros. También visitamos el lamasterio de Samden, entre los lagos Dü-me y Yamdok, a cuatro mil doscientos metros sobre el nivel del mar. Fue una satisfacción seguir el curso de nuestro propio río, el Kyi Chu. Para nosotros el nombre era perfecto, el Río de la Felicidad.

Mientras cabalgábamos, nos deteníamos y descansábamos, seguía mi instrucción. Se acercaba el momento de rendir los exámenes para obtener el grado de lama, de modo que otra vez regresamos a Chakpori para que nada pudiera distraerme.

CAPÍTULO DIECISÉIS

SOY LAMA

Se me instruyó intensamente en el arte de los viajes astrales, en los que el espíritu o ego abandona al cuerpo y permanece conectado a la vida en la Tierra solamente por la Cuerda de Plata. A muchos les resulta difícil creer que viajamos de este modo. *Todos* lo hacen mientras duermen. Casi siempre en Occidente es involuntaria; en Oriente, los lamas pueden hacerlo cuando están conscientes. Así tienen un recuerdo completo de lo que han hecho, de lo que han visto y de dónde han estado. En Occidente la gente ha perdido el arte, y por eso cuando regresan al estado de vigilia creen que han "soñado".

Todos los países tienen conocimiento de estos viajes astrales. En Inglaterra se afirma que "las brujas pueden volar". No son necesarias las escobas, excepto como medio de racionalizar lo que la gente *no quiere* creer. En los Estados Unidos se dice que los "espíritus de los Hombres Rojos" vuelan. En todos los países, en todas partes, hay un conocimiento enterrado de esas cosas. A mí me enseñaron a hacerlo. Lo mismo puede enseñársele a cualquiera.

La telepatía es otro arte que resulta fácil dominar. Pero no si se va a utilizar para representaciones teatrales. Afortunadamente esta arte está siendo reconocida en cierta medida. El hipnotismo es otra arte de Oriente. Yo he realizado operaciones mayores a pacientes hipnotizados, tales como amputaciones y otras igualmente serias. El paciente no siente nada, no sufre y despierta en mejores condiciones al no sufrir los efectos de los anestésicos ortodoxos. Según me dicen, actualmente el hipnotismo se emplea hasta cierto punto en Inglaterra.

La invisibilidad es otra cosa. Está muy bien que la invisibilidad sea posible sólo a muy, muy pocos. El principio es fácil, la práctica, difícil. Pensad en lo que os atrae. ¿Un ruido? ¿Un movimiento rápido o un destello de color? Los ruidos y los movimientos rápidos llaman la atención de la gente, hacen que uno sea notado. Una persona inmóvil no es visible tan fácilmente, ni lo es un tipo o clase "conocido" de persona. El cartero, por ejemplo; a menudo la gente dice "no ha venido nadie, absolutamente nadie", y sin embargo, alguien trajo la correspondencia. ¿Quién, un hombre invisible? ¿O alguien cuyo aspecto es tan familiar que no se lo "ve" o percibe? (¡Siempre vemos a un policía, porque todos tenemos una conciencia culpable!) Para alcanzar el estado de invisibilidad es necesario suspender la acción, ¡y *también suspender las ondas cerebrales!* Si se permite que la mente física funcione (piense), cualquier persona que está cerca tiene noción de esa presencia por telepatía (ve) y así se pierde el estado de invisibilidad. En Tibet hay hombres que pueden hacerse invisibles a voluntad, pero tienen el poder de ocultar sus ondas cerebrales. Tal vez es afortunado que sean tan pocos.

Se *puede* lograr la levitación, o a veces se logra, solamente por el ejercicio técnico que requiere. Es un método torpe de moverse. El esfuerzo para lograrlo es considerable. El verdadero adicto utiliza los viajes astrales, que en realidad son sencillísimos... siempre que se tenga un buen maestro. Yo lo tuve y pude (y puedo) hacer viajes astrales. *No pude* hacerme invisible, a pesar de todos mis esfuerzos. Habría sido una bendición poder desaparecer cuando querían que hiciera algo desagradable, pero me fue negado. Tampoco tuve talento musical, como ya he dicho. Mi voz provocó la ira del Maestro de Música, pero esa ira no fue nada comparada con la conmoción que causé cuando traté de tocar los platillos —pensando que *cualquiera* podía usar *esas* cosas— y por accidente apreté con los platillos la cabeza de un pobre monje infortunado. ¡Duramente me aconsejaron que me dedicara a la clarividencia y la medicina!

Practicábamos mucho lo que en el mundo occidental se conoce por yogui. Naturalmente, es una gran ciencia que puede hacer mejorar a una persona hasta un punto casi increíble. Mi opinión es que el yogui no es adecuado para lo occidentales, a menos que se le introduzcan considerables modificaciones. Nosotros conocemos esa ciencia desde hace siglos; desde la infancia nos enseñan posturas. Tenemos las piernas, los esqueletos, y los músculos acostumbrados al yogui. Los occidentales, tal vez los de edad mediana, que tratan de adoptar algunas de esas posturas, pueden dañarse definitivamente. Es sólo mi opinión de tibetano, pero creo que a menos que se practiquen una serie de ejercicios modificados, habría que aconsejar a la gente contra ellos. Aquí también se necesita un buen maestro nativo, que conozca perfectamente la anatomía masculina y femenina, si se quieren evitar daños. No sólo las posturas pueden hacer mal, sino también los ejercicios respiratorios.

Respirar de acuerdo a un plan particular es el principal secreto de muchos fenómenos tibetanos. Pero también aquí, a menos que se tenga un maestro inteligente y de experiencia, esos ejercicios pueden ser extremadamente peligrosos, cuando no fatales. Muchos viajeros han escrito sobre los "corredores", lamas que pueden controlar el peso del cuerpo (*no es* levitación), y corren a gran velocidad durante horas enteras, tocando apenas el suelo. Exige mucha práctica, y el "corredor" tiene que estar en estado de semitrance. El momento más apropiado es la noche, cuando hay estrellas que mirar y el terreno debe ser monótono, sin nada que rompa el estado de semitrance. El hombre que corre de ese modo se encuentra en una condición similar a la del sonámbulo. Visualiza su destino, lo mantiene constantemente delante del Tercer Ojo, y repite sin cesar el mantra apropiado. Corre hora tras hora y llega a destino sin sentir el menor cansancio. Este sistema tiene una sola ventaja sobre los viajes astrales. Cuando se viaja según este último sistema, uno se mueve en el estado espiritual y por lo tanto no puede llevar objetos materiales, su equipaje, por ejemplo. El arjope, que es como llamamos al "corredor", puede llevar su carga normal, pero a su vez trabaja con ciertas desventajas.

La respiración correcta permite que los adictos tibetanos se sienten desnudos en el hielo, a más de cinco mil metros sobre el nivel del mar, y mantenerse en calor. El calor es tanto que el hielo se derrite y el adicto transpira copiosamente.

Una digresión: el otro día dije que yo mismo lo había hecho a cinco mil cuatrocientos metros sobre el nivel del mar. Mi interlocutor, con mucha seriedad, me preguntó:

—¿Con marea alta o baja?

¿Habéis tratado alguna vez de levantar un objeto pesado con los pulmones vacíos de aire? Tratad de hacerlo y veréis que es casi imposible. Después llenad vuestros pulmones cuanto podáis, contened la respiración, y lo levantaréis con toda facilidad. O tal vez os sintáis asustados o enojados. En ese caso aspirad profundamente, tan profundamente como podáis, y contened la respiración diez segundos. Luego exhalad con lentitud. Repetidlo tres veces por lo menos y veréis que disminuyen los latidos del corazón y que os calmáis. Ésas son cosas que todos pueden tratar de hacer sin daño alguno. Como sabía controlar la respiración pude soportar las torturas a manos de los japoneses, y más torturas cuando fui prisionero de los comunistas. ¡Los japoneses, en el peor momento, son *caballeros* comparados con los comunistas! Conozco a ambos, en su peor aspecto.

Llegó el momento de rendir los exámenes para convertirme en lama. Antes de eso tenía que recibir la bendición del Dalai Lama. Todos los años bendice a cada monje de Tibet, no en masa como hace, por ejemplo, el Papa de Roma. El Más Recóndito toca a la mayoría con una borla atada a un bastón. A quienes gozan de su favor o a los de alto rango, les toca la cabeza con la mano. A los más favorecidos les coloca las dos manos sobre la cabeza. Por primera vez me apoyó las manos en la cabeza y dijo en voz baja:

—Te estás portando muy bien, muchacho. Pórtate mejor aun en el examen. Justifica la fe que hemos depositado en ti.

Tres días antes de mi décimosexto cumpleaños me presenté a examen junto con otros catorce candidatos. Las "cajas de exámenes" parecían más pequeñas, o tal vez yo fuera más grande. Cuando me acosté en el suelo, con los pies apoyados en una pared, podía tocar la opuesta con los brazos, pero no podía extenderlos completamente, porque no había lugar. Las cajas eran cuadradas, y al frente la pared era tan baja que podía tocar el borde con los brazos extendidos. La pared posterior tendría dos veces mi altura. ¡No había techo, así que por lo menos teníamos bastante aire! Otra vez nos revisaron antes de entrar, y todo lo que nos permitieron llevar fueron el cuenco de madera, el rosario y material para escribir. Satisfechos los Vigilantes, nos hicieron entrar uno a uno en las cajas, y luego cerraron las puertas que aseguraron con un barrote. Después vinieron el Abad y el Jefe de Examinadores y colocaron un sello enorme, de modo que no pudieran abrirse. Una puerta trampa de siete pulgadas cuadradas podía abrirse sólo desde el exterior. A través de ella nos pasaban los temas de examen al comenzar cada día. Al atardecer recogían los papeles. También nos pasaban tsampa, una vez por día. Con el té mantecado era distinto, podíamos beber tanto como quisiéramos, diciendo solamente "pö-cha kesho" (trae té). ¡Como no podíamos salir por ningún motivo, no bebíamos mucho!

Yo permanecí diez días en aquella caja. Rendí el examen sobre las hierbas, anatomía (tema que ya conocía muy bien), y divinidad. Esos temas me ocuparon durante cinco días que me parecieron interminables, desde que amanecía hasta el anochecer. El sexto día trajo un cambio. De una caja vecina salieron gritos y gemidos. Pies que corrían y una algarabía de voces. El repiqueteo de una puerta de madera al quitarle el barrote. Murmullos tranquilizadores y los gritos se convirtieron en un sollozo quedo. Para uno habían terminado los exámenes. Para mí, estaba por comenzar la segunda mitad. Una hora después me trajeron los papeles del sexto día. Metafísica. Yogui. Nueve ramas. Y tenía que triunfar en todo.

En el mundo occidental se conocen apenas cinco ramas del yogui: Hatha yogui, que enseña a dominar el cuerpo puramente físico, o "vehículo", como lo llamamos nosotros. Kundalini yogui, da poder físico, clarividencia y poderes similares. Laya yogui, enseña a dominar la mente; uno de sus sistemas es recordar permanentemente lo leído u oído una vez. Raja yogui prepara para la consciencia transcendental y la sabiduría. Samadhi yogui conduce a la suprema iluminación y permite contemplar el propósito y el plan más allá de la vida en la tierra. Ésta es la rama que permite en el instante de abandonar esta vida terrena, aferrar la Realidad Más Grande y abandonar la Ronda del Renacimiento; a menos que se decida a retornar a la tierra por un motivo social, tal como ayudar a los demás de un modo particular. No es posible discutir las otras formas de yogui en un libro de esta naturaleza, y por otra parte mi conocimiento de inglés no es adecuado para hacer justicia a temas tan importantes.

De modo que durante otros cinco días estuve ocupado, como una gallina clueca en una caja. Pero hasta el examen de diez días tenía que terminar, y cuando el lama recogió los últimos papeles la décima noche, fue recibido con sonrisas de alegría. Esa noche nos dieron verduras con el tsampa, el primer cambio de esa comida básica durante diez días. Esa noche resultó fácil dormir. En ningún momento me preocupó pasar, pero sí la nota con que pasara me habían ordenado ser el primero en la lista final. A la mañana rompieron los sellos de las puertas, levantaron los barrotes y tuvimos que limpiar las cajas antes de que nos permitieran salir. Durante una semana nos dejaron recobrar fuerzas después de tan considerable prueba. Después vinieron dos días de yudo, en los cuales tratamos de practicar todas nuestras llaves, y de dejar inconscientes a nuestros contrincantes con las "llaves anestésicas". Dos días más fueron dedicados a un examen oral sobre los escritos, en el cual los examinadores nos interrogaban únicamente sobre los puntos débiles. Debo destacar que cada candidato debía rendir examen oral durante dos días, *cada uno*. Otra semana, durante la cual reaccionábamos de acuerdo a nuestros temperamentos, y finalmente anunciaron los resultados. Manifesté ruidosamente mi alegría cuando supe que era el primero de la lista. La alegría tenía dos motivos: probaba que el lama Mingyar Dondup era el mejor maestro de todos, y sabía que el Dalai Lama estaría satisfecho con mi maestro y conmigo.

Algunos días más tarde, cuando el lama Mingyar Dondup me estaba enseñando en su habitación, se abrió súbitamente la puerta y entró un mensajero jadeante, con la lengua afuera y los ojos fuera de las órbitas. En la mano llevaba el bastón de los mensajes.

—Del Más Recóndito —jadeó— al Honorable Lama Médico Martes Lobsang Rampa.

Con eso sacó de la túnica la carta envuelta en la chalina de seda de saludo.

—Con toda velocidad, Honorable Señor, corrí hasta aquí.

Cumplido su cometido, se volvió y salió corriendo aun más ligero... ¡en busca de chang!

Ese mensaje; no, no iba a abrirlo. Sin duda estaba dirigido a mí, pero... ¿qué decía? ¿Que tenía que estudiar todavía más? ¿Más trabajo? Parecía muy grande y muy oficial. Mientras no lo abriera no podía saber lo que había dentro, de modo que no podían acusarme de no hacer esto o aquello. Por lo menos, ese fue mi primer pensamiento. Mi Guía estaba sentado muy cómodo, riéndose de mí, de modo que le pasé la carta, la chalina y todo. Lo tomó y abrió el sobre, o envoltura externa. Dentro había dos hojas dobladas, que desplegó y leyó, con deliberada lentitud para continuar la broma. Por fin, cuando mi impaciencia por saber lo peor ya era intolerable, dijo:

—Está bien, puedes volver a respirar. Tenemos que ir a verlo al Potala sin perder tiempo. Eso quiere decir *ahora*, Lobsang. Aquí dice que yo debo ir también.

Golpeó el gong y dio instrucciones al asistente de que ensillaran inmediatamente nuestros caballos blancos. Nos cambiamos de prisa las túnicas y elegimos las dos mejores chalinas blancas. Juntos fuimos a ver al Abad y le dijimos que teníamos que ir a Potala a ver al Más Recóndito.

—¿Al Pico, eh? Ayer estaba en el Norbu Linga. Oh, bueno, en la carta debe decir dónde está ahora. Debe ser muy oficial.

En el patio, los monjes caballerizos nos esperaban con nuestros caballos. Montamos y repiqueteando bajamos el sendero de la montaña. Poco más adelante, y teníamos que subir la otra montaña, el Potala. ¡Realmente, no valía la pena tomarse la molestia de tratar de mantenerse sentado en un caballo! La única ventaja era que los caballos nos llevarían por los escalones casi hasta lo alto del Pico. Nos aguardaban los asistentes, y en cuanto desmontamos se llevaron nuestros caballos y con toda prisa nos llevaron a las habitaciones privadas del Más Recóndito. Entré solo y saludé y presenté la chalina.

—Siéntate, Lobsang —dijo—. Estoy muy contento contigo. Estoy muy contento con Mingyar Dondup por su parte en el éxito. Yo mismo leí tus exámenes escritos.

Eso me produjo un escalofrío de temor. Una de mis faltas, me habían dicho, es que tengo un sentido del humor un poco fuera de lugar. A veces se había hecho presente al responder a las preguntas simplemente porque ciertas preguntas invitan a tales respuestas. El Dalai Lama me leyó el pensamiento, pues se echó a reir y dijo:

—Sí, tu sentido del humor sale a relucir en el momento menos apropiado, pero... —una larga pausa, durante la cual temí lo peor— disfruté de cada palabra.

Estuve dos horas con él. Durante la segunda hora se mandó llamar a mi Guía, y el Más Recóndito le dio instrucciones concernientes a mi futuro aprendizaje. Tenía que pasar por la Ceremonia de la Pequeña Muerte, tenía que visitar —con el lama Mingyar Dondup— otros lamasterios, y tenía que estudiar con los Destructores de los Muertos. Como estos últimos eran de la baja casta, y su trabajo de tal naturaleza, el Dalai Lima me dió una orden escrita para que pudiera conservar mi propio estado. Dio orden a los Destructores de Cuerpos para que me "asistieran" en todo sentido para conocer los secretos de los cuerpos, de modo que se descubrieran las razones físicas por las cuales se descartaba el cuerpo. "También puede tomar posesión de cualquier cuerpo o parte de un cuerpo que pueda necesitar para sus estudios." ¡Y no hay más que hablar!

Antes de referirme a la forma cómo se disponía de los cadáveres, es aconsejable escribir algo más sobre lo que piensan los tibetanos de la muerte. Nuestra actitud es muy distinta de la de los pueblos occidentales. Para nosotros el cuerpo no es más que una "cáscara", un forro material para el espíritu inmortal. Para nosotros un cadáver vale menos que un traje viejo, muy usado. En el caso de una persona que muere normalmente, vale decir, no por violencia súbita e inesperada, consideramos que el proceso es así: El cuerpo está enfermo, defectuoso, y se ha convertido en algo tan incómodo para el espíritu que no puede aprender ninguna otra lección. Por lo tanto, es hora de descartar al cuerpo. Gradualmente el espíritu se retira y se exterioriza fuera del cuerpo-carne. La forma espiritual tiene la misma silueta de la versión material, y un clarividente puede verla con toda claridad. En el momento de morir, la cuerda que une a los cuerpos espiritual y material (la "Cuerda de Plata" de la Biblia cristiana), se adelgaza y se rompe y el espíritu sale sin rumbo. Ha ocurrido la muerte. Pero también ha ocurrido el nacimiento a una nueva vida, pues la "cuerda" es similar al cordón umbilical, que se corta para arrastrar al recién nacido a una existencia separada. En el momento de morir, el Resplandor de la Fuerza Vital desaparece de la cabeza. Este Resplandor también puede ser visto por un clarividente, y en la Biblia cristiana se lo llama "La Copa Dorada" Como no soy cristiano, no conozco muy bien el Libro, pero creo que se hace referencia a "A menos que se corte la Cuerda de Plata y se destruya la Copa Dorada".

Decimos que el cuerpo tarda tres días en morir. Tres días se necesitan para que cese toda la actividad física, y el espíritu, alma o ego se libre completamente de su sobre carnal. Creemos que durante la vida de un cuerpo se forma un doble etérico. Ese "doble" puede convertirse en un fantasma. Probablemente todos hemos mirado una luz fuerte, y al volver la cabeza aparentemente, seguimos viendo la luz. Consideramos que la vida es eléctrica, es un campo de fuerza, y que el doble etérico que permanece en la muerte es similar a la luz que se ve *después* de mirar una luz fuerte, o, en términos eléctricos, es como un fuerte campo magnético residual. Si el cuerpo tiene razones *fuertes* para aferrarse a la vida, entonces hay un etérico *fuerte* que forma un fantasma y habita las escenas familiares. Un avaro puede sentir tal cariño por sus bolsas de dinero que toda su vida se centra en ellas. En el momento de morir probablemente su último pensamiento sea de temor acerca del destino de su dinero, de modo que se añade a la fuerza de su etérico. El feliz nuevo dueño de las bolsas de dinero puede sentirse un poco incómodo en horas de la noche. Puede sentir que "El viejo Fulano de Tal anda otra vez tras su dinero". ¡Sí, tiene razón, el fantasma del viejo Fulano de Tal probablemente esté muy enojado porque sus manos (espirituales) no pueden tocar ese dinero!

Hay tres cuerpos básicos: el cuerpo carnal en el cual el espíritu puede aprender las duras lecciones de la vida, el cuerpo etérico o "magnético", que nosotros mismos creamos por nuestros deseos, codicia y fuertes pasiones de varias clases. El tercer cuerpo es el cuerpo espiritual, el "Alma Inmortal". Esa es nuestra fe lamaísta, y no necesariamente la fe budista ortodoxa. Una persona al morir tiene que pasar por tres etapas: hay que disponer de su cuerpo físico, hay que disolver el etérico y hay que ayudar al espíritu en su camino al Mundo del Espíritu. Los antiguos egipcios también creían en el doble etérico, en los Guías para los Muertos, y en el Mundo del Espíritu. En Tibet asistíamos a los moribundos, antes de morir. El adicto no tiene necesidad de tal asistencia, pero el hombre y la mujer comunes, o el trappa, necesitan que los guíen en todo el camino. Puede resultar interesante describir lo que ocurre.

Un día el Honorable Maestro de los Muertos me mandó llamar.

—Ha llegado el momento de que estudies los métodos prácticos de Liberar el Alma, Lobsang. Hoy tú me acompañarás.

Recorrimos largos pasillos, bajamos escalones resbalosos, y llegamos a las habitaciones de los trappas. Allí, en una "sala de hospital", un monje anciano se acercaba a ese camino que todos tenemos que recorrer. Había sufrido un ataque y estaba muy débil. Perdía fuerzas y los colores áuricos eran cada vez más débiles. A toda costa había que mantenerlo consciente hasta que no hubiera más vida para conservar ese estado. El lama que estaba conmigo tomó las manos del monje y las estrechó suavemente.

—Te aproximas al momento de dejar en libertad las ta-

reas de la carne, Anciano. Escucha mis palabras para que
puedas elegir el sendero más fácil. Tus pies se enfrían. Tu
vida se acerca al borde, cada vez más cerca del escape final.
Sosiega tu mente, Anciano, no hay nada que temer. La
vida se aleja de tus piernas, y tu vista se debilita cada vez
más. Sube el frío, en la estela de la vida que se va. Sosiega tu mente, Anciano, pues no hay nada que temer en
el escape de la vida a la Realidad Más Grande. Las sombras de la noche eterna se deslizan sobre tu vista, y la respiración te raspa la garganta. Se acerca el momento de la
liberación de tu espíritu para gozar de los placeres del Otro
Mundo. Sosiégate, Anciano. Se acerca el momento de la
liberación.

Mientras hablaba, el lama frotaba suavemente al mori-
bundo desde la vértebra cervical hasta lo alto de la cabeza,
de un modo que se ha comprobado libera al espíritu sin
dolor. Todo el tiempo se le hablaba de los obstáculos del
camino, y cómo evitarlos. Se le describió exactamente la
ruta, la ruta que delinearon aquellos monjes telepáticos ya
muertos, y que seguían hablando por telepatía desde el otro
mundo.

—Ya no ves, Anciano, y te falla la respiración. Tu cuerpo se enfría, y nuestros oídos ya no captan los sonidos de
tu vida. Sosiégate en paz, Anciano, pues la muerte se cier-
ne sobre ti. Sigue la ruta que te decimos, y tuyas serán
la alegría y la paz.

Siguió frotándole el cuello mientras disminuía cada vez
más el aura, hasta que finalmente desapareció. El lama
emitió un súbito ruido explosivo, de acuerdo a un antiquísimo ritual, para liberar completamente al espíritu deba-
tiente. Sobre el cuerpo se juntó la fuerza vital formando
una masa semejante a una nube, que se retorcía y se mecía
como confundida, después formó un duplicado del cuerpo
al cual todavía estaba unida por la cuerda de plata. Gradualmente se fue adelgazando la cuerda, y como el niño
nace cuando se corta el cordón umbilical, así nació el anciano a la vida siguiente. La cuerda se adelgazó, se convirtió en un manojito y se partió. Lentamente, como una nube
que vaga a la deriva en el cielo, o el humo de incienso en

un templo, la forma se alejó. El lama siguió dando instrucciones por telepatía para guiar al espíritu en la primera etapa de su viaje.

—Estás muerto. Aquí ya no hay nada para ti. Se han cortado las ataduras de la carne. Estás en Bardo. Sigue tu camino y nosotros seguiremos el nuestro. Sigue la ruta indicada. Abandona este Mundo de Ilusión y entra en la Realidad Más Grande. Estás muerto. Sigue camino adelante.

Subieron las espirales de incienso, calmando el aire inquieto con sus pacíficas vibraciones. A la distancia, los tambores repicaban suavemente. Desde algún punto en el techo del lamasterio, una trompeta grave envió su mensaje al campo. De los pasillos llegaban todos los ruidos de la vida vigorosa, el susurro de las botas de fieltro y, de alguna parte, el bramido estruendoso de un yac. En la pequeña habitación todo era silencio. El silencio de la muerte. Sólo las instrucciones telepáticas del lama agitaban la superficie de la quietud del cuarto. Muerte, otro anciano que había emprendido el camino de su larga Ronda de Existencias, sacando provecho de sus lecciones en esta vida, tal vez, pero destinado a continuar hasta alcanzar a vivir en Buda, después de muchos, muchísimos esfuerzos.

Sentamos al cadáver en la correcta posición del loto y mandamos llamar a quienes preparan los cuerpos. También hicimos llamar a otros para continuar las instrucciones telepáticas al espíritu que había partido. Esto continuó durante tres días en los cuales distintos grupos de lamas cumplían su tarea. A la mañana del cuarto día llegó uno del Ragyab. Pertenecía a la colonia de los Disponedores de los Muertos, que está donde el camino de Lingkhor se bifurca hacia Dechhen Dzing. Cuando él llegó, los lamas cesaron la instrucción, y el cuerpo fue entregado al Disponedor. Lo dobló hasta formar un círculo apretado y lo envolvió en una tela blanca. Con toda facilidad se puso el bulto sobre los hombros y partió. Fuera tenía un yac. Sin vacilar ató la masa blanca sobre el lomo del animal y juntos se alejaron. En el Lugar de la Rotura el Portador de Cadáveres entregaría su carga a los Destructores de Cuerpos.

El "Lugar" era una desolada extensión de tierra en que se veían enormes cantos rodados, y una gran roca plana, lo bastante grande para contener cuerpos del mayor tamaño. En las cuatro esquinas de la losa había agujeros con postes. Otra roca plana tenía agujeros que llegaban a media profundidad.

Se colocaba el cuerpo en la losa y se le quitaba la tela que lo envolvía. Los brazos y las piernas se ataban a los cuatro postes. Entonces el Destructor Jefe tomaba su largo cuchillo y de un tajo abría el cuerpo. Hacía largas incisiones para poder quitar la carne en tiras. Después cortaba piernas y brazos. Finalmente, cortaba y abría la cabeza.

En cuanto veían al Portador de Caráveres los buitres bajaban dando vueltas, para posarse pacientemente en las rocas cercanas como un grupo de espectadores en un teatro al aire libre. Esos pájaros tenían un orden social estricto y si cualquier presumido trataba de aterrizar antes que los jefes, se producía un tumulto.

Ya estaba abierto el tronco del cadáver. Hundiendo las manos en la cavidad, el Destructor de Cuerpos arrancaba el corazón, ante cuya vista el buitre jefe se dejaba caer pesadamente al suelo y aleteando se acercaba al hombre para sacarle el corazón de la mano. El pájaro que le seguía en rango aterrizaba para tomar el hígado y con él se retiraba a una piedra. Riñones, intestinos, todo se dividía entre los pájaros "dirigentes". Después se cortaban las tiras de carne, que recibían los otros. Un pájaro volvía por la mitad del cerebro y un ojo, tal vez, y otro llegaba aleteando por otro bocado sabroso. En un tiempo sorprendentemente corto, comían todos los órganos y la carne, dejando sólo los huesos desnudos sobre la losa. Los destructores los cortaban en tamaños convenientes, como leña, y los metían en los agujeros de la otra losa. Se usaban entonces pesadas cuñas para convertir los huesos en polvo. ¡Los pájaros también se lo comían!

Esos Detructores de Cuerpos eran hombres muy hábiles. Se enorgullecían de su trabajo y para propia satisfacción examinaban todos los órganos para determinar la causa de la muerte. La larga experiencia les permitía hacerlo con enorme facilidad. Naturalmente, no había ningún motivo para que se sintieran así interesados, pero era cuestión de tradición determinar la enfermedad causante de que "el espíritu se separara de su vehículo". Si una persona había sido envenenada —accidental o deliberadamente— bien pronto el hecho se hacía evidente. Sin duda alguna, su habilidad me resultó muy útil cuando estudié con ellos. Bien pronto adquirí gran práctica para disecar cadáveres. El Jefe de Destructores se paraba a mi lado y me señalaba rasgos interesantes.

—Este hombre, Honorable Lama, ha muerto porque la sangre no llegaba al corazón. Fíjese, vamos a cortar esta arteria, aquí, y... sí... aquí hay un coágulo que impide la circulación de la sangre.

O podía ser:

—Esta mujer, Honorable Lama, tiene un aspecto muy curioso. Aquí debe fallar una glándula. Vamos a cortarla y ver.

Se producía una pausa mientras cortaba un buen pedazo, y después:

—Aquí está, vamos a abrirla; sí, tiene una piedra dentro.

Y así seguía. Los hombres estaban orgullosos de mostrarme todo lo que podían, sabían que estaba estudiando con ellos por orden directa del Más Recóndito. Si yo no estaba allí y un cadáver parecía particularmente interesante, lo guardaban hasta mi llegada. De este modo pude examinar cientos de cadáveres, y sin duda alguna, más tarde me destaqué en cirugía. Este sistema era mucho mejor que el otro por el cual los estudiantes de medicina tienen que compartir cadáveres en las salas de disección de los hospitales. Sé que con los Destructores de Cadáveres aprendí más anatomía que después, en una escuela médica completamente equipada.

En Tibet no es posible enterrar los cadáveres. Daría muchísimo trabajo debido al suelo rocoso, cubierto apenas por una delgada caja de tierra. Ni tampoco es posible incinerarlos, por motivos económicos; la madera es escasa y para quemar un cadáver habría que importarla de la India y acarrearla por las montañas a lomo de yac. El costo sería fantástico. Tampoco era posible disponer de los cuerpos en el agua, pues arrojar cadáveres en ríos y arroyos infectaría el agua potable de los vivos. No nos queda otro método más que el del aire, en el cual, como he dicho, los pájaros consumen la carne y los huesos. Se diferencia del método occidental sólo en dos cosas: los occidentales entierran los cadáveres y dejan que los gusanos tomen el lugar de los pájaros. La segunda diferencia es que en Occidente el conocimiento de la causa de la muerte se entierra con el cuerpo y nadie sabe si el certificado de defunción establece la causa exacta. ¡Nuestros Destructores de Cuerpos se *cercioran* del motivo de una muerte!

Todos los que mueren en Tibet son "enterrados" en esta forma, menos los lamas más altos, que son Encarnaciones Previas. A éstos se los embalsama y se los coloca en una caja con frente de vidrio, donde puedan ser vistos en un templo, o se los embalsama y se los cubre de oro. Este último proceso es interesantísimo. Muchas veces tomé parte en esos preparativos. Ciertos americanos que han leído mis notas sobre el tema no pueden creer que realmente usábamos oro; ¡dicen que eso sería superior "hasta a la habilidad americana!". Es verdad que no producíamos estas cosas en masa, sino que nos la habíamos con un solo objeto por vez, como haría sólo el artífice. En Tibet no seríamos capaces de construir un reloj que se pudiera vender a un dólar. Pero *podemos* cubrir un cuerpo de oro.

Una tarde me llamaron a presencia del Abad.

—Una Encarnación Previa abandonará pronto el cuerpo. Ahora está en la Cerca de la Rosa. Quiero que vayas para que observes la Preservación en Sagrado.

De modo que una vez más tuve que hacer frente a las penurias de la montura y del viaje a Sera. En el lamasterio me condujeron al cuarto del anciano abad. Sus colores áuricos estaban a punto de extinguirse y una hora más tarde pasó del cuerpo al espíritu. Como era abad y hombre erudito, no había que enseñarle el sendero por el Bardo. Ni teníamos necesidad de esperar los tres días de costumbre. Sólo esa noche el cuerpo estuvo sentado en la actitud del loto, mientras los lamas observaban la guardia de los muertos. A la mañana siguiente, en cuanto asomó el sol, fuimos en solemne procesión por el edificio principal del lamasterio; entramos en el templo y por una puerta muy poco usada bajamos a los pasajes secretos. Delante de mí dos lamas llevaban el cadáver en una parihuela. Todavía estaba en la posición del loto. Detrás de mí los monjes entonaban un cántico profundo, y en los silencios se oía repicar una campana de plata. Llevábamos puestas nuestras túnicas rojas, y encima las estolas amarillas. Sobre las paredes se reflejaban nuestras sombras que formaban siluetas vacilantes, danzantes, exageradas y deformadas por la luz de las lámparas de manteca y las antorchas. Seguimos bajando, cada vez más hasta lugares secretos. Por fin, cuando estábamos a quince o dieciocho metros bajo la superficie, llegamos a una puerta de piedra sellada. Entramos; la habitación estaba fría como el hielo. Los monjes apoyaron cuidadosamente el cuerpo en el suelo, y después todos se fueron, con excepción de tres lamas y yo. Se encendieron centenares de lámparas de manteca que produjeron un resplandor amarillento y áspero. Se quitaron las vestiduras al cadáver, que se lavó cuidadosamente. Por los orificios normales se quitaron los órganos internos, que se colocaron en jarras cuidadosamente selladas. Se lavó con todo esmero el interior del cuerpo, se secó y se echó dentro una clase especial de laca. Esta laca formaría un caparazón duro dentro del cuerpo, de modo que los rasgos serían los mismos que en vida. Cuando la laca estuvo seca y dura, se rellenó con mucho cuidado la cavidad, para no cambiar las formas. Se echó más laca para saturar el relleno y endurecer el interior cuando se seca. Se pintó con laca la superficie exterior y se dejó secar. Sobre la superficie endurecida se agregó una "solución descortezante" para que las delgadas láminas de seda que se pegarían en seguida, pudieran quitarse después sin daño alguno. Por fin se consideró adecuado el forro de seda. Se echó más laca (de otra clase), y el cuerpo quedó listo para la próxima etapa de los preparativos. Se lo dejó una noche y un día para que se secara completamente. Al finalizar ese período volvimos al cuarto y encontramos al cuerpo muy duro y muy rígido en la posición del loto. Lo llevamos en procesión hasta otro cuarto, más abajo, que era un horno construido de tal modo que las llamas y el calor podían circular por la paredes, en la parte exterior, con lo cual la tempartura era alta y pareja.

Se cubrió el suelo con un polvo especial muy espeso, y en él, en el centro, colocamos el cuerpo. Más abajo, los monjes ya estaban listos para encender los fuegos. Con todo cuidado llenamos completamente el cuarto con una sal especial de un distrito de Tibet, y una mezcla de hierbas y minerales. Después, cuando estuvo lleno del piso al techo, salimos al pasillo, y cerramos la puerta y la sellamos con el Sello del Lamasterio. Se dio orden de encender los hornos. Pronto se oyó el crepitar de la madera al quemarse y el siseo de la manteca quemada cuando aumentaron las llamas. Una vez bien encendidos los hornos, seguirían quemando manteca inservible para otro uso y estiércol de yac. Durante toda una semana el fuego crepitó allá abajo, enviando nubes de aire caliente por las paredes huecas del Salón de Embalsamamiento. Al terminar el séptimo día no se agregó más combustible. Gradualmente los fuegos perdieron vigor y murieron. Las pesadas paredes de piedra crujieron y gimieron al enfriarse. Una vez más el pasillo estuvo lo bastante fresco para permitirnos entrar. Tres días estuvo todo muy quieto, mientras aguardábamos que el cuarto recobrara la temperatura normal. El decimoprimer día a partir de la fecha del sellado, se rompió el Gran Sello y se abrió la puerta. Grupos de monjes rasparon la dura preparación con las manos. No se usaba instrumento alguno, por temor de dañar el cuerpo. Durante dos días rasparon los monjes, destrozando en las manos el frágil compuesto de sal. Por fin el cuarto quedó vacío —con la excepción del cuerpo amortajado sentado tan quieto en el centro, todavía en la posición del loto. Lo levantamos cuidadosamente y lo llevamos a la otra habitación donde, a la luz de las lámparas de manteca podríamos verlo con más claridad.

Le quitamos la cubierta de seda, trozo por trozo, hasta que quedó el cuerpo desnudo. La preservación había sido perfecta. A no ser porque la piel estaba mucho más oscura, el cuerpo podía haber sido el de cualquier hombre dormido, pronto a despertar en cualquier momento. Los contornos eran iguales que en vida, y no se había arrugado. Se aplicó otra vez laca al cuerpo desnudo, y los orfebres tomaron la tarea. Eran hombres de una habilidad incomparable. Verdaderos artífices. Hombres que podían cubrir de oro la carne muerta. Trabajaban lentamente, colocando capa sobre capa del oro más delgado, más suave. Oro que fuera de Tibet costaba una fortuna, pero que para nosotros no tenía más valor que como metal sagrado... un metal que era incorruptible, y por lo tanto simbólico del estado espiritual final del Hombre. Los sacerdotes orfebres trabajaban con exquisito cuidado, atentos al menor detalle, y cuando su trabajo quedó terminado dejaron como testimonio de su enorme habilidad una figura de oro, exactamente igual que en vida, en la que estaba reproducida cada línea y cada arruga. Entonces se llevó al cuerpo, pesado con su oro, hasta el Salón de las Encarnaciones, y, como a las demás figuras, se la colocó en un trono de oro. Allí, en ese Salón había figuras que habían vivido en los primeros siglos. Estaban sentadas en hilera, como jueces solemnes que observan con ojos entrecerrados las flaquezas y los errores de la generación presente. Allí hablábamos en un susurro y caminábamos con todo cuidado, como si no quisiéramos molestar a los muertos vivientes. Me sentí atraído por un cuerpo en particular. Algún poder extraño me mantenía fascinado frente a él. Parecía observarme con una sonrisa que todo lo sabe. En ese momento alguien me tocó suavemente el brazo, y casi caí de miedo.

—Ése eras *tú*, Lobsang, en tu última encarnación. ¡Creíamos que lo reconocerías!

Mi Guía me llevó hasta la próxima figura de oro y dijo:

—Y ése era yo.

Silenciosamente, los dos muy emocionados, salimos del Salón y la puerta fue sellada tras de nosotros.

Muchas veces me permitieron entrar en el Salón a estudiar las figuras vestidas de oro. A veces iba solo y me sentaba a meditar frente a ellas. Cada una tenía su historia escrita, que yo estudiaba con el mayor interés. Allí estaba la historia de mi Guía actual, el lama Mingyar Dondup, la historia de lo que había hecho en el pasado, un resumen de su carácter y habilidades. Las dignidades y honores que se le confirieron. El modo cómo murió.

Allí también estaba *mi* historia pasada, que estudié con la mayor atención. En el Salón había noventa y ocho figuras sentadas, en el recinto oculto cavado en la roca, y con la puerta bien disimulada. La historia de Tibet estaba frente a mí, o así creía. La historia más antigua me sería mostrada más tarde.

capítulo diecisiete

INICIACIÓN FINAL

Después que, en varios lamasterios, vi el embalsamamiento media docena de veces, me mandó llamar un día el Abad a cargo de Chakpori.

—Amigo mío —dijo—, por orden directa del Muy Amado, debes ser iniciado como abad. Como tú lo has pedido, puedes —como Mingyar Dondup— seguir recibiendo el tratamiento de "Lama". Sólo te doy el mensaje del Muy Amado.

De modo que como Encarnación Reconocida, otra vez había alcanzado el estado con el cual había dejado la vida seiscientos años antes. La Rueda de la Vida había girado en círculo completo.

Algún tiempo después un lama de edad avanzada entró en mi cuarto y me dijo que tenía que pasar por la Ceremonia de la Pequeña Muerte.

—Porque, hijo mío, hasta que no hayas pasado la Puerta de la Muerte, y regreses, no puedes saber verdaderamente que no existe la muerte. Tus estudios en viajes astrales te han llevado muy lejos. Esto te llevará mucho más lejos, más allá de los reinos de la vida, y al pasado de nuestro país.

Los estudios preparatorios fueron severos y prolongados. Durante tres meses llevé una vida estrictamente supervisada. Cursos especiales sobre hierbas de sabor horrible agregaron un ítem desagradable a mi dieta diaria. Me ordenaron solemnemente que mantuviera mis pensamientos "sólo en aquello que es puro y santo". ¡Como si hubiera mucho que elegir en un lamasterio! Hasta tenía que tomar té y comer tsampa en menor cantidad. Rígida austeridad, disciplina estricta, y largas horas de meditación.

Por fin, al cabo de tres meses, los astrólogos dijeron que había llegado el momento oportuno, los portentos eran favorables. Durante veinticuatro horas guardé ayuno, hasta que me sentí más vacío que un tambor del templo. Después me condujeron por aquellos pasajes y escaleras secretas muy debajo del Potala. Bajamos cada vez más, antorchas relucientes en las manos de los otros, nada en las mías. Recorrimos los pasillos que ya había visitado antes. Por fin llegamos al final de un pasaje. Nos enfrentó la roca sólida. Pero una piedra enorme fue hecha a un lado cuando nos aproximamos. Nos enfrentó otro pasaje —un senderito oscuro y angosto, con el olor del aire estancado, especies e incienso. Varios metros más adelante nos detuvo momentáneamente una imponente puerta cubierta de oro que se abrió lentamente con el acompañamiento de chirridos de protesta que contestaba el eco como en un amplio espacio. Allí se apagaron las antorchas y se encendieron lámparas de manteca. Seguimos adelante y entramos en un templo escondido tallado en la roca por la acción volcánica. Esos pasajes y pasillos alguna vez habían conducido lava derretida hasta el cráter de un volcán en erupción. Ahora diminutos seres humanos hollaban el camino y se creían dioses. Pero ahora, pensé, debo concentrarme en la tarea que tengo entre manos, y allí está el Templo de la Sabiduría Secreta.

Tres abades me condujeron. El resto de la comitiva de lamas había desaparecido en la oscuridad, como se disuelven los recuerdos de un sueño. Tres abades, viejos, disecados por la edad y que aguardaban alegremente su llamado a los Campos del Paraíso: tres hombres viejos, tal vez los más grandes metafísicos del mundo entero, dispuestos a darme mi última prueba de iniciación. Cada uno llevaba en la mano derecha una lámpara de manteca, y en la izquierda un grueso bastón de incienso humeante. Allí el frío era intenso, extraño, no parecía de este mundo. El silencio era profundo: los débiles sonidos que se oían no hacían más que acentuarlo. Nuestras botas de fieltro no hacían ruido: muy bien podríamos haber sido fantasmas deslizándonos por esos pasajes. Las túnicas color azafrán de los abades emitían un suavísimo murmullo. Para horror mío, sentí hormigueos en todo el cuerpo. Las manos me resplandecían como si le hubieran añadido una nueva aura. Vi que los abades también resplandecían. El aire sequísimo y la fricción de nuestras ropas había generado una carga de electricidad estática. Un abad me pasó un corto bastón de oro y murmuró:

—Lleva esto en la mano derecha y apóyalo en la pared mientras caminas, y en seguida pasará la incomodidad.

Así lo hice, y con el primer escape de electricidad acumulada casi salté fuera de las botas. Después de eso no sentí dolor alguno.

Una por una, encendidas por manos que no se veían, se encendieron las titilantes lámparas de manteca. Cuando fue en aumento la luz amarilla que se mecía, vi figuras gigantescas, cubiertas de oro, y algunas gemas sin tallar enterradas a medias. Un Buda enorme salió de la oscuridad, tan enorme era que la luz no iba más allá de su cintura. Apenas llegaba a discernir otras formas; imágenes de demonios, representaciones de vicios y las formas de las penurias tremendas que tenía que sufrir el Hombre antes de que se realice el Yo.

Nos aproximamos a una pared en la que estaba pintada una Rueda de la Vida de cuatro metros y medio. En la luz vacilante parecía girar y hacía que los sentidos se revolvieran con ella. Seguimos adelante hasta que tuve la seguridad de que nos enterraríamos en la roca. El abad que abría el camino desapareció: lo que yo había creído sombras era una puerta muy bien disimulada. Esa puerta daba entrada a un sendero que bajaba y bajaba —un sendero angosto, retorcido donde la luz débil de las lámparas de manteca de los abades sólo parecía intensificar las sombras. Seguimos nuestro camino, vacilando, a los tropezones, resbalando a veces. El aire era pesado y opresivo, y parecía que todo el peso de la tierra hacía presión sobre nosotros. Daba la impresión de que estábamos penetrando el corazón del mundo. Una vuelta final en el tortuoso pasaje, y a nuestra vista se abrió una caverna de roca resplandeciente de oro: vetas de oro, pepitas de oro. Una capa de roca, una capa de oro, una capa de roca... así estaba formada. Arriba, muy arriba, el oro titilaba como estrellas en el cielo de una noche oscura, cuando los trozos reflejaban la débil luz de las lámparas.

En el centro de la caverna había una brillante casa negra, que parecía hecha de ébano pulido. A los costados aparecían extraños símbolos, y diagramas como los que había visto en las paredes del túnel del lago. Caminamos hasta la casa y entramos por la puerta ancha y alta. Dentro había tres ataúdes negros de piedra, curiosamente tallados y marcados. No tenían tapa. Espié dentro, y a la vista de su contenido contuve la respiración y me sentí desmayar.

—Hijo mío —exclamó el abad principal—, míralos. Eran dioses de nuestra tierra en los días anteriores a las montañas. Se paseaban por nuestro país cuando los mares bañaban sus costas, y cuando en el cielo había estrellas distintas. Mira, pues únicamente los Iniciados los han visto.

Volví a mirar, asombrado y fascinado. Tres figuras de oro, desnudas, yacían delante de nosotros. Dos hombres y una mujer. Cada línea, cada marca, estaba fielmente reproducida por el oro. ¡Pero el tamaño! La mujer debía medir tres metros y los hombres no medían menos de cuatro metros y medio. Las cabezas eran grandes y algo cónicas. Tenían mentones angostos, y bocas pequeñas, de labios finos. La nariz, larga y fina, mientras que los ojos eran bastante hundidos. No, aquéllas no eran figuras muertas... parecían dormidas. Nos movíamos sin ruido y hablábamos bajo, como si temiéramos despertarlos. A un lado vi una tapa de ataúd, en la que estaba grabado un mapa de los cielos... pero qué extrañas parecían las estrellas. Mis estudios de astrología me permitían conocer perfectamente los cielos nocturnos, pero aquél era muy distinto.

El abad principal se volvió a mí y dijo:

—Estás a punto de convertirte en un Iniciado, a punto de ver el Pasado y conocer el Futuro. El esfuerzo será grande. Muchos mueren, y muchos fracasan, pero nadie sale vivo de aquí a menos que pase la prueba. ¿Estás preparado, y deseas hacerlo?

Repliqué que sí. Me condujeron a una losa de piedra que estaba entre dos ataúdes. Allí, siguiendo sus instrucciones, me senté en la posición del loto, con las piernas dobladas, la columna vertebral erecta y las palmas de las manos hacia arriba.

Encendieron cuatro pajuelas de incienso, una para cada ataúd y otra para mi losa. Cada uno de los abades tomó una lámpara de manteca y salieron. Al cerrarse la pesada puerta negra quedé solo con los cadáveres de aquellos muertos antiquísimos. Pasó el tiempo y yo medité sobre mi losa de piedra. La lámpara de manteca que yo había llevado, vaciló y murió. Durante un momento vi la lucecita roja de la mecha, después sentí el olor del trapo quemado, hasta que por fin hasta eso desapareció.

Me eché de espaldas en la losa y respiré de la manera especial, como me habían enseñado en el transcurso de los años. El silencio y la oscuridad eran opresivos. Era ciertamente el silencio de la tumba.

Súbitamente el cuerpo se me puso rígido, cataléptico. Las piernas se me pusieron frías e insensibles. Tuve la sensación de morir en aquella tumba viejísima, a más de ciento veinte metros bajo la luz del sol. En mi interior sentí un tirón súbito y violento, y la impresión inaudible de un roce y un chirrido extraños, como el del cuero cuando lo desdoblan. Gradualmente la tumba se iluminó con una luz pálida y celeste, como la luz de la luna en un paso de montaña muy alto. Pude imaginar que estaba otra vez en una cometa, meciéndome y bamboleándome al extremo de una cuerda. Comprendí que *estaba* flotando encima de mi cuerpo carnal. Con la comprensión vino el movimiento. Como una bocanada de humo me dejé arrastrar como por un viento no sentido. Encima de mi cabeza vi un resplandor, como un halo dorado. De mi cintura pendía una cuerda de azul plata. Latía de vida y brillaba suavemente de vitalidad.

Miré hacia abajo, hacia mi cuerpo supino que descansaba como un cadáver entre cadáveres. Las pequeñas diferencias entre mi cuerpo y los de las figuras gigantescas se hicieron aparentes. El estudio era absorbente. Pensé en la tonta vanagloria de la humanidad de esta época y me pregunté cómo explicarían los materialistas la presencia de aquellas figuras gigantescas. Pensé... pero entonces comprendí que *algo* interrumpía mis pensamientos. Me pareció que ya no estaba solo. Me llegaban trozos de conversación, fragmentos de pensamientos no expresados. Cuadros desperdigados cruzaron como relámpagos mi visión mental. Desde muy lejos parecía que alguien estaba tañendo una campana muy grande, muy grave. Rápidamente se acercó cada vez más, hasta que me pareció que estallaba en mi cabeza, y vi gotitas de luces de colores y relampagueos de clamores desconocidos. Mi cuerpo astral fue sacudido y arrastrado como una hoja en un ventarrón de invierno. Torbellinos de dolor me azotaron la conciencia. Me sentí solo, abandonado, un animalito perdido en un universo tambaleante. Sobre mí cayó una niebla negra, y con ella una calma que no era de este mundo.

Lentamente desapareció la negrura absoluta que me envolvía. De alguna parte llegaba el rugido del mar, y el cascabeleo sibilante de la ripia empujada por las olas. La escena me resultaba familiar: perezosamente me volví de espaldas, en la arena calentada por el sol, y miré hacia arriba, hacia las palmeras. Pero, parte de mí decía nunca vi el mar, jamás oí hablar de *palmeras*. De un bosquecillo cercano llegó el rumor de voces y risas, voces que aumentaban de volumen y de alegría cuando un grupo de gente bronceada por el sol apareció ante mi vista. ¡Gigantes! Todos ellos. Me miré y vi que yo también era un "gigante". Mis percepciones astrales captaron las impresiones: infinitos siglos atrás la Tierra giraba más cerca del sol, en dirección opuesta a la actual. Los días eran más cortos y más tibios. Surgieron vastas civilizaciones y los hombres sabían más que ahora. De alguna parte del espacio vino un planeta errante que propinó a la Tierra un tremendo golpe que la sacó de su órbita y la hizo girar en dirección opuesta. Se levantaron vientos que agitaron las aguas, las cuales, bajo diferentes fuerzas de gravedad, subieron a la tierra y produjeron inundaciones universales. Terremotos sacudieron al mundo. Las tierras se hundieron bajo las aguas y otras se levantaron. La tierra tibia y agradable que era Tibet dejó de ser un lugar bañado por el mar y se elevó a tres mil seiscientos metros sobre el nivel del mar. A su alrededor aparecieron poderosas montañas, que eructaban lava hirviente. Muy lejos, en las tierras altas, en la superficie se abrieron grietas, y continuó prosperando la fauna y la flora de los años pasados. Pero hay demasiado para escribir en un libro, y cierta parte de mi "iniciación astral" es demasiado sagrada y demasiado secreta para imprimirla.

Algún tiempo después sentí que las visiones se nublaban y se oscurecían. Gradualmente me abandonó mi conciencia, astral y física. Después tuve una incómoda sensación de *frío*, frío de estar acostado en una losa, en el frío congelante de una tumba. Ensayos de pensamientos en mi cerebro:

—Sí, ha vuelto a nosotros. ¡Ya vamos!

Pasaron varios minutos, y se aproximó un suave resplandor. Lámparas de manteca. Los tres viejos abades.

—Te has portado muy bien, hijo mío. Has estado tres días aquí. Ahora has visto. Muerto. Y vivido.

Me puse de pie con dificultad, estaba endurecido, débil y hambriento. Salimos de aquel recinto que jamás olvidaré y subimos al aire frío de otros pasajes. Estaba debilitado por el hambre y confundido con todo lo que había visto y experimentado. Comí y bebí hasta saciarme y esa noche, cuando estaba acostado para dormir, supe que pronto abandonaría Tibet, para ir a países extraños, como habían predicho. ¡Pero ahora puedo decir que eran y son más extraños de lo que hubiera imaginado posible!

CAPÍTULO DIECIOCHO

TIBET... ¡ADIÓS!

Pocos días después, mi Guía y yo estábamos sentados junto al Río de la Felicidad, cuando pasó un hombre al galope. Distraídamente miró en nuestra dirección y reconoció al lama Mingyar Dondup. Instantáneamente el polvo a los pies del caballo se levantó por la violencia con que se detuvo.

—Tengo un mensaje del Más Recóndito, para el lama Lobsang Rampa.

De la túnica sacó el paquete largo, familiar, envuelto en la chalina de seda. Me lo entregó con tres reverencias, se alejó, montó a caballo y se fue a galope.

Ahora yo tenía mucha más seguridad; los acontecimientos en los túneles del Potala me habían dado confianza en mí mismo. Abrí el paquete y leí el mensaje antes de pasárselo a mi Guía —y amigo— el lama Mingyar Dondup.

—Por la mañana tendré que ir a ver al Más Recóndito al Parque Enjoyado. Usted también debe ir.

—Generalmente uno no trata de adivinar nada por las observaciones del Amado Protector, Lobsang, pero presiento que pronto partirás a China, y yo, bueno, como ya te dije, pronto regresaré a los Campos del Paraíso. Vamos a aprovechar al máximo este día y el poco tiempo que nos queda...

A la mañana seguí el camino tan conocido hasta el Parque Enjoyado, bajé la colina, crucé el camino, y pasé por los portales. El lama Mingyar Dondup caminaba a mi lado. Los dos pensábamos que quizá ésa fuera la última vez que hacíamos el viaje juntos. Quizá se reflejaba marcadamente en mi rostro, porque cuando vi al Dalai Lama solo, me dijo:

—El momento de partir, de tomar un nuevo sendero, siempre es duro y penosísimo. Aquí estuve sentado, en este Pabellón, horas enteras meditando, preguntándome si haría bien en quedarme o partir cuando nuestro país sea invadido. Una determinación u otra causaría dolor a alguien. Tienes por delante tu sendero, Lobsang, y no es un camino fácil para *nadie*. Familia, amigos, país... debes dejar todo atrás. El camino a recorrer, como ya te han dicho, está lleno de penurias, torturas, incomprensión, escepticismo... y todo eso es desagradable. El modo de vivir y pensar de los extranjeros es extraño y no se puede explicar fácilmente. Como te dije una vez, creen únicamente en lo que *ellos* pueden hacer, sólo lo que puede comprobarse en sus Salas de Ciencia. Sin embargo, descuidan completamente a la ciencia más grande de todas, la Ciencia del Súper Yo. Ése es tu Camino, el Camino que elegiste antes de entrar en esta vida. He dispuesto que salgas para China dentro de cinco días.

¡Cinco días! ¡Cinco *días!* Había esperado cinco semanas. Mientras mi Guía y yo subíamos la montaña para regresar a nuestro hogar, no pronunciamos una sola palabra hasta que estuvimos otra vez dentro de las paredes del Templo.

—Tendrás que ver a tus padres, Lobsang. Enviaré un mensajero.

¿Padres? El lama Mingyar Dondup había sido más que padre y madre para mí. Y pronto él abandonaría esta vida, antes que yo regresara a Tibet, en unos pocos años. Todo lo que vería de él sería su figura cubierta de oro en el Salón de las Encarnaciones —como una túnica vieja, descartada, que ya no sirve más a su dueño.

¡Cinco días! Días activos. Del Museo del Potala me trajeron un traje occidental completo para que me lo probara. No porque fuera a usarlo en China, donde mis túnicas de lama serían más apropiadas, sino para que los demás vieran cómo me quedaba. ¡Oh, ese traje! Tubos ajustados de tela que me apretaban las piernas, tan ajustados que temía inclinarme. En ese momento supe por qué los occidentales no podían sentarse en la posición del loto: su ropa era demasiada estrecha. Creí quedar "baldado de por vida" por esos tubos ajustados. Me pusieron una mortaja blanca, y alrededor del cuello me ataron una cinta gruesa y la ajustaron tanto como si fueran a estrangularme. Encima de eso me pusieron una pieza corta de tela con remiendos y agujeros detrás, en los cuales, dijeron, los occidentales guardan cosas... en vez de guardarlas en la túnica, como nosotros. Pero todavía no había llegado lo peor. Me pusieron "guantes" gruesos y pesados en los pies y los ajustaron con cuerdas negras que tenían los extremos de metal. Los mendigos que iban sobre pies y manos alrededor del camino de Lingkhor a veces usaban guantes similares a esos en las manos, pero eran bastante inteligentes para usar buenas botas tibetanas de fieltro en los pies. Creí quedar imposibilitado, con lo cual no podría ir a China. En la cabeza me pusieron una escudilla negra invertida con un borde alrededor, y me dijeron que ya estaba vestido como "un caballero occidental desocupado". ¡Me pareció que *tenían* que estar desocupados, dado que sin duda alguna no podía esperarse que hicieran ningún trabajo vestidos de ese modo!

Al tercer día fui a mi antiguo hogar. Solo, a pie, como cuando salí de allí la primera vez. Pero ahora como lama, y lo que es más, como abad. Mi padre y mi madre me aguardaban. Esta vez fui un huésped honrado. Esa noche fui nuevamente al estudio de mi padre, y firmé mi nombre y rango en el Libro de Familia. Después volví a partir, a pie, hacia el lamasterio que había sido mi hogar durante tanto tiempo.

Pasaron rápidamente los dos días que restaban. En la noche del último día volví a ver al Dalai Lama, me despedí y recibí su bendición. Me pesaba el corazón al separarme de él. La próxima vez que lo viera, lo sabíamos los dos, sería cuando él estuviera muerto.

A la mañana siguiente, con la primera luz, partimos. Lentamente, de mala gana. Otra vez estaba sin hogar, iba a lugares extraños para aprender todo nuevamente. Cuando llegamos al paso de la montaña nos volvimos para ver por última vez la Ciudad Sagrada de Lhasa. Desde el techo del Potala volaba una cometa solitaria.